인문학자,
과학기술을
탐하다

고즈윈은 좋은책을 읽는 독자를 섬깁니다.
당신을 닮은 좋은책—고즈윈

인문학자, 과학기술을 탐하다
이인식 기획

이인식 박이문 복거일 존 버로스 임정택 석영중 구본준 조광제 신상규 이상헌 조군호 신승환
윤성식 김진현 이상돈 전상인 홍성태 김용근 송경모 임성진 송종국 안현실 김광웅 강계두 염재호 공저

1판 1쇄 발행 | 2012. 3. 27.

기획 저작권 ⓒ 2012 이인식
이 책의 저작권은 각 글의 필자에게 있습니다. 저작권자의 동의 없이
내용의 일부를 인용하거나 발췌하는 것을 금합니다.

발행처 | 고즈윈
발행인 | 고세규
신고번호 | 제313-2004-00095호
신고일자 | 2004. 4. 21.
(121-896) 서울특별시 마포구 동교로13길 34(서교동 474-13)
전화 02)325-5676 팩시밀리 02)333-5980
값은 표지에 있습니다.

ISBN 978-89-92975-63-6

고즈윈은 항상 책을 읽는 독자의 기쁨을 생각합니다.
고즈윈은 좋은책이 독자에게 행복을 전달한다고 믿습니다.

이 책은 해동과학문화재단의 지원을 받아
NAEK 한국공학한림원과 고즈윈이 발간합니다.

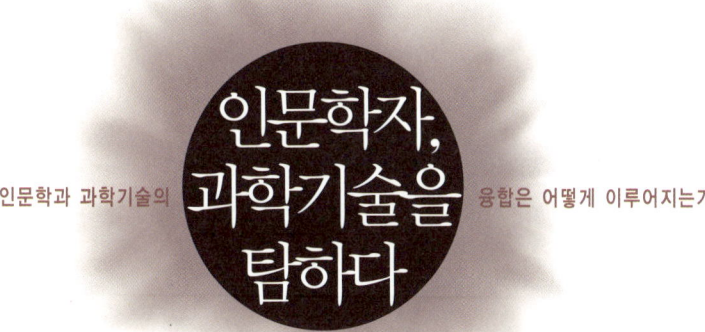

인문학자, 과학기술을 탐하다

인문학과 과학기술의 융합은 어떻게 이루어지는가

이인식 기획

이인식 박이문 복거일 존 버로스 임정택 석영중 구본준 조광제
신상규 이상헌 조군호 신승환 윤성식 김진현 이상돈 전상인 홍성태
김용근 송경모 임성진 송종국 안현실 김광웅 강계두 염재호

공학과의
새로운 만남
한국공학한림원

고즈윈

차례

서문 따뜻한 기술을 위하여 • 이인식　7

1부　문학, 과학기술을 즐기다

1장 학문의 통합과 자연의 융합 • 박이문　21
2장 허름한 지도 제작자의 삶 • 복거일　33
3장 과학과 문학 • 존 버로스　45

2부　어문학자, 경계를 넘다

1장 상상력과 테크놀로지의 융합을 위한 테크네 인문학 • 임정택　69
2장 문학과 뇌 • 석영중　81
3장 중문과 나온 기자, 건축을 전공 삼다 • 구본준　91

3부 철학, 과학기술에 빠지다

1장 공간의 다차원성 · 조광제　101
2장 사이보그와 매트릭스 · 신상규　111
3장 로봇 윤리 · 이상헌　125

4부 종교학자에게 과학기술은 무엇인가

1장 신학 연구에 있어서의 과학 · 조군호　141
2장 새로운 정신의 탄생 · 신승환　153
3장 불교와 과학 · 윤성식　165

5부 사회학자, 과학기술을 생각하다

1장 다른 것과의 만남 · 김진현　175
2장 법과 환경 · 이상돈　187
3장 보이지 않는 도시를 찾아서 · 전상인　195
4장 사이버공간의 의미와 변화 · 홍성태　209

6부 경제학자, 과학기술을 탐하다

1장 '예술 수준의 기술'을 통한 융합 혁신 · 김용근　221

2장 경제학은 욕망의 단순한 계산기에 불과한가? · 송경모　237

3장 환경 경제와 기술의 만남 · 임성진　249

4장 인문과 기술 융합을 위한 정책 방향 · 송종국　259

5장 산업 융합의 나아갈 방향 · 안현실　269

7부 행정학자, 과학기술과 융합하다

1장 리더십 교육에 과학과 예술을 입히다 · 김광웅　281

2장 과학기술과 지역 발전 · 강계두　291

3장 과학기술 정책 · 염재호　301

찾아보기 사람 이름　311
찾아보기 일반 용어　313

서문
따뜻한 기술을 위하여
이인식(지식융합연구소 소장)

300년 전 우리가 기술과 인문주의를
떼어 놓았을 때 큰 잘못을 저질렀다.
이제는 이 두 개를 함께 제자리에 되돌려 놓을 때이다.
— 마이클 더투조스

1

인문학과 자연과학이 멋지게 융합되는 모습이 궁금한 독자들에게 더글러스 호프스태터의 『괴델, 에셔, 바흐(Goedel, Escher, Bach)』만큼 훌륭한 본보기도 없을 것 같다. 1979년 미국에서 출간되어 이듬해에 퓰리처상을 받고 베스트셀러가 된 이 책에 대해 당대 최고의 과학 저술가 마틴 가드너(1914~2010)는 "몇십 년마다 한 명쯤의 무명작가가 불쑥 나타나서 논의의 심오함이나 명증성, 다루는 주제의 광범위한 폭과 번뜩이는 재치, 나아가서 아름다움과 독창성에서 단숨에 획기적인 사건으로 기록되는 놀라운 책을 쓰는 경우가 있는데, 바로 이 책이 그런 책이다."라고 극찬했다.

〈폭포(Waterfall)〉

1945년 뉴욕 태생인 호프스태터는 서른네 살에 펴낸 이 책에서 흥미롭고 재기 넘치는 논리를 전개하여 바흐(1685~1750)의 카논, 에셔(1898~1972)의 그림, 괴델(1906~1978)의 불완전성 정리 사이에 숨어 있는 공통점을 추적한다. 호프스태터는 음계(바흐의 카논), 계단(에셔의 〈폭포〉), 패러독스(괴델의 정리)에서 '이상한 고리(strange loop)' 현상이 발생하고 있다고 주장한다. 에셔의 〈폭포(Waterfall)〉(1961)에서처럼 우리가 계층구조를 가진 체계에서 어떤 수준을 따라 위쪽(또는 아래쪽)을 향해 이동하다가 느닷없이 처음 출발했던 곳에 다시 돌아와 있는 우리 자신을 발견할 때마다 이상한 고리 현상이 발생한다는 것이다.

음악, 미술, 수학에서 이상한 고리의 사례를 찾아낸 호프스태터는 마음을 컴퓨터의 소프트웨어, 뇌를 하드웨어에 비유하고 뇌가 떠받들고 있는 마음에서 의식이 출현하는 것처럼 컴퓨터 역시 하드웨어의 지원을 받는 소프트웨어로부터 의식이 창발(emergence)할 수 있다고 주장했다. 말하자면 인공지능 컴퓨터가 사람의 마음을 가질 가능성이 있다는 뜻이다.

이 책은 20장으로 구성되어 있는데, 음악, 미술, 수리논리학은 물론이고 인공지능과 분자생물학이 논의될 뿐만 아니라 선불교의 공안(公案)까지 등장한다. 한마디로 인문학과 과학기술을 가로지르며 상상력의 정수를 모조리 모아 놓은 듯한 역작이라 하겠다.

그와 동갑내기인 나는 이 책과 각별한 인연이 있다. 1988년 우연히 이 책을 접한 것이 계기가 되어 과학 저술에 전념하게 되었기 때문이다. 1992년 펴낸 『사람과 컴퓨터』(까치)의 제5부에 '괴델, 호프스태터, 펜로즈'라는 제목으로 그의 아이디어를 소개하기도 했다. 까치 대표에게 이 책의 번역 출간을 시나브로 권유했음은 물론이다.

1999년 마침내 까치에서 이 책의 번역판이 나왔다. 777쪽의 원서를 출간 이후 20년 만에 번역해서 펴낸 출판인의 집념이 돋보인다. 990쪽(상·하권)에 달하는 방대한 내용을 한글로 옮긴 역자의 노고가 없었더라면 많은 독자들이 인문학과 과학기술을 융합한 세계적 화제작을 접하는 행운을 누리지 못했을 것이다.

2

인문학과 자연과학의 융합이 활발히 전개될수록 과학전쟁(science wars)이 발발할 개연성도 높아질 수밖에 없다. 과학전쟁이란 과학철학과 과학사회학 등 과학학 이론가들이 과학 지식은 객관적인 진리가 아니며 사회문화적 조건의 영향을 받는다고 주장한 것이 빌미가 되어 과학 지식의 본질을 놓고 자연과학자와 인문학자 사이에 전쟁을 하듯 주고받는 논쟁을 가리킨다.

가령 과학철학자인 토머스 쿤(1922~1996)은 1962년 펴낸 『과학혁명의 구조(The Structure of Scientific Revolutions)』에서 과학의 진보가 누적적으로 이루어지는 것이 아니라, 패러다임의 변환을 통해 혁명적으로 성취된다고 주장했다. 한 시대의 과학자 사회가 채택한 가설, 법칙, 이론, 개념을 통틀어 패러다임이라 한다. 따라서 과학에 관한 지식은 본질적으로 어느 한 집단의 공통된 속성일 따름이라는 것이다. 쿤의 패러다임 이론은 상대주의적 과학관의 씨앗을 뿌렸다.

쿤의 영향을 받은 포스트모더니즘 철학자들 역시 과학의 합리주의 전통을 부정하면서 과학을 신화 또는 사회적 구성물로 간주하는 문화적 상대주의의 입장을 견지한다.

1990년대 들어 자연과학자들은 인문학자들의 상대주의에 대해 반격을 시도한다. 본격적으로 과학전쟁이 불붙기 시작한 시기는 1994년. 미국 생물학자 폴 그로스와 수학자 노먼 레빗(1943~2009)이 함께 펴낸 『고등 미신(Higher Superstition)』이 도화선이 되었다. 책의 부제는 '학문적 좌익(academic left)과 그들의 과학과의 싸움'이다. 사회구성주의자, 포스트모던 과학자, 페미니스트, 급진적 환경론자들을 학문적 좌익으로 규정하고 이들의 과학에 대한 무지와 적대적 태도를 맹공한다.

『고등 미신』에서 비판받은 인사들이 가만있을 리 만무하다. 1996년 봄 포스트모더니즘 계열 학술지인 〈소셜 텍스트(Social Text)〉에서 한 호를 몽땅 이들의 반론으로 채우고 처음으로 '과학전쟁'이라는 용어를 만들어 특별호 제목으로 삼았다. 잡지의 맨 끝에는 미국 물리학자 앨런 소칼(1955~)의 논문이 붙어 있었다. 소칼의 글은 포스트모더니즘과 사회구성주의를 지지하는 이론을 장황하게 전개했다.

〈소셜 텍스트〉 발간 직후 뜻밖의 사건이 터진다. 소칼이 인터뷰에서 자신의 논문은 날조에 불과한 것이라고 폭로했기 때문이다. 포스트모더니즘 이론가들의 과학에 대한 이해와 주장이 허구임을 입증하기 위해 엉터리 논문을 기고했노라고 털어놓은 것이다. 〈소셜 텍스트〉 측이 조작된 논문인 줄 모르고 자신들과 같은 상대주의적 입장이라는 이유로 게재할 만큼 과학에 무지몽매한 사실을 만천하에 폭로하고 싶었다는 해명이었다.

마틴 가드너의 표현처럼 '소칼의 유쾌한 속임수(Sokal's hilarious hoax)'는 서구 언론에 대서특필되어 과학전쟁에 대해 지식인은 물론 일반인까지 관심을 갖게 되었다. 1997년 10월 소칼은 여세를 몰아 프랑스 어로 쓴 『지적 사기(Impostures Intellectuelles)』를 프랑스에서 펴냈다. 이 책은 자크 데리다(철학)를 비롯해서 질 들뢰즈(철학), 자크 라캉(심리학), 장 보드리야르(사회학), 줄리아 크리스테바(기호언어학), 뤼스 이리가레이(페미니즘), 펠릭스 가타

리(심리분석학) 등 기라성 같은 포스트모더니즘 학자들의 글쓰기를 문제 삼았기 때문에 프랑스 지성계가 발칵 뒤집혔다. 소칼은 이들이 하찮은 지식을 과시하기 위해 의미도 모르는 과학 개념을 멋대로 남용하면서 이해할 수 없는 모호한 주장을 펼쳐 학문을 우롱하는 사기극을 벌이고 있다고 비난했다. 인문학을 이끌고 있는 당대의 핵심 이론가들을 통틀어 사기꾼으로 몰아붙인 것이다. 이를테면 자연과학에서 나온 이론과 개념을 인문사회과학에 융합하면서 뻔뻔스럽게 제멋대로 사용하고 있다고 공격한 셈이다.

『지적 사기』 논쟁은 국내 학계로서는 강 건너 불일는지 모른다. 인문사회과학자와 자연과학자가 상대방의 학문에 무관심한 풍토에서는 과학전쟁이 일어날 리 만무하기 때문이다. 하지만 근년 들어 일부 과학자들이 어설프게 인문학과의 융합을 시도하고 있어 이른바 '역(逆)과학전쟁'이 발발할 소지도 없지 않다.

3

기술과 인문학의 융합을 실천적으로 보여 준 대표적 과학자는 미국 매사추세츠 공대의 컴퓨터과학연구소를 23년 동안 이끈 마이클 더투조스이다. 1997년 미국 월간지 〈사이언티픽 아메리칸〉 7월호에 실린 인터뷰 기사에서 더투조스는 "기술과 인문주의(휴머니즘)를 융합해야 할 때"라고 설파했다.

1999년 더투조스는 자동차나 전화기처럼 누구나 쉽게 사용할 수 있는 컴퓨터를 개발하는 옥시전 프로젝트(Oxygen project)를 시작하면서 누구나 우리가 마시는 산소(옥시전)처럼 컴퓨터를 마음대로 사용할 수 있는 세상을 꿈꾸었다. 1999년 세계 인구는 60억 명을 돌파했지만 통신망에 연결된 컴퓨터는 약 1억 대에 불과했다. 세계 인구의 1.7퍼센트를 밑도는 수치이다. 정보 기술이 부자 나라에 의해 독점되고 있음을 보여 주는 통계이다. 선진국은 정보 기술을 사용하여 갈수록 부자가 되지만 후진국은 속수무책이었다. 이 상태가 지속되면 인류의 공존공영은 기대할 수 없다. 더투조스는 옥시전이 전 인류를 대상으로 개발될 것임을 천명하고 선진국의 정보 기술 독점에서 비롯되는 폐해가 옥시전으로 해결되기를 희망했다.

2001년 더투조스는 옥시전 프로젝트의 개념과 의의를 상세히 소개한 저서인 『미완의 혁명(The Unfinished Revolution)』을 펴냈다. 그는 오늘날처럼 사람이 컴퓨터의 기능에 맞추는 것이 아니라, 옥시전 프로젝트처럼 컴퓨터가 사람의 능력에 맞추는 '인간 중심의 컴퓨터(human-centered computer)'가 개발되지 않으면 정보 기술을 제대로 활용할 수 없기 때문에 정보혁명은 미완의 상태라고 강조하였다. 더투조스는 이 책을 펴내고 얼마 뒤에 세상을 떠났다. 향년 64세.

더투조스는 정보 기술이 인문주의와 융합하여 인류의 삶을 윤택하게 해 주는 이른바 '따뜻한 기술'이 되기를 소망했다고 볼 수 있다.

따뜻한 기술의 상징적 사례로는 영국 회사인 프리플레이 에너지(Freeplay Energy)의 라디오를 꼽을 수 있다. 1994년 설립된 이 회사는 전지 대신 크랭크로 전력이 공급되는 휴대용 전자 제품을 판매한다. 골동품 가게에서 가끔 제트(Z) 자 꼴로 굽은 크랭크를 돌려 시동을 거는 축음기를 볼 수 있다. 초기의 자동차도 물론 크랭크로 발동을 걸었다. 그러나 오늘날 장난감조차 태엽 장치로 움직이는 것은 드물다.

1991년 영국의 한 발명가는 전력 공급도 원활하지 못하고 전지를 살 돈도 없는 아프리카 사람들을 위해 크랭크로 전기를 조달하는 라디오를

프리플레이 에너지 라디오

고안했다. 원리는 단순하다. 크랭크로 강철 스프링을 뚤뚤 감는다. 스프링이 풀리면서 전동장치(기어)가 발전기를 구동하면 라디오에 동력을 공급하는 전기가 발생한다. 이 라디오를 제작하는 프리플레이는 아프리카의 가난한 사람들에게 수천 대를 기증하여 에이즈 퇴치 방법, 일기 예보, 이산가족 찾기, 지뢰 매설 위치에 관한 정규 방송을 들을 수 있도록 배려했다. 사람의 손으로 전류를 발생시키는 참으로 원시적인 기술이 참으로 원시적인 생활을 하는 사람들에게 따뜻한 구원의 손길을 내민 친구가 되어 준 셈이다.

4

2006년부터 인문학의 위기가 한국 사회의 쟁점으로 부각되면서 인문학과 자연과학의 융합 연구가 인문학의 위기를 타개하는 방안의 하나로 거론되었다. 가령 2006년 9월 고려대학교 문과대학 교수들이 발표한 '인문학 선언'에 "참신한 학제 간 연구 방법론의 개발에 소홀했다."는 자성의 목소리가 담겨 있을 정도였다. 그 즈음 조선일보의 '아침논단' 필진이었던 나는 '과학으로 무장한 인문주의자를 기다리며'라는 제목의 칼럼(2006년 10월 2일자)에서 "과학기술을 인문학적 상상력에 녹여 현실 적합성이 높은 연구 활동을 전개하는 인문주의자들이 나타나서 인문학 위기 타개에 일조하게 될 것임에 틀림없다."고 주장한 바 있다.

이 칼럼에는 인문학과 자연과학의 융합 추세가 다음과 같이 소개되어 있다.

> 인문학과 자연과학의 학제 간 연구로 인지과학, 진화심리학, 복잡성과학 등이 괄목할 만한 성과를 내고 있다. 인지과학은 컴퓨터의 정보처리 개념에 입각해 마음을 연구한다. 철학, 심리학, 언어학, 인류학, 신경과학, 인공지능 등 여섯 개 학문이 뇌와 마음의 관계를 밝혀내기 위해 공동 연구를 한다. 사회생물학에 사망 선고를 내린 진화심리학은 진화생물학과 인지심리학의 학제 간 연구로서 마음이 진화의 산물이라고 전제한다. 마음의 주요한 특성들, 이를테면 언어, 폭력성, 짝짓기, 이타주의 등이 자연선택에 의한 적응의 산물임을 밝혀내는 연구 결과가 쏟아져 나오고 있다. 복잡성과학은 물리학, 생물학, 경제학, 사회학, 컴퓨터과학의 세계적 학자들이 복잡적응계를 연구한다. 복잡성과학

중에서 복잡계경제학, 인공생명, 네트워크과학이 각광을 받고 있다.

2008년 4월 서울에서 열린 '월드사이언스 포럼'의 기획에 참여하고 특별 강연을 하게 된 나는 '뇌 연구, 학문의 벽을 허문다'는 제목으로 뇌과학과 융합 학문을 소개하였다. 뇌 연구와 인문학의 융합으로 사회신경과학, 신경경제학, 신경마케팅, 신경철학, 신경인류학, 신경신학, 신경미학, 신경윤리학이 출현하였다. 한편 뇌 연구와 과학기술의 융합으로 계산신경과학, 신경정보학, 커넥터믹스(connectomics), 정서공학, 신경건축학, 신경공학이 출현하였다.

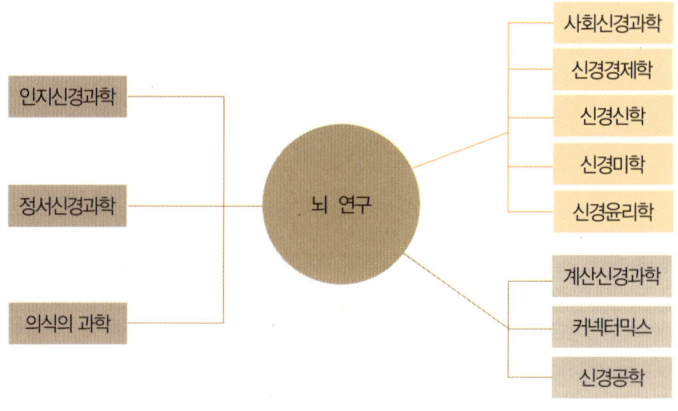

뇌 연구와 융합 학문

2008년부터 학문과 기술 분야 전반에 걸쳐 융합 바람이 거세게 불기 시작하였다. 정부가 추진한 '세계 수준의 연구 중심 대학(World Class University)' 육성 프로젝트가 국가의 성장 동력이 될 만한 융합 학문과 융합 기술의 육성에 막대한 예산을 투입했기 때문이다. 바야흐로 상아탑에서 본격적인 지식 융합 시대의 막이 오르게 된 것이다. 이러한 상황에서 지식 융합의 전모를 한눈에 파악하는 데 도움이 되는 교양 도서를 찾는 지식인, 기업인, 청소년 들이 늘어나기 시작했다. 2008년 10월 출간된 『지식의 대융합』(고즈윈)은 인문학과 과학기술이 어떻게 만나고 섞여서 어떠한 연구 분야를 만들어 내고 있는지 궁금한 이들에게 지식 융합의 개론서 역할을 하였다.

2009년 3월에는 서울대학교에 융합과학기술대학원이 문을 열었고, 융합 기술 중심 대학인 울산과학기술대가 설립되었다. 카이스트는 2010년 인문사회과학부와 영재기업인교육원에 각각 '지식 융합' 과목을 신설하였다. 2010년 11월 국가교육과학기술자문회의는 대통령에게 '세계 중심 국가를 향한 인재 육성 방안'을 보고하면서 창의적 인재를 길러 내기 위해서는 고등학교에서 문과와 이과의 장벽을 제거하는 융합 교육이 강화되어야 한다고 건의했다.

또한 정부에서는 2008년 11월 '국가융합기술발전기본계획(2009~2013)'을 수립했다. 지식경제부는 2011년 4월 '산업융합촉진법'을 제정했으며, 2012년 3월 '기술인문융합창작소'를 발족시킬 것으로 알려졌다. 바야흐로 융합의 3대 요소인 지식 융합, 기술 융합, 산업 융합이 시대적 흐름으로 자리 잡게 된 것이다.

이러한 상황에서 국내 인문사회학계의 쟁쟁한 필진들이 함께 만든 이 책은 인문학과 과학기술의 융합에 관심이 많은 젊은 인문학도들에게 좋은 길라잡이가 될 것임에 틀림없다. 『지식의 대융합』에 이어 2010년 2월 펴낸 『기술의 대융합』, 그리고 이 책으로 마침내 융합 3부작을 완성하게 되는 고즈윈의 고세규 대표에게 이 책이 행운을 안겨 주게 되길 바라는 마음 굴뚝같다.

참고문헌 ────────────────
- 『지식의 대융합』, 이인식, 고즈원, 2008
- 『기술의 대융합』, 이인식 기획, 고즈원, 2010
- Unity of Knowledge: the Convergence of Natural and Human Science, Annals of the New York Academy of Sciences, Volume 935, 2001

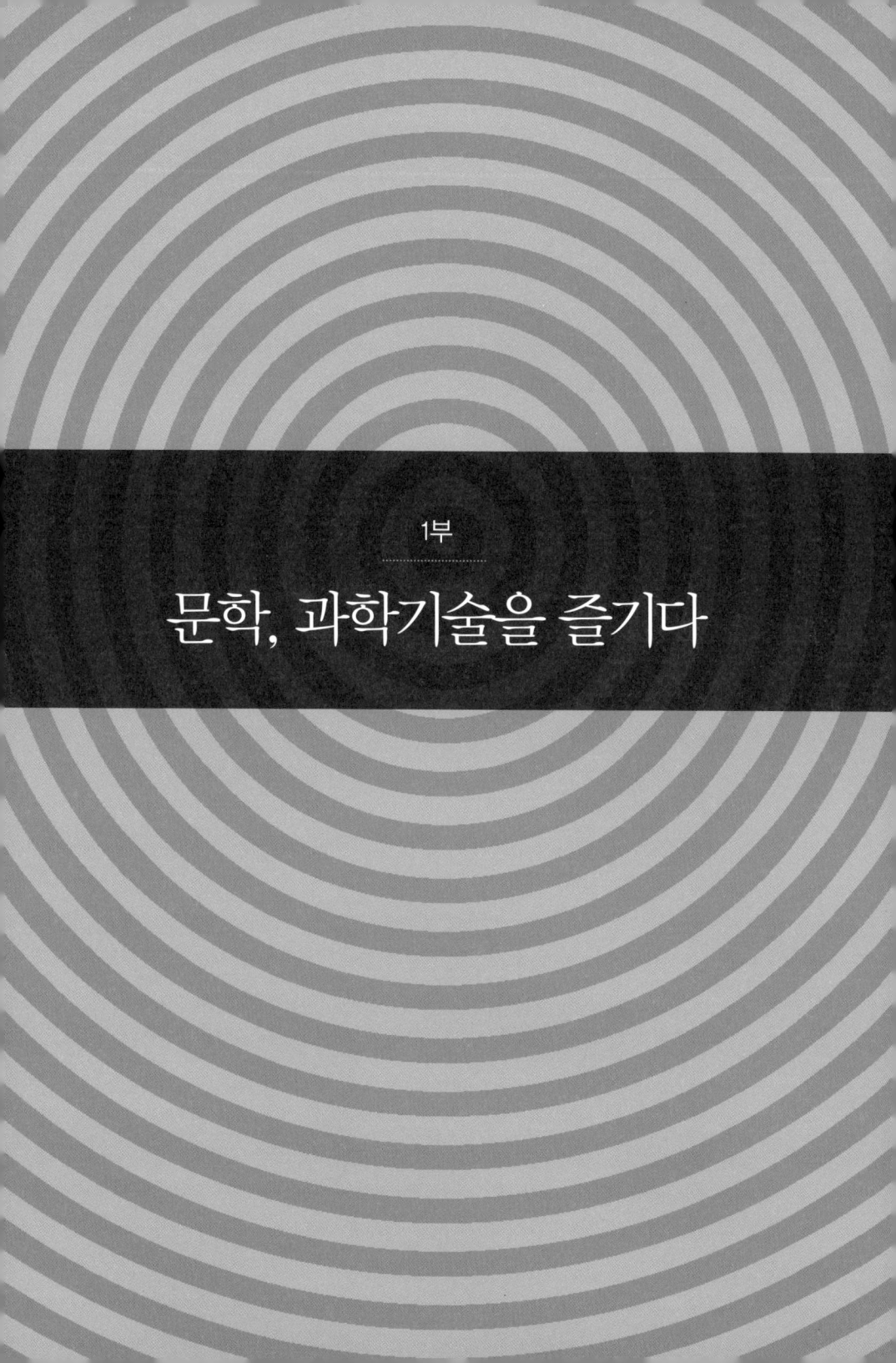

1부
문학, 과학기술을 즐기다

박이문(시몬스 대학 및 포항공대 명예교수, 문학평론가, 철학 전공)

본명은 박인희다. 서울대 불문과를 졸업하고 동 대학원에서 석사 학위를 취득하였다. 이화여대에서 교수로 재직하다가 프랑스로 건너가 소르본 대학에서 시인 말라르메를 주제로 불문학 박사 학위를 받았다. 이후 미국의 서던캘리포니아 대학에서 메를로-퐁티의 존재론에 관한 논문으로 철학 박사 학위를 받았다. 시몬스 대학 철학과 교수, 마인츠 대학 객원교수, 도쿄 국제기독교대학 초빙교수, 포항공대 초빙교수, 연세대 특별초빙교수를 역임하였다. 인촌상(인문사회문학 부문, 2006)과 프랑스 문화부장관 학술상(2009)을 수상하였다. 한국어, 영어, 불어로 쓴 철학과 문학에 관한 70여 권의 저작이 있으며, 7권의 시집이 있다. 주요 저서로『현상학과 분석철학』『철학 전후』『과학철학이란 무엇인가』『문학과 철학』『문명의 위기와 문화의 전환』『철학의 여백』『자연, 인간, 언어』『행복한 허무주의자의 열정』『예술철학』『과학의 도전 철학의 응전』『둥지의 철학』 등이 있다.

학문의 통합과 자연의 융합
-둥지 철학을 향하여

통합, 융합[1]의 개념들

한 사회의 지식, 학문, 문화, 경제의 활동과 발달은 각각의 영역에 대한 전문적 세분화와 비례한다. 그러나 세분화로 인해 각계의 전문가와 대중 사이에서만이 아니라 동일한 학문 영역에서 활동하는 전문가 간 소통조차도 점차로 어렵게 되어, 모두가 코끼리를 전체로 보지 못하고 각 부분만 놓고 기둥, 벽, 다리, 나팔, 큰 부채 등으로 잘못 인식하는 소경들이 되어 가고 있다. 우주의 삼라만상을 밀가루 반죽 덩어리처럼 한 가지 속성

---

[1] 이들 단어가 마치 동일한 개념처럼 사용되고 있지만 각각 놓치기 쉬운 뉘앙스의 의미 차이가 있다. 그 차이를 무시하고 사용되는 경우가 대부분이기 때문에 그것들의 의미는 난센스로 들린다.

으로 인식하는 일원론적 형이상학을 전제로 하는 세계관은 코끼리를 둘러싼 소경들이나 나무만 보고 산을 보지 못하는 사람과 같이 참다운 세계관일 수 없다. 종교적, 철학적, 과학적 영역에서도 사정은 다르지 않다. 모든 세계관에 대해 서로 다른 의견이 있다는 것은 지적 인간이면 누구나 추구하는 우주 전체의 진정한 그림, 다시 말해 누구나 공감하고 동의할 수 있는 세계관(절대적 진리)이 없다는 사실의 구체적 증거이다.

일찍이 찰스 퍼시 스노 교수가 케임브리지 대학 내에서 확인할 수 있었던 '두 문화', 곧 인문학과 과학 간의 소통의 부재와 이해의 단절에 대한 심각성을 한탄한 지 반세기 이상이 흘렀지만 학문의 전문화 및 그에 따른 세분화는 오늘날에도 여전히 심화되고 있다. 요즘 한국 사회에서 유행처럼 너도나도 학문 간 혹은 학문과 기술, 기술과 예술, 산업과 디자인 사이의 통합, 융합의 필요성에 대해 목소리를 높이는 것은 모두가 만족할 수 있는 세계관의 부재와 그에 따른 소통의 부재, 그리고 한발 더 나아가서 실용적인 차원에서의 경제적 손실에 대한 인식의 표출이라고 생각된다.

약 20년 전쯤 '인문학의 위기'라는 말이 드문드문 들리기 시작하더니 10여 년 전부터는 '학문의 통합(혹은 융합)'이라는 말이 학계, 교육계, 언론계, 산업계 그리고 사회 전반에 걸쳐 중요한 문화적 코드로 유행어처럼 널리 회자되고 있다. 최근 몇 년 사이에는 이 개념을 화두로 강연회나 학술회의가 열리고 이에 관한 다양한 연구 프로젝트가 문화 사업으로 국가의 지원을 받기도 했다. 그러나 인문학과 과학, 인문학과 경영학 혹은 간호학과 경제학 간의 통합이나 융합이라는 말은 언뜻 보아 멋있고 옳은 듯하나 실상 대부분의 경우 이치에 맞지 않는 난센스에 가깝다. 왜 그런가?

존재의 통합과 인식의 통합

산술, 기하학, 대수 등이 수학의 다양한 하위 개념으로 설명되지만 그 역의 경우는 성립될 수 없고, 뉴턴의 만유인력이 아인슈타인의 상대성이론에 의해서 설명되지만 마찬가지로 그 역의 경우는 성립되지 않는다. 그렇다면 수학에 의한 산술, 기하학, 대수 등의 통합 혹은 아인슈타인의 상대성이론에 의한 뉴턴의 고전적 역학의 통합이라 말할 수 있지만, 그 역의 경우에서 뉴턴의 역학에 의한 아인슈타인의 상대성이론의 통합이라고 말할 수는 없다. 학문의 통합은 한 이론이 심층적 원리에 의해 더 많은 것을 포괄적으로 설명함을 뜻한다.

이런 점에서 학문의 통합은 별개의 학문이 아닌 한 학문에 의한 다른 이론의 환원을 의미한다. 이는 두 학문이나 두 분야 간 서로 다른 이론의 혼합, 뒤섞기, 비빔밥 비비기, 전혀 다른 색의 물감을 물에 타기 등에서 그 예를 찾아볼 수 있는 '융합'과는 전혀 다르다. 융합은 서로 섞이는 대상이 원래 형태를 잃어버려야만 가능하지만 통합은 통합된 대상의 원래 형태가 계속 살아 있다. 아인슈타인의 상대성이론은 뉴턴의 역학의 전적인 부정이 아니다. 그러므로 물질의 융합은 있을 수 있어도 학문의 융합은 존재할 수 없다. 인문학과 자연과학의 통합은 가능해도 융합은 논리적으로 애초에 불가능한 것이다.

보통 예술(인문학)과 과학을 융합한 대표적 천재의 예로 스티브 잡스를 든다. 그는 학생 시절에 문학작품을 많이 읽었고, 일본 고도의 한 절에 가서 얼마 동안 좌선(坐禪)한 경험이 있으며, 자신이 창업한 컴퓨터 회사 애플(Apple)의 사과 로고를 직접 디자인할 만큼 예술적 감각도 갖췄다. 그런 그가 수학적, 기계공학적 재능의 융합으로 IT산업에서 이제껏 상상하지 못했던 창조적 발상을 꾀함으로써 세계적인 성공을 거두었다는 것이다. 이런 논리라면 상대성이론이라는 아인슈타인의 위대한 과학적 발견과 그의 바이올린 연주 능력도 또 다른 과학과 예술의 융합 사례로 들 수 있을 것이다. 그러나 이러한 주장은 논리적으로 큰 비약의 오류를 범하고 있다. 아인슈타인은 알아야 할 사실의 세계만도 너무나 넓은데 상상의 세계를 만들어 내는 시나 소설을 읽거나 쓰는 일은 시간 낭비라고 그 가치를 극심하게 비하한 과학자이기도 하다. 아인슈타인보다 연주 실력이 뛰어난 수많은 소년 바이올리니스트들이 위대하기는커녕 시시한 물리학자도 되지 못한 경우가 대부분이고, 잡스 이상으로 그림에 재능 있는 엔지니어 가운데서도 크게 성공한 경우는 겨우 손으로 꼽을 만큼 그 수가 적다. 인문학적 혹은 예술적 소양이 창의력 양성에 도움이 되지만 반드시 필수적인 조건은 아니며, 과학적 소양이 인문학이나 미학적 성취를 이루는 데 절대적 요건도 아니다.

만약 학문 간 통합 혹은 융합이 한 학문의 다른 학문으로의 환원이 아니라 단순히 어떤 목적을 위한 다른 학문의 기술적·잠정적 차용을 뜻한다면, 이미 의학, 간호학, 경영학, 디자인학 등 실용적 직업 교육을 담당하는 학과만이 아니라 실용성을 우선적 목표로 하지 않는 철학, 문학, 역사학, 수학, 과학 및 대학 밖에서의 모든 영역에서 항상, 그것도 이미 오래전부터 소극적이나마 실행되고 있었다는 사실을 상기해야 한다. 한 인간이 특정한 목적을 달성하기 위해 어떤 행위를 할 때 그는 자신이 이미 알고 있는 지식보다 좀 더 새롭고 유용한 정보나 사물이 없는지를 다른 사람들이나 다른 영역에서 찾아 가능한 한 차용(借用)하려고 한다. 가령 간호학이라는 학문 분야는 환자에게 도움이 되는 모든 가능한 방법을 총동원할 필요가 있다. 최소한의 의학적 전문 지식 외에도 환자의 간호를 위해

심리학, 사회학, 경제학, 윤리학, 법학 등 수만 가지 잡다한 지식과 교양을 간호 활동에 접목시켜야 한다. 이런 면에서 수학이나 어학 같은 비교적 순수하고 단선적인 학문에 비해 이론물리학, 철학, 언어학은 '잡학' 즉 다원적 학문이라 할 수 있다.

그러나 위와 같은 학문 간 상호 보완적 관계는 학문의 융합(融合)이나 통합(統合)이 아님은 물론 이론적 환원(還元)도 아니다. 다른 학문, 다른 영역의 지식이나 기술의 차용, 즉 일종의 접목(接木)일 뿐이다. 인간이 어떤 목적을 가지고 만드는 모든 것은 거의 예외 없이 그 목적과 직접 상관없는 영역들의 여러 가지가 접목되어 있다. 학문의 경우 간호학과 경영학이 대표적이고, 건축의 경우 주거용 공간 내 거실의 실내장식과 같은 물리적 구조물이 적합한 예다. 간호학은 의학이나 심리학 등 다양한 학문의 지식의 활용을 필요로 하고, 경영학은 경제학이나 심리학 등에서 보조적 지식을 채용한다. 주택이나 아파트 거실은 미학적·실용적 관점을 고려하여 거주하는 사람의 기호와 필요에 따라 여러 가지 물건을 모으고 그것들을 적절히 배치하여 공간을 장식한다. 모두 접목의 사례에 불과하다. 삼라만상은 물론 학문의 융합은 논리적으로 이치에 맞지 않는 난센스이고 물리적으로도 실현 불가능한 헛소리일 뿐이다.

앞서 언급했듯 인문학과 과학 융합의 대표적 예로 스티브 잡스의 미학적으로 기발한 사과 모양의 로고와 그가 주도적으로 설계에 참여한 아이폰의 엄청난 상업적 성공 사이의 인과관계를 든다. 그러나 이는 우연에 가까운 것으로 인과관계라는 과학적인 근거는 없다. 미학적으로 뛰어난 상품이 반드시 상업적으로 성공하는 것은 아니다. 인문학과 과학기술 또는 과학과 상업적 성공 간의 관계는 필연적이지 않다. 그런데 근래 한국에서 많은 이들이 외치는 학문의 통합, 인문학과 과학의 융합이라는 구호의 밑

시지프스

바닥에는 학문의 본질이라 할 수 있는 진리에 대한 열정이 아니라 상업적 성공에 대한 탐욕이 깔려 있는 것으로 보인다.

누구도, 그 어떤 것도 단 하나의 원칙으로 모든 것을 설명하고 이해하려는 인간의 순수한 지적 욕망, 곧 꿈을 약탈할 수 없다. 그것은 인간의 본성이기 때문이다. 이런 점에서 인간은 누구나 좌절을 거듭하면서도 무거운 바위를 어깨에 얹고 성공의 기약도 없이 땀을 흘리며 다시 산정으로 올라가는 그리스 신화 속 시지프스이다. 삼라만상을 궁극적 의미를 가진 하나의 통일된 원리로서 파악하려는 것은 인간의 숭고한 꿈이다. 그러니 모든 종교, 문학, 예술, 과학 그리고 철학의 궁극적 목적이 모든 우주의 현상을 단 하나의 원리 혹은 방정식으로 명쾌하게 통일하고자 애쓰는 것임은 당연하다. 이러한 욕망과 시도가 모두 좌절되었어도 말이다.

새로운, 아니 최초의 존재와 인식 통합의 가능성

우주의 삼라만상에 관한 종교·철학·과학 등 다양한 분야의 담론, 즉 세계관을 이론으로 일관성 있게 통합할 수 있는 단 하나의 거대 담론이나 우주의 삼라만상 간의 인과적 관계를 설명할 수 있는 융합의 궁극적 법칙, 즉 '모든 것들의 이론(theory of everything)' 발견의 실패 원인은 이론의 내재적 불가능성이나 우주(자연)를 이해하려는 인간의 지적 욕망 자체에 있는 것이 아니라 지금까지의 모든 세계관들이 우주의 궁극적 속성과 구조에 대해서 형이상학적 편견, 다시 말해 잘못된 인식에 기반을 두었기 때문이다.

편견이란 모든 세계관에 한결같이 깔려 있는 존재론적 및 인식론적 편견이다. 존재론적으로 실재하는 x는 영원불변하다는 플라톤의 이데아 이론(theory of idea/form)에서 볼 수 있는 질서 정연한 관념론적 형이상학이며, 인식론적으로 앎이란 어떤 의식 밖에 이미 객관적으로 실재하는 어떤 x의 발견이라는 신념이다. 그러나 좀 더 깊게 성찰해 보면, 양자역학이 보여주었듯 모든 존재의 심층을 들여다보면 엄밀하고 정연한 질서 밑에 무질서하게 소용돌이치는 카오스가 지배한다. 우주는 정확히 '무엇'이라고 정의할 수 없는 밀가루 반죽 덩어리와 같으며, 고대 그리스의 한 철학자가 이미 2500여 년 전에 밝힌 "인간은 만물의 척도이다."라는 유명한 명제에서 볼 수 있듯이 인식(지식)은 발견이 아니라 인간이 창조적으로 발명한 개념적 제품에 불과하다. x, y, z 등의 이름을 가진 어떤 개념으로 분류되기 이전의 우주(세상)는 무엇이라 말할 수 없이 많은 것과 미세한 여러 부분이 혼란스럽게 사방팔방으로 뒤얽힌 카오스 덩어리일 뿐인 것이다. 그렇지만, 아니 바로 그렇기 때문에, 마치 당첨금이 어마어마하게 커진 로또 추

만물 간의 총체적 질서는 예상 외로 둥지와 같은 생태학적 형태를 띤다.

첨에서 운 좋은 누군가에게는 천문학적인 액수가 붙은 표를 건질 확률이 더 높아지듯이, 우리는 그 혼돈 속에서 단 하나의 총체적 통일성을 발견할 가능성을 찾을 수 있다. 이는 본인의 저서 『둥지의 철학』[2](생각의 나무)이 제시하는 세계관 안에서만 가능하다. 역설적이지만 영원히 역동적이고 가변적인 카오스 상태의 우주 안에서만 만물 간의 유일한 총체적 질서의 구축 가능성을 발견할 수 있다. 그 질서는 예상과 달리 기하학적이거나 수학적인 것이 아니라 새들의 둥지와 같은 생태학적 형태를 띠는데, 한 번으로 끝나는 것이 아니라 무한히 지속되는 리모델링 작업의 양상을 보인다. 이는 인류가 존속하는 한 영원히 계속되는 작업일 것이다.

---

2   '둥지의 철학'은 기존의 모든 철학과 세계관을 뒤엎는, 가장 포괄적이고 융합적인 본인의 철학관인 동시에 우주관(존재론, 인식론 및 가치론의 총칭)으로서의 세계관이다. 그래서 이 책의 야심은 우주의 구조, 진화 과정의 역사와 목적을 총체적으로 설명하고자 했던 헤겔의 저서 『정신형상학』의 야심과 유사하며, 기존의 어떤 이론보다도 융합적이다.

인문학에 의한 과학의 통일

　지적 탐구의 궁극적 목표가 우주의 삼라만상, 즉 자연적·초자연적을 모두 포함하는 모든 현상의 총체적 그림으로서의 세계관이라고 한다면, 아득한 옛날 호모 사피엔스로 진화한 이래 인류는 줄곧 시대와 장소, 환경과 관점에 따라 이미 다양한 방식의 세계관을 창조해 냈다. 이 세계관들을 여러 범주로 분류할 수 있겠지만 편의상 대표적 학제의 범주에서 크게 종교, 철학, 과학 세 가지로 개념화할 수 있다. 서양의 유대-기독-이슬람교, 동양의 힌두-불교가 종교적 세계관의 대표적 사례이며, 노자와 장자의 자연철학, 공자와 맹자의 윤리-사회철학으로서의 유교, 플라톤, 데카르트, 칸트, 헤겔 등의 관념철학, 아리스토텔레스, 홉스, 흄, 듀이 등의 도구철학, 콰인 등의 경험철학, 비트겐슈타인, 라캉, 데리다 등의 언어철학 등이 철학적 세계관의 대표적 사례가 될 것이다. 과학적 세계관의 대표적 예로는 우주 전체를 물 혹은 원자로 환원시킨 탈레스나 데모크리토스의 유물론, 뉴턴의 만유인력, 아인슈타인의 상대성이론, 다윈의 진화론, 프로이트의 정신분석학, 그리고 오늘날 모든 자연과학자들이 거의 예외 없이 전제하고 있는 기계론적 유물론 등을 들 수 있을 것이다.

　종교적, 철학적 그리고 과학적 세계관 가운데 어떤 것이 가장 설득력이 있으며 그 가치판단의 근거는 무엇일까? 두 가지가 있다. 하나는 이론의 명증함이요, 또 하나는 그 이론이 설명할 수 있는 대상의 폭이다. 전자의 기준으로 볼 때 과학적 명제는 종교적이나 철학적, 즉 인문학적 명제보다 훨씬 명증하다. 가령 스마트폰의 기적적인 기능이 입증하는 IT라는 과학기술을 접할 때 가장 신뢰할 수 있는 세계관은 객관적 사실이 뒷받침되는 세계관이라고 주장할 수밖에 없을 것 같다. 과학기술이 성공을 거둠에 따라 벌써 오래전부터 모든 학문이 과학적 방법을 사용하며 과학을 닮고자 해 왔고, 오늘날에는 과학이 문학, 종교, 철학을 포함한 모든 학문을 자신의 체제에 흡수 통합하거나 대체하려는 경향을 보이고 있다. 하지만 다음과 같은 두 가지 이유에서 과학적 인식 대상은 인문학적 명제보다 그 인식 대상의 폭이 좁다.

첫째, 과학적 세계관의 대상은 물리적 현상에 제한된 데 반해 인문학 일반, 특히 메타적(반성적) 사유로서의 철학은 물리적 현상을 그리는 과학적 담론까지 포함하는 학문이기 때문이다. 양자역학이 극히 미세한 물질세계를 인식 대상으로 하고 천문학이 방대한 우주를 인식 대상으로 삼는다는 점에서 어떠한 철학보다도 인식 대상의 폭이 넓다고 주장할 수 있지만, 철학이 바로 그러한 과학적 주장까지를 자기 반성적인 면에서 인식 대상으로 삼는다는 점에서 철학의 인식 대상이 천문학의 인식 대상보다 폭넓다.

둘째, 더 근본적인 차원에서 인문학과 과학은 논리적으로 같은 범주적 지평에서 대립되는 인식 양식이 아니라 후자는 전자의 하위 개념으로서 일종의 인문학으로 파악되어야 한다. 다시 말해 인문학을 과학에 종속시킬 것이 아니라 과학을 인문학이라는 대 범주 안의 여러 소 범주 중 하나로 봐야 한다는 것이다. 그 이유는 대략 다음과 같다.

인문학과 과학의 대립적 구별은 ① 전자의 인식 대상이 물질적인 것이 아니라 정신적 존재로서의 인간과 그의 정신적 산물이며, ② 후자의 경우 인식 주체가 보편적이고 냉정한 이성에 의한 발견과 그 재현으로써 인식의 객관성을 보장할 수 있는 데 반해, 전자의 인식 주체는 가변적이고 주관성을 넘을 수 없는 감성적 표현이라는 데에 그 근거를 두고 있다. 그러나 인문학이든 과학이든 모든 인식과 세계관은 인간의 인식적 개입, 즉 인간에 의한 언어적 개념화 이전에 이미 객관적으로 존재하는 것의 발견이 아니라 언어적 개념화라는 인간의 주관적 활동의 산물(제품)이라는 점에서, 필연적으로 인간화된 대상이라는 점에서 자연과학도 종교나 예술, 철학과 마찬가지로 일종의 인문학으로 봐야 한다.

인문학을 과학의 일부로 개종하든 과학을 인문학의 일부로 생각하든 우주 안의 모든 것 간의 경계와 차이가 그러하듯이, 두 학문 곧 두 세계 인식 간의 차이와 경계는 절대적이 아니라 상대적이며, 영원한 것이 아니라 잠정적이다. 우주 안의 모든 것의 모습은 영원불변한 것이 아니라 잠정적며 언제나 가변적이다. 우주 안 삼라만상에 대한 진리를 말한다면, 그중 어느 진리도 영원한 것은 단 하나도 없다. 학문에서만이 아니라 모든 것 간의 구별은 형이상학적이 아니라 개념적이며, 실재하는 것이 아니라 인간이 실용적 필요에 의해 관념적으로 만들어 놓은 제도에 불과하다. 따라서 영원불변한 것이 아니라, 잠정적인 즉 역사적인 것이다.

복거일(소설가)

서울대학교 상과대학을 졸업했다. 1987년 장편소설 『비명(碑銘)을 찾아서』를 발표하며 문단에 데뷔한 이래 소설 창작과 문예 비평 활동을 꾸준히 해 오고 있다. 대학에서 경제학을 전공하여 전통 경제이론에 정통하면서도 자유주의와 자본주의 전파에 앞장서는 지식인으로, 우리 시대의 짚어야 할 문제들에 주목하여 사회평론가로 활동해 왔다. 주요 작품 및 저서로는 시집 『오장원(伍丈原)의 가을』『나이 들어가는 아내를 위한 자장가』, 장편소설 『높은 땅 낮은 이야기』『역사 속의 나그네』『파란 달 아래』『캠프 세네카의 기지촌』『목성잠언집(木星箴言集)』『그라운드 제로』, 과학소설 단편집 『애틋함의 로마』, 문학평론집 『세계환상소설 사전』, 사회평론집 『현실과 지향』『진단과 처방』『소수를 위한 변명』『국제어 시대의 민족어』『동화를 위한 계산』『2002 자유주의 정당의 정책』『자유주의의 시련』, 과학평론집 『쓸모없는 지식을 찾아서』『벗어남으로서의 과학』, 산문집 『아무것도 바라지 않은 죽음 앞에서』『현명하게 세속적인 삶』 등이 있다.

허름한 지도 제작자의 삶

"과학소설(Science Fiction, SF)의 황금기는 열두 살"이라는 얘기가 있다. 그 나이엔 누구나 과학소설의 주요 주제나 풍경이 경이롭다. 나도 그랬다. 피난 가서 지내게 된 궁벽한 산골에서 보낸, 내 어린 시절은 문화적으로도 아주 가난했다. 지금도 그 시절의 배고픔, 제대로 먹지 못해 배에 머물던 둔한 통증과 책을 읽고 싶은 지적 허기는 생생한 기억으로 남아 있다. 그 시절 책이나 만화, 영화로 인한 과학소설적 영향은 이제 흐릿해졌지만, 베른(Jules Verne)의 『바다 밑 이만 리』는 지금도 또렷이 기억나는 과학소설 작품이다.

어릴 적이나 좀 커서나 나는 과학소설을 써야겠다는 충동을 느낀 적이 없다. 실은 소설가가 되겠다는 생각도 든 적이 없다. 그저 시에 끌렸고 아마도 평생 시를 쓰리라는 생각이 들었지만, 직업적 문인이 되겠다는 생각은 하지 않았다. 실제로 문단에 나온 것은 마흔이 넘어서였다.

나는 지식을 얻고 싶었다. 주변 사람들도 내가 어릴 적부터 지적 호기심이 대단했다며 관련 일화를 들려주곤 했다. 나는 늘 잡다한 지식들을 솜처럼 빨아들였다. 누가 지식이 중요하다고 일러 주어서도 아니고 성적이나 입시 따위의 실제적 이익을 생각해서도 아니었다. 그저 새로운 지식을 얻는 것이 즐거웠다. 그리고 그런 지식에 대한 갈망은 늘 내 삶을 규정했다. "지식인의 가장 두드러진 특질은 쓸모없는 지식들을 사랑하는 것"이라는 오웰(George Orwell)의 말을 기준으로 삼으면, 나는 날 때부터 지식인이었던 셈이다.

지식인으로 입신하겠다는 의식적 결정을 내린 것은 대학에 들어갈 무렵이었다. 빠르게 하나로 통합되는 세상에서 서양 문명이 지배적 전통이 되었으므로, 나는 내가 물려받은 전통인 동북아시아의 한문 문명이 주변부 문명으로 전락했다는 사실과 마주해야 했다. 그래서 나는 우선 서양 문명을 받아들이기 위해 정색하고 영어를 배우기로 했다. 일상생활에서 필요한 수준의 영어를 배우는 것, 즉 영어 원서로 경제학 교과서를 읽고 시험이나 직업 활동에 필요한 영어를 배우는 것으로는 부족하다고 판단한 것이다.

당시에 영어를 배우는 데는 영어 책을 읽는 것이 거의 유일한 길이었으므로, 영어를 배우는 것과 서양 문명의 지식을 받아들이는 것은 사실 동시적 과정이었다. 자연히 나는 당장 필요하지 않은 책도 많이 읽게 되었고 그런 책을 통해 지식인 및 작가로서의 경력에 필요한 지적 바탕을 마련했다. 당시 겨우 열일곱 살 난 소년이었던 나는 그 결정이 어떤 의미를 불러올지 제대로 알 수는 없었다. 반세기가 지난 지금, 돌아보면 서양 문명의 지식을 받아들이며 영어를 공부한 일은 내게 몇 가지 중요한 영향을 미쳤다.

먼저 전공과목이라는 좁은 조망에서 벗어나도록 했다. 경제학이나 경영학이 다루는 주제들이 삶에서 그리 큰 부분을 차지하지 않으며, 그 학문들이 쌓은 지식은 인류가 그동안 쌓아 온 지식 중 아주 작은 부분임을 늘 생각하게 되었다. 내가 세상을 바라보는 틀을 마련하는 데 큰 도움을 준 이들 학문에 대해 항상 고마움을 가졌지만, 한편으로 이 학문들이 비추는 영역은 삶의 무대에서 작은 부분에 지나지 않는다는 사실도 잊지 않았다.

다음으로 여러 지적 분야들이, 어쩌면 모든 지적 분야들이 연결되었다는 사실을 늘 일깨워 주었다. 아울러 그 연결고리에 대한 기본적 지식을 제공해 주었다. 자연히 내 마음은 늘 '지식의 통합'을 향해 움직였고 언제부터인가 나는 그것이 내가 추구할 성배(聖杯)임을 깨닫게 되었다.

셋째, 재발명의 위험을 알려 주었다. 좁은 전공 분야만을 공부하는 사람들이 흔히 맞게 되는 지적 위험 가운데 하나는 다른 분야의 연구 성과에 대해 잘 모르기 때문에 남들이 이미 이룬 업적을 어설프게 재발명하는 것이다. 연구에 전념하는 처지는 아니었으므로 재발명의 위험은 아주 작았지만, 영어를 공부한 덕에 가장 발전된 연구 성과를 찾을 수 있었던 것은 지식인으로서나 과학소설 작가로서나 행운이었다.

넷째, 거친 민족주의에 대한 면역이 일찍부터 생겼다. 거친 민족주의는 거의 언제나 그른 신조에서 나오고, 그른 신조는 거의 언제나 무지에서 나온다. 인류 문명의 관점에서 세상을 살피는 태도는 우리 사회에서 특히 거센 '닫힌 민족주의'에 대한 비판적 성찰을 가능하게 했다. 어느 나라에서나 거친 민족주의는 그들의 민족어가 다른 언어보다 우월하다는 근거 없는 믿음을 핵심적 신조로 삼는다. 영어를 배우면서 갖추게 된 지식, 특히 언어 습득에 관한 지식은 어리석은 신조의 해로움에 일찍 눈뜨도록 했다.

이런 지적 편력을 통해 나는 지식인으로 자라났다. '지식 자체를 사랑하고 추구하는 사람'이라는 뜻에서의 지식인은 어느 사회든 그리 많지 않다. 사람은 천성적으로 지적 호기심을 지녔지만, 삶의 조건들은 당장 살아가는 데 필요한 지식만을 추구하도록 강요한다. 심지어 전공 분야 밖 지식에 관심을 보이는 사람들을 알게 모르게 질타한다. 그래서 지식 노동자의 수는 빠르게 늘어나지만, 지식인으로 원숙해지는 사람은 드물다.

선종의 종지인 '불립문자(不立文字)'를 만났을 때, 나는 거의 반사적으로 반응했고 속으로 "나는 문자를 세운다."고 다짐했다. 이런 태도를 가장 잘 드러낸 것은 브라우닝(Robert Browning)의 『파라셀서스(Paracelsus)』에서 주인공 파라셀서스가 한 말이다. "나는 알기를 열망했던 자다. 그러면 그대는?(I am he that aspired to know: and thou?)"

파라셀서스의 물음에 대해 에이프릴은 "나는 무한히 사랑하고 사랑받고 싶어요!(I would love infinitely, and be loved!)"라고 대답한다. 브라우닝은 지식과 사랑을 대립시켰지만, 나는 사랑이 지식의 한 부분이라고 여긴다. 사랑은 오랜 진화를 통해서 생명체들이 얻은 소중한 지식이다.

나이 들어 돌아보면, 누구나 자신의 삶이 우연에 의해 결정되었다는 것을 느끼게 될 것이다. 한 사람의 삶에서 분수령이 된 사건이라 판명된 것은 대부분 당시엔 그저 우연하고 사소한 사건이나 결정이었다. 내가 지식인으로 자라나는 과정에 큰 영향을 미친 사건 중 하나는 내가 대학에서 경제학을 공부한 것이다. 그러나 나는 경제학을 공부하겠다고 결심한 적이 없다. 고등학교에 들어갈 때 장학금을 받을 수 있는 상업고등학교를 택했고, 세 해 뒤엔 자연스럽게 즉 별다른 생각 없이 상과대학의 상학과에 진학했기 때문이다. 당시 상학과의 교과과정은 혼란스러워서 상학, 회계학, 경영학, 마케팅, 그리고 경제학이 뒤섞여 있었다. 특히 상학은 상업에 필요한 정보를 종합한 학문이라지만 학문다운 체계가 없었고, 곧 다른 학문들에 흡수되어 버렸다. 그러니 경제학을 체계적으로 공부하지 못했다.

당시 대학의 경제학 교육은 믿어지지 않을 만큼 낡고 초라했다. 20세기 사회과학에서 가장 중요한 지적 토론이었다고 할 수 있는 '사회주의 계산 논쟁(The Socialist Calculation Debate)'을 대학을 다니면서 들어 본 적도 없다는 사실은 1960년대의 경제학 교육에 대해 많은 것을 말해 준다. 이 논쟁은 볼셰비키 혁명으로 러시아에 공산주의 정권이 들어선 뒤 사회주의 체제가 아직 자리 잡기 전인 1920년대 초엽에 미제스(Ludwig von Mises)가 사회주의의 가능성에 의문을 제기함으로써 시작되었다. 그는 자본주의 체제에서 시장의 가격 기구가 거의 자동적으로 하는 계산들을 인위적 기구가 대신하기 어렵다는 점을 들어 사회주의는 제대로 작동할 수 없다고 예언했다. 자유주의 경제학자들과 사회주의 경제학자들 사이에서 반세기 넘게 이어진 이 논쟁을 통해서 사회주의의 문제점이 잘 드러났다.

물론 나는 사회주의 계산 논쟁과 관련된 경제학자인 멩거(Karl Menger), 미제스, 하이에크(Friedrich A. Hayek)의 이름을 들었지만, 이들이 따로 공부해야 할 만큼 중요한 경제학자라고 내게 말해 준 사람은 없었다. 강의 시간에 좀바르트(Werner Sombart)의 이론을 간략하게 배운 적은 있지만, 멩거의 이론은 배운 적이 없다. 그때는 모두 새뮤얼슨(Paul Samuelson)의 『경제학(Economics)』을 교과서로 삼았다는 사정까지 겹쳐서, 그가 신봉하는 케인스(John Keynes)의 명성엔 후광이 어렸고 누구도 그의 이론에 담긴 지혜를 의심하지 않았다. 미제스나 하이에크를 거론하는 사람은 없었다.

하긴 그것은 이상한 일이 아니었다. 1960년대 초엽은 6·25 전쟁이 끝난 지 겨우 십여 년이었고 우리 사회가 4월 혁명과 5·16 군사정변의 충

미제스와 그의 제자 하이에크(왼쪽)

격에서 아직 벗어나지 못한 때였다. 우리는 지독히 가난했고 앞날이 잘 보이지 않았다. 그래서 당시 경제학을 공부한 사람이라면 교수든 학생이든 모두 경제 발전에 대해 입을 모았다. 자유주의에 관한 철학적 담론은 한가로운 얘기로 들렸다. 경제학자 가운데 『경제 성장의 단계들』을 발표한 로스토(Walt W. Rostow)가 가장 섹시한 '스타'였고 그의 이륙 이론(take-off theory)은 모두가 받아들이는 정설이었다. 그리고 '과연 우리나라가 이륙할 수 있을까?'라는 물음은 경제학도들의 으뜸가는 화두였다. 당시 경제학을 공부하는 학생들에게 정부가 주도하는 경제 발전 전략은 당연한 것이었다. 명령 경제의 실상이 제대로 알려지지 않았고 사회주의에 관한 지식이 '금단의 열매'였다는 사정까지 겹쳐, 적잖은 경제학도가 사회주의에 호의적이었다. 지금 돌아보면 이상하게 느껴지지만, 당시에 시장을 입에 올리는 경제학자는 거의 없었다.

누구에게나 자신의 전공 분야는 삶과 생각에 결정적 영향을 미친다. 내가 경제학을 공부했다는 사실은 내가 '알기를 열망한 사람'이었다는 사실 때문에 더욱 큰 영향을 미쳤다. 경제학은 사회과학 가운데 가장 먼저 모형을 만드는 데 성공한 학문이다. 수요와 공급이 균형을 이루는 모형은 좋은 모형의 본보기다. 그것은 간명하고 직관에 맞고 많은 사회적 현상을 잘 설명한다. 게다가 경제학은 일찍부터 계량화에 성공했다. 덕분에 경제학은 형식적 수학 모형(formal mathematical model)으로 경제 현상을 설명하고 아주 구체적인 진단과 처방을 내놓을 수 있었다. 자연과학에 비하면 여러 모로 부족하지만, 경제학이 그런 모형을 만들 수 있다는 사실은 사회과학으로서는 대단한 성취다. 덕분에 나는 일찍부터 세상의 모습을 모형을 통해서 파악하려는 경향을 갖게 되었다.

이런 습관은 결국 모든 지식이 실재의 모형이라는 생각으로 이끌었다. 학문, 종교, 예술이 모두 이 세상의 모형을 만드는 일이고 그래서 본질적으로 차이가 없다는 생각은 모든 지적 활동을 하나로 통합하려는 시도로 이어졌다.

이는 물론 모든 지적 분야에 대한 지식을 전제로 한다. 지식을 얻으려고 여러 분야에 기웃거린 경험이 이 어려운 일을 좀 수월하게 했다. 처음엔 주로 물리과학에 관심이 쏠렸으나 차츰 생물과학으로 번져 갔다. 모형을 만드는 일에서는 과학철학과 수학철학을 공부한 것이 큰 도움이 되었다. 1970년대에 이 어려운 분야들을 공부했는데, 마침 연구소에서 해외 협력 업무를 맡아 한 덕에 필요한 책을 쉽게 구할 수 있었다. 마침 시간적 여유도 있었다.

하지만 아쉽게도 나의 노력에서 나온 것은 재발명임이 점점 분명해졌다. 내가 가까스로 찾아낸 길을 진화생물학자들은 벌써 멀찌감치 걸어 나가고 있었다. 영국 심리학자 플로킨(Henry Plotkin)의 『다윈 기계들과 지식의 성격(Darwin Machines and the Nature of Knowledge)』에서 "적응은 생물적 지식이고, 우리가 일상적으로 그 말을 이해하는 바로서의 지식은 생물적 지식의 특별한 경우다.(adaptations are biological knowledge, and knowledge as we commonly understand the word is a special case of biological knowledge.)"라는 구절을 만났을 때, 나는 체념에 가까운 마음으로 고개를 끄덕였다.

이런 사정을 나는 자전적 소설 『보이지 않는 손』의 후기에서 스승 김현에 대한 감회의 형식으로 밝혔다.

김현을 마지막으로 만난 것은 문학과지성사의 사무실에서였다. 이미 병이 깊어져서, 그는 수척했다. 혼자서 잡지를 읽던 그는 늘 그랬듯이 나의 생계부터 물었다.

이어 요즈음 무슨 작업을 하느냐고 물었다. 과학과 종교와 예술을 지식의 관점에서 통합하는 길을 모색한다는 대답을 듣자, 그는 소리 내어 웃었다. "지식 대통합 이론이구먼." 그리고 잠시 생각하더니, 정색하고 말했다. "그거 그럴듯한 얘긴데. 이거 읽던 거 마저 읽고서 얘기합시다." 그가 그 글을 읽는 사이에 다른 사람들이 들어왔고, 그 얘기를 이을 기회는 사라졌다.

그 일을 하면서, 나는 자주 생각했다. '만일 내가 선생님과 함께 그

일을 했다면.' 여러 해 뒤, '지식에 관한 지식'을 어느 정도 얻고서, 나는 내가 틀을 제대로 잡았음을 알았다. 그러나 생물학이나 심리학의 지식을 제대로 갖추지 못했던 터라, 우리가 개척적 업적을 남길 수는 없었을 것이다. 아마도 자신들이 힘들게 생각해 낸 것들이 모두 재발명들임을 발견하고서, 주변부 지식인의 시린 비애를 한 번 더 맛보았을 터이다. 그러나 그와 함께 지식의 통합이라는 높은 봉우리를 오르는 과정은 순수한 즐거움이었으리라.

그 뒤로 나는 내가 추구하는 지식의 통합에 대해 다른 사람과 얘기하지 않았다. 어떤 뜻에선, 그것이 너무 일찍 경력을 마감한 스승을 추모하는 내 나름의 방식이었다.

우리에게 가장 친숙하고 쓸모가 큰 모형은 지도다. 요즈음엔 지하철 노선도나 자동차 내비게이터 덕분에 더욱 친숙해지고 쓸모도 더 커졌다. 지도는 모형의 특질과 한계를 가장 잘 드러낸다. 아울러 모형을 만드는 일에서 만나게 마련인 방법론적 문제들도 일깨워 준다. 둥근 물체인 지구의 표면을 평평한 지도로 나타내는 일의 어려움에서 우리는 모형이 실물과 다를수록 오히려 쓸모가 크다는 역설을 실감한다. 누가 축척이 1대 1인 지도를 찾겠는가?

얻은 지식들을 하나의 유기적 모형으로 만들고 손질하는 일을 평생 해 온 나의 심상은 근대 초기의 지도 제작자(cartographer)다. 15세기 리스본이나 16세기 암스테르담의 부두를 어슬렁거리면서 먼 항해에서 돌아온 뱃사람들이 술집에서 하는 얘기에 귀를 기울이고 어쩌다 마음씨 좋은 선장이나 항해사의 눈에 띄면 먼 대륙의 모습에 관해 몇 마디 물어보고 항구 변두리 좁고 어둠침침한 골방으로 서둘러 달려가 지도를 꺼내어 새로운 정보에 맞추어 조금씩 수정하는 허름한 지도 제작자의 모습이다.

현대 사회는 극도로 세분화된 사회다. 그런 세상에서는 여러 주제에 대해 많이 아는 지식인을 제대로 대접하지 않는다. 사회는 점점 복잡해지고 지식은 빠르게 쌓이므로 너른 시야를 가진 사람들이 점점 더 필요해지지만, 실제로 그런 사람이 나오기 어렵고 나온다 하더라도 설 땅이 좁다. 모두 전문가(specialist)만 찾을 뿐 '일반가(generalist)'가 필요함을 인식하는 사람들은 드물다. 그렇게 전문화에 몰두하다 보니, 좁은 분야의 지식만 있고 다른 분야에 대해선 관심도 없고 알려고도 하지 않는 것을 오히려 자랑스럽게 여기는 풍조가 자리 잡았다.

이런 현상이 우리 시대에만 나타난 것은 아니다. 기원전 3세기 헬레니즘이 융성했을 때, 알렉산드리아의 박물관은 엄청난 양의 지식과 가장 뛰어난 식자들이 모인 곳이었다. 에라토스테네스는 거기 모인 지식인 가운데서도 두드러진 학자였다. 그는 지리학에서 큰 업적을 남겼으니, 구형 지구의 수리지리학을 확립했고 해의 남중을 이용해서 지구의 크기를 놀라울 만큼 정확하게 측정해 냈다. 수학 분야에서는 정입방체의 배가(倍加) 문제를 다루었고 소수(素數)를 찾아내는 '에라토스테네스의 체'를 생각해 낸 것으로 유명하다. 또 그는 훌륭한 언어학자여서 고대 그리스 희극에 대한 그의 연구는 후대 사람들이 많이 이용했다. 그리고 과학사의 선구적 업적인 철학사와 지리학사를 썼다.

한 사람이 그렇게 여러 분야에서 뛰어난 업적을 남겼다는 것은 놀랍다. 그러나 바로 그 사실 때문에 그는 동료들로부터 경멸을 받았다. 그에게 붙여진 별명 '베타(beta)'와 '펜타슬로스(pentathlos)'가 그 사실을 명백하게 증언한다. 베타는 제2인자나 이류를 의미했다. 펜타슬로스는 원래 5종 경기(pentathlon)에서 뛰어난 성적을 올린 사람들을 가리켰는데, 차츰 여러 군데에 손을 대서 잘하는 것이 많지만 정작 어느 것도 전문적이지 못한 팔방미인을 뜻하기도 했다. 단지 그가 여러 분야에 관심을 가졌다는 이유만으로, 각 분야에서 실질적이고 뛰어난 업적을 쌓은 에라토스테네스에게 그런 별명들이 붙여졌다는 사실은 과학의 분화가 상당히 진행된 헬레니즘 문명에서 여러 분야를 두루 섭렵하려는 동료를 얕보고 시기하는 풍조가 완연했음을 보여 준다.

우리 사회는 이런 풍조가 유난히 거세다. 그런 사정을 생각하면, 내가 과학소설 작가가 된 것은 퍽 다행이다. 과학소설을 쓰는 데 쓸모가 없는 지식은 없다. 자연히 과학소설 작가들 가운데는 석학이 많다. 웰스(H. G. Wells), 치올콥스키(Konstantin Tsiolkovsky), 라스비츠(Kurd Lasswitz), 스테이플던(Olaf Stapledon), 자미아틴(Yevgeny Zamiatin), 아시모프(Isaac Asimov), 클라크(Arthur C. Clarke), 블리시(James Blish), 호일(Fred Hoyle), 렘(Stanislaw Lem), 벤포드(Gregory Benford), 포워드(Robert Forward), 빈지(Vernor Vinge) 등······. 내가 그들과 '동업자'라는 생각은 어쩔 수 없이 쓸쓸해지는 내 가슴을 따습게 한다.

내가 베른을 읽고 경이감을 느끼던 소년에서 은퇴를 생각하는 과학소설 작가가 된 사이, 과학소설도 크게 변모했다. '열두 살이 황금기'라고 경멸을 받던 과학소설이 어느 사이엔가 자신의 정체성을 찾아서, 올디스(Brian Aldiss)의 말을 빌리자면, "사람과 우주에서 그가 차지하는 자리의 정의에 관한 탐구"라고 자신을 정의하게 되었다. 뒤늦은 풍문에 의지해 자신의 지도를 다듬어 온 주변부의 허름한 지도 제작자에겐 행복한 결말인 셈이다.

존 버로스(John Burroughs)

미국의 수필가이자 자연주의자로 헨리 데이비드 소로를 잇는 자연주의 문학가로 손꼽힌다. 처음에는 교사, 언론인, 농부, 재무성 서기 등으로 일했으며, 허드슨 강 계곡에 있는 농장으로 이사하면서 본격적으로 자연에 관한 글을 쓰기 시작했다. 이후 반세기 동안 여러 은둔처에서 꾸준히 집필 활동을 했다. 자연주의자 존 뮤어, 시어도어 루스벨트와 함께 야영 생활을 하고 알래스카 원정대에 참여하는 등 폭넓은 여행을 하고 그 경험을 책으로 엮어 내기도 했다. 자연과학 분야의 저술을 격려하기 위한 '존 버로스 기념협회'를 자비로 창설하였다. 저서로 『미국 울새(Wake-Robin)』 『겨울 햇살(Winter Sunshine)』 『상쾌한 들판(Fresh Fields)』 『새와 시인(Birds and Poets)』 『메뚜기와 야생벌꿀(Locusts and Wild Honey)』 『자연의 길(Ways of Nature)』 『새와 나뭇가지(Bird and Bough)』 『시간과 변화(Time and Change)』 『세월의 정점(The Summit of the Years)』 『삶의 숨결(The Breath of Life)』 『사과나무 아래서(Under the Apple Trees)』 『야외와 연구(Field and Study)』 등이 있다.

3장 과학과 문학[1]

　자연과학의 모든 분야에 관심이 있고 또 그러한 학문에 감사해야 한다고 생각하지만, 자연에 대한 내 관심이 엄밀히 말해 과학적이지는 않은 듯하다. 일례로 나는 자연사박물관에 갈 때면 마치 장례식에 간 듯한 느낌을 지울 수 없다. 박제된 새나 짐승들이 삭막하고 뻣뻣하게 놓여 있고 더 나쁜 경우에는 살아 있는 것처럼 섬뜩하게 서 있는데, 사람들은 그 옆을 지나치며 관에 누운 이웃의 얼굴을 바라보듯이 차갑고 헛된 호기심으로 유리 너머 동물들에게 눈길을 보낸다. 그에 비하면 바닷속 물고기, 나무에 앉은 새, 들판이나 수풀 속 동물들은 얼마나 다른 느낌을 주는가!

1　『Great Essays in Science』(1984)에 수록된 'Science and literature'를 우리말로 옮긴 것이다.

인류에게 자연과학을 통해 제시되는 자연은 박물관의 표본들처럼 생기를 잃은, 장례식 같은 모습이다. 그것은 죽어서 해부된 자연이며 신중하게 이름 붙여 분류해 놓은 것에 불과하다. 괴테는 이렇게 말했다. "자연환경으로부터 떼어 내어 낯선 맥락에 놓인 생물은 우리에게 불편한 인상을 주기 마련이지만, 습관처럼 보다 보니 그 느낌이 사라졌을 뿐이다." 우리가 새나 꽃, 동물에 대해 알고 싶은 것을 학술적인 긍지로 가득 찬 교수보다 오히려 평범한 사냥꾼이나 덫을 놓는 사람, 여행가, 농부, 심지어 어린 학생이 더 많이 이야기해 줄 수 있는 것은 어째서일까? 이들은 그 생물을 다른 대상들과의 관계에서, 자연의 모든 생명과의 관계에서, 그리고 인간의 마음과의 관계에서 보게 해 주는 반면, 교수들은 인간 지식이라는 인위적인 체계에 비추어 자연을 설명하는 것이다.

"우리는 과하게 넘치는 세상을 살아간다."고 노래한 워즈워스는 과학과 문명으로 인해 우리가 자연과 '불협화음'을 내게 되었다고 넌지시 비친다.

    신이시여! 저는 차라리
    낡은 교리를 배우고 자란 이교도이고 싶습니다
    그러면 이 즐거운 초원에 서서
    제 허망함을 덜어 줄 경험을 할 수 있지 않을까요
    바다에서 솟아오르는 프로테우스의 모습을 보거나
    늙은 트리톤이 소라고둥 부는 소리를 듣거나

과학적 사고방식을 가진 이들에게는 이런 표현은 말도 안 되는 생각일 뿐이며, 그래스미어 출신인 워즈워스가 또 다른 시에서 시인을 묘사한 다음 구절도 마찬가지일 것이다.

> 행복할 텐데, 그가 만약
> 다른 이들이 이해하는 것을 즐길 수 있다면

과학에서 즐거움은 문학에서처럼 목적이 되기 어렵다. 시나 상상력에 기반을 둔 작품이 우리에게 정신적 즐거움을 주지 못한다면 별로 가치가 없는 작품이라 여기지만, 과학에 대해서는 정확한 지식이 쌓여 가는 만족감만을 기대한다.

그런데 오늘날 과학과 문학이 점차 서로를 신뢰하지 않는다는 데 충분한 근거가 있는지 생각해 볼 만하다. 그런 불신이 존재하는 것은 분명하다. 헉슬리 교수는 시인들이 "감각적으로 새된 소리를 지껄일 뿐"이라며 조롱하고, 시인들은 헉슬리 교수와 같은 부류가 역겨운 물질주의자라 비아냥거린다.

강력한 현대화의 흐름에 발맞춘 목표와 방법을 지향하는 과학을 두고 흔히 민주적이라고 한다. 반면 문학은 그 정신과 경향에 있어 귀족적이라는 혐의를 받는다. 문학은 소수를 위한 것이지만 과학은 다수를 위한다. 그러므로 이런 면에서 과학과 문학은 서로 대립한다.

과학계에서 세우는 새로운 학교에서 문학 과목은 제외될 운명에 처했다. 게다가 유서 깊은 기관들의 교육과정에서도 문학의 위상에 대해 말들이 많아지고 있다. 교육 체제가 오랫동안 대상 자체보다 이름을 붙이는 연구에 지나치게 치중하는 데 대한 반발로서 이러한 요구를 하는 것은 건전하고 좋은 일이다. 그러나 고등교육에서 필수적인 문학을 과학이 대신할 수 있다는 의미라면 위험하고 그릇된 생각이다.

문명의 구성 요소로서의 과학의 가치에 대해서는 이견이 있을 수 없다. 그러나 학자, 사상가, 문인이라면 다른 관점에서 과학의 가치를 가늠할 것이다. 역사적으로 중요했던 시기들이 반드시 정밀과학의 시대는 아니었다. 또한 인간의 힘과 생명력의 원천인 위대한 문학작품이, 물리적 세계에 사는 적확한 견해를 가진 이들로부터 생겨난 것도 아니다. 윤리적이고 지적인 성장과 성숙이 물질이나 편의의 문제, 혹은 지식 축적의 문제였다면 과거 어느 때보다 요즈음이 인류 활동의 모든 분야에 있어 훨씬 탁월한 성과를 보였어야 한다. 셰익스피어는 마녀를 믿는 사람들을 위해 희곡을 썼고 아마 그 자신도 마녀를 믿었을 것이다. 단테가 남긴 불후의 시는 과학의 시대에서는 절대 탄생할 수 없었을 것이다. 만약 히브리 경전이 정확한 자연과학의 관점에서 쓰였다면 유대 인에게 더욱 소중하고 깊은 영향을 미쳤을까?

자연과학을 비판하는 것이 이 글의 목적은 아니다. 차라리 사전을 비난하는 편이 나을 것이다. 그러나 사전이 그 자체로 목적일 수 없듯이, 자연과학의 최종 가치는 우리 안에서 숭고한 이상을 북돋우고 윤리적, 정신적 진리를 새롭고 크게 보도록 해 주는 역량에 있다. 자연과학이 이를 얼마만큼 해내느냐에 따라 우리 영혼과 교육에 있어서의 중요성을 판단할 수 있다.

훌륭한 과학이 이 능력을 갖고 있다는 점, 순수한 문화의 도구이자 인류 전체의 도덕적이고 지적인 성정을 정화하고 정제하는 도구가 될 수 있다는 점은 아마 사실일 것이다. 그러나 그렇다고 해서 과학이 인문학이나 문학의 자리를 대체할 수 있는 것은 아니다. 이 잘못된 생각이 오늘날 지나치게 빠르게 입지를 굳혀 가고 있는 듯하다.

문학을 통해 위대한 인격, 위대한 영혼과 만나는 것이 과학을 통해 자연의 형태나 법칙을 접하는 것보다 교육적 가치 면에서 훨씬 뛰어나다는 사실에 의심의 여지가 있을까? 세상의 위대한 문학을 살피다 보면 과학으로서는 도저히 불가능한 어떤 것들을 발견할 수 있다. 마음을 열게 하고 숭고한 감정과 이상을 불어넣으며 직관을 함양시키고 품성을 기르고 드러내게 해 주는 어떤 것들을. 부엽토가 대지에 기여하듯, 동식물이나 비와 이슬이 그러하듯 문학은 마음에 무엇인가를 더해 준다. 감정과 결합하고 인간의 마음과 상상에 호소하지 않고는 과학은 무기물이나 다름없다. 이처럼 과학이 정서와 섞이고 변형되면 문학이 되는 것이다.

앞으로 대학에서 고대어 연구가 줄어들 것임은 분명하다. 하지만 그렇게 확보된 시간을 허버트 스펜서가 생각했던 대로 자연과학의 상세한 내용을 연구하는 데 쏟는 것이 아니라, 역사를 통해 증명되고 위대한 문학 속에 구현된 인간 자신, 인간의 행동과 생각을 연구하는 데 쏟게 될 것이다.

괴테는 현미경과 망원경에 대해 "인간의 눈을 자연스럽고 건강하며 유용한 시야로부터 벗어나게 하는 기구"라고 했다. 이 말은 도구의 도움으로 획득한 지식, 곧 일종의 폭력과 심문에 의해 분해하고 탈구시키는 과정에 의해 얻어진 인위적 지식은 우리의 타고난 능력과 지각의 산물인 자연적 지식보다 순수하거나 다정하지 않으며 건전하지도 않다는 뜻이다. 그 자체로서 추구되는 자연과학은 황량한 분석만을 낳으며 인간적이고 살아 있는 흐름과 작용으로부터 분리되기 때문이다. 실제로 과학이 기계적이 되어 가는 원인은 우주를 기계적으로 이해하는 데 있다. 하나의 기계로 이해되는 우주는 제아무리 과학적이라 한들 정신적 가치는커녕 상상력을 불러일으키지도 않는다.

오늘날의 인류가 플루타르코스나 베르길리우스처럼 사물들을 신선하고 생생하게 이해할 수 있다면 좋을 것이다. 고대의 관찰자들은 이 세상을 얼마나 생동감 있게 만들었는가! 그들은 모든 것을 살아 있고 생명 있는 존재로 여겼다. 태고의 원자, 공간, 형태, 지구, 하늘까지도. 그들은 별이 자양분을 필요로 하며 숨을 들이쉬고 내뿜는 존재라 생각했다. 그들에게 불은 대상을 집어삼키는 물질이 아니라, 동물처럼 어떤 존재를 먹여 살리기도 하고 잡아먹기도 하는 것이었다. 이는 잘못된 과학이라기보다는 더 활기찬 과학이었으며, 모든 대상의 고유한 특징을 영혼으로 여기도록 만드는 과학이었다. 그래서 그들은 눈[雪]에도 영혼이 있고 눈이 녹으면 그 영혼이 달아난다고 믿었다. 플루타르코스는 눈의 영혼이 "굳어 있는 물질의 뾰족한 끝과 섬세한 비늘에 다름 아니며, 우리 몸의 살뿐만 아니라 은과 놋쇠 그릇도 자르고 쪼개는 힘을 갖고 있다."고 말한다. "그러므로 이렇게 날카로운 영혼은 불꽃처럼"(서리는 사실 얼마나 불꽃 같은가!) "눈 속에서 여행하는 이들에게 달려들어 그들의 겉을 태우고 불처럼 살 속으로 파고들어 가는 것 같다." 소금에도 열기에도 나무에도 영혼이 있다. 무화과나무의 날카로운 톱니는 대상 속으로 쏜살같이 튀어 들어가는 사납고 강렬한 영혼을 드러내는 것이다.

고대 철학자들은 눈[目]이 단순히 수동적인 기관이 아니라, 영혼이나 강렬한 빛을 내보내 외부의 대상에서 나오는 광선과 함께 작용하는 기관이라 생각했다. 그렇기 때문에 눈에는 힘이 있고 연애 문제에서 눈이 효과를 발휘하는 것이다. "자연의 아름다움과 주고받는 시선, 눈에서 나오는 빛 혹은 영혼의 줄기는 기분 좋은 고통으로 연인들을 녹이는데, 이것이 이른바 사랑의 씁쓸함이며 달콤함이다." "거기에 그런 소통, 한눈에 타오르는 불꽃이 있으니 멀리서도 화염을 일으키는 메데이아의 나프타에 놀라는 이라면 사랑 경험이 전혀 없는 사람임에 틀림없다." 플루타르코스는 "하늘

프레드릭 샌디스, 〈메데이아〉
그리스 신화에서 영웅 이아손과 사랑에 빠져 조국을 배반한 마녀

에서 내리는 물은 가볍고 공기 같아서 영혼과 뒤섞였을 때 그 미약함 때문에 빠르게 전달되어 식물 속으로 올라간다."고 말한다. 그가 계속해서 설명하기를, 비는 "공기와 바람에 담겨 순수하고 진실하게 내린다." 과학이라면 자연에 대해 이렇게 상상력을 즐겁게 하는 설명을 내놓지 못했을 것이다. 더군다나 이 설명은 충분히 사실이다. 영혼 혹은 공기와 섞이면서 순수하고 진실하게 내린다는 특성은 분명히 빗물이라는 물질의 중요한 신비. 플루타르코스에 따르면 고대인들은 불을 끄는 것을 두려워했는데 불길에는 신성함과 영원성이 있다고 믿었기 때문이다. 그는 "불처럼 동물과 닮은 것도 없다. 스스로 영양분을 공급하고 스스로 움직이며, 영혼이 하듯 밝은 빛으로 모든 것을 찾아 뚜렷하게 보게 해 준다. 그러나 담금질을 하면 인간의 생명력으로부터 나온 것인 양 어떤 힘을 보여 주는데, 죽어 가거나 난폭하게 도살되는 동물처럼 저항하면서 소리를 내는 것이다."라고 이야기한다.

　옛 철학자들처럼 우리가 별이 반짝이는 하늘을 올려다보면 반갑고 어떤 메시지를 주는 것같이 느낀다고 해서 그 느낌이 과학과 상극인 것은 아니다. 플루타르코스는 '자연철학자들의 기쁨의 정서'라는 글에서 다음과 같이 말한다. "저 빛나는 천체가 인간에게 신에 대한 지식을 주었다. 천체가 세상의 훌륭한 조화를 이루어 내고, 그 뜨고 짐을 통해 밤과 낮, 여름과 겨울이 조절되며 또한 지구에 영향을 미쳐 존재를 잉태하고 결실을 맺는다는 사실을 생각해 보라. 하늘이 아버지고 대지가 어머니라는 것은 인류에게 분명한 사실이었다. 하늘에서 비가 쏟아지고 이는 생식의 기능을 하기 때문에 하늘이 아버지였다는 점은 분명하다. 대지는 이를 받아 생명체로 탄생시키기 때문에 어머니가 확실했다. 마찬가지로 별들은 끊임없이 움직이고 태양과 달은 우리로 하여금 세상을 바라보고 명상하는 힘을 주기에 그 행성들을 모두 신이라 부르는 것이다."

　이처럼 고대인들은 마음으로 얻은 지식을 갖고 있었지만, 지금의 우리는 머리로 거둬들이는 지식만을 넘치게 갖고 있다. 고대인들의 지식 중 상당 부분이 유치한 망상만으로 이루어져 있었다면, 우리의 지식은 딱딱하고 삭막하고 이로울 것 없는 세부 사항들로만 넘쳐 난다. 녹색인 것은 자라지도 않고 자랄 수도 없는 모래사막! 책 속에는 알고 싶지도 않은 내용이 얼마나 많으며 영혼이 알아봤자 피곤하고 부담스럽기만 한 내용은 또 얼마나 많은가. 현대의 자연과학은 죽은 뼈들이 덜그럭거리는 소리를 들으며 빈 짚단을 타작하는 일일 뿐이다! 우리는 사물을 생기 있게 이해하는 쪽으로 바뀌어야 한다. 다윈은 우리를 더 둘러 가게 했다. 어쨌든, 정확하지만 황량한 지식보다 옛 작가들의 무지가 더 매력적인 경우가 많다.

　옛 책들은 이슬 향 나는 지식, 세상의 아침으로부터 직접 모은 지식으로 가득 차 있다. 정확하다고 여겨지는 과학적 지식은 이러한 자연 그대로의 성질을 상실했다. 그렇기 때문에 과학의 결실은 경험의 결실보다 문학에 유용하지 않은 것이다.

　과학은 아마 문학의 성장에 불리하게 작용할 것이다. 왜냐하면 오래된 믿음과는 달리, 인간으로 하여금 스스로에게 관심을 돌리게 하지 않기 때문이다. 그것은 인간을 자기 존재로부터 떼어 놓으며, 관계와 감정으로부터도 떼어 놓고 더욱 멀어지게 만든다. 우리는 더 궁금해하고 더 경이로워하지만, 두려워하고 무서워하며 사랑하고 연민하는 감정은 줄었다. 과학이 진력을 다한 후에도 세상의 신비가 언제나처럼 거대하고 상상력과 감정은 여전히 예전처럼 자유로울 것이라는 사실을 깨닫지 않는 한 그럴 것이다. 언젠가는 깨닫게 될 테지만.

　과학과 문학은 목표와 방법에 있어 공통점이 거의 없다. 증명이 가능한 사실은 과학의 영역이고 정서는 문학의 영역이다. "감정을 드러낼수록 그 책은 문학작품에 가깝다."고 무슈 텐은 말했으며, 덧붙이자면 자연의 사물에 대한 사실과 법칙을 밝히는 데 치중하는 책일수록 과학에 가깝다. 혹은 에머슨이 그의 초기 에세이 중 하나에서 말한 대로 "문학은 우리의 현재 삶을 조망하는 발판을 제공하며, 이를 통해 우리가 계속 살아가도록 지탱해 준다." 같은 식으로 과학은 물리적 존재로서의 우리를 바라보는 발판을 제공하며, 이는 우리가 물질적 세상을 움직이는 데 있어 단단한 바탕이 된다. 문학의 가치는 이상을 꿈꾸는 것에 있고 과학의 가치는 정확한 입증에 있다. 문학이 가장 사랑하고 소중히 하는 지식은 삶에 대한 지식이다. 반면에 과학은 사물에 대한 지식을 추구하는데, 이 지식이란 사물을 인간 정신과 마음에 대한 관계에서 보는 것이 아니라 사물 그 자체로, 그리고 사물끼리의 관계나 신체와의 관계 속에 놓고 보는 지식이다. 과학은 끊임없이 재투자되는 자본 또는 자금이다. 매번 새로운 이들에 의해 축적되고 나타나고 이월되는 것이다. 과학 종사자들은 이전의 모든 과학적 지식을 먼저 습득한 후 그에 바탕을 두고 자신의 작업을 시작한다. 다윈이 얼마나 많은 양의 사전 지식을 이용하고 재투자했는가! 그러나 문학은 그렇지가 않다. 모든 시인, 모든 예술가에게 매일매일은 작업의 본질에 관해서라면 언제나 창작의 첫날이다. 문학은 재투자되는 자금이라기보다는 매년 새롭게 경작되는 작물이다. 과학이 인간의 타고난 소질과 능력을 개발해 더 멀리 보게 하고 더 잘 듣게 하며 팔을 더 멀리 닿게 하고 발은 더 빠르게 움직이게 함으로써 자연과 가까워지도록 한다면 이는 문학을 돕는 일이다. 그러나 과학이 자연을 피상적으로만 보고, 자연 전체에서 흘러넘치는 풍요로움과 의미를 깨닫지 못하게 한다면 그 과학에는 반대 의견을 낼 수밖에 없다.

과학에 대해서는 그렇다고 할 수 있겠지만, 문학이 문명과 발맞추어 왔다고는 말할 수 없다. 사실 과학이 곧 문명이라 해도 과언이 아닌데, 자연의 힘을 삶의 기술에 적용한 것이 문명이기 때문이다. 문학이 문명과 걸음을 함께하지 못하는 이유는 단순한 지식, 증명된 사실을 넘어서는 훨씬 많은 것들이 창작에 필요하기 때문이며, 반면 순수과학에는 그것 이외에 필요한 것이 없다. 종교에서처럼 문학에서도 천국은 "관찰한다고 해서 도래하지 않는다." 더할 나위 없는 행복은 종교에서처럼 문학에서도 우리의 내면으로부터 오는 것이다. 그것은 영혼의 열매이지, 부지런하게 손을 놀린다고 해서 얻을 수 있는 것이 아니다.

이처럼 오늘날 문학이 거둔 성취가 물질적, 과학적인 승리와 동등한 수준이 아니기 때문에, 문학은 쇠퇴할 것이며 현재 문학의 자리는 과학으로 대체될 것이라고 생각하는 사람들이 있다. 그러나 절대로 그런 일은 있을 수 없다. 문학이 퇴보하고 부분적으로 퇴색하는 때가 올 수는 있다. 그렇다고 해서 자연이나 우주에 대한 인류의 관심이 언제까지고 과학적인 부분, 그것들에 관해 얼마나 정확한 지식을 가지고 있느냐 하는 데에 국한되지는 않을 것이다. 물론 과학적인 관점과 관심이 양립할 수 있다는 점은 별도로 하고. 꽃, 새, 풍경, 별이 빛나는 하늘에 생기는 관심이 교과서를 보고, 혹은 이들의 구조, 습성, 기능, 관계에 대해 알게 되었기 때문인지 생각해 보라!

내가 말하는 바는, 자연의 대상을 향한 이 폭넓은 관심이 인류 역사만큼 오래되었고 배움의 정도에 관계없이 모두가 어느 정도는 갖고 있는 것이라는 이야기이다. 대상과의 접촉이나 관계로부터 생기는 것이기 때문이다. 이들이 우리 안에서 일깨우고 촉진하는 것은 인간의 정서이며 그들이 불러오는 것은 사랑이나 존경의 감정, 혹은 경외나 두려움이다. 바로 이것이 과학의 관심과는 구별되는 문학의 관심사다. 우리가 꽃이나 사람, 멋진 풍경, 고귀한 행동, 봄날 아침이나 해변 산책에서 얻는 즐거움으로부터 느끼는 것은 문학과 예술이 느끼는 감탄이자 기쁨이다. 문학과 예술만이 마음속에서 어렴풋하게 싹트기 시작한 그 느낌을 자유롭게 펼칠 수 있다. 물론 그 대상들 안에서 과학 역시 나름의 즐거움을 찾지만 대개 다수가 공유할 수 있는 기쁨은 아니며, 이는 인간의 애정과 감정에 직접적으로 관련이 없기 때문이다. 실험실에서 만들어지는 화합물이 음식, 음료, 공기 속 유기화합물을 대신할 수 있다고 해서, 자연을 과학적으로 다루는 일이 문학적으로 다루는 일, 즉 연민과 감정을 통해 자연을 바라보고 시인이 선사하듯 꿈으로 어루만지는 일을 대체하거나 없애지는 못한다.

오듀본이 새에 대해 과학적 관심 외에 인간적 관심, 감정으로부터 오는 관심을 느끼지 못했다면, 새 관찰기를 쓸 수 있었을까?

오늘날의 조류학자들은 새를 분석하고 분류하기에 적당한 사냥감 정도로만 여겨서, 오듀본이나 윌슨이 묘사한 것 이상의 특징을 더하지 못하고 있다. 그런데 다윈 같은 인물은 이른바 과학적 정서로 가득 차 있었다. 그는 발상을 추구했고 작동 중인 자연의 원칙을 추적했다. 또한 사실을 항상 이상적으로 해석했으며, 신념과 열정을 갖고 자연의 힘과 신비에 매혹되어 과학에 온몸을 불살랐다. 그의 모든 연구는 인간적이고 시적인 측면까지 지니고 있다. 지금껏 과학 분야에서 보았던 최고의 문학의 보고임이 분명하다. 지렁이나 부엽토 형성에 관한 그의 책은 고귀하고 아름다운 철학이 담긴 우화처럼 읽힌다. 식물의 움직임, 수면과 기상, 나아가 꿈까지 자세히 보여 주면서 그들을 어찌나 생동감 있게 만들었던지! 정말로 식물의 작은 뿌리 끝 부분에 막 발달하려는 영혼이나 지능이 있음을 생생하게 밝히고 규명했다. 어떤 시인도 다윈처럼 나무를 인간과 같이 만든

찰스 다윈

적이 없었다. 예를 들어, 그가 식물계에서의 교차수정의 중요성과 자연이 이를 어떻게 일으키는지 발견했다는 점에 주목해 보자. 교차수정이란 식물뿐만 아니라 지적 세계에서도 중요한 문제이다. 다른 이들과 교류하지 않는 은둔자의 사상은 결국 힘을 잃는다. 다른 이들로부터 꽃가루를 얻지 않고 어떻게 자신의 종족을 강력하게 퍼뜨릴 수 있겠는가? 생각건대 다윈의 모든 책은 문학적 혹은 시적인 기질을 지니고 있는 것 같다. 변신과 변형에 대한 옛 우화를 다윈은 『종의 기원』과 『인간의 유래』에서 새롭게 다시 보여 준다. 다윈의 자연에 대한 관심은 과학적이지만, 그에 대한 우리의 관심은 대체로 문학적이다. 그는 원칙, 다시 말해 생물의 원칙을 추적하고 그 원칙이 공기 중에서, 대지에서, 물속에서, 식물에서, 그리고 동물의 모든 분야에 걸쳐 꼬이고 방향을 틀며 배가되고 또 다시 배가되는 과정, 그 창의적 에너지의 발자취를 쫓되 '왜'가 아니라 '어떻게'를 탐구한 것이다. 마치 위대한 탐험가나 장군, 혹은 콜럼버스 같은 여행자를 따르는 것처럼 우리는 그를 따라가며 그의 솔직함에 매료되고 그의 지식과 경험으로 시야를 넓힌다. 다윈은 시에 취미가 없었고 종교에도 관심이 없었다고 전해진다. 그러나 그가 감정적으로 소통하는 능력은 매우 크고 포괄적이었다. 그의 내면에서 신념, 통찰, 상상, 예언, 영감, 즉 '기대하고 있던 사물들의 본질, 보이지 않는 사물들의 흔적'이 단순한 과학을 끊임없이 지배했다. 진리에 대한 그의 사랑은 깊고 변치 않는 것이었다. 사물과 사실을 관계 속에서, 그리고 원칙에 따라 발생하는 그대로 보고자 하는 그의 투지는 지치지 않았다. 그의 과학적 성향 못지않게 시적이고 종교적인 감정은 충분한 자유를 누렸고 이것이 표현된 그의 저작은 시와 흡사하다. 괴테처럼 지성이 풍부한 과학적 지식이 아니라 자연의 방법에 대한 시적 통찰로서 다윈을 뒤에서 받쳐 주었으리라는 것을 쉽게 알 수 있다.

또한 훔볼트 같은 인물의 섬세한 인문주의는 그의 명성과 학문을 더욱 설득력 있는 것으로 만든다. 이러한 인문주의를 지니지 못한 사람, 과학을 인생이나 영혼이 필요로 하는 것에 연결시키지 못한 채 기술적이고 무기력한 지식만을 쌓고 있는 사람은 시간을 낭비하며 피로만 낳고 있을 뿐이다. 훔볼트의 인문주의는 자연을 공부하는 학생들에게 자극이자 지지가 된다. 고귀한 성품, 시적 영혼이 그의 모든 작품에서 빛나고 있으며 이로 인해 그 작품들은 과학적 중요성은 물론이거니와 그것을 훨씬 뛰어넘는 중요한 가치를 갖게 되는 것이다. 보편적 지식을 향한 열망에 그는 아름다운 형태에 대한 사랑을 추가했고, 그의 『코스모스』는 과학적 이해뿐만 아니라 미적 감각까지 만족시키도록 우주를 조화롭게 재현해 내려는 예술적 창조이다. 그것은 자연에 대한 기계적 묘사가 아니라 생생한 시각적 묘사이다. 이런 이유로 순수과학자는 그와 같은 묘사를, 그리고 훔볼트를 의심의 눈으로 본다. 베를린의 한 철학자는 그가 '물리수학' 지식이 없어서 과학의 궁극적 높이에 도달하지 못했다고 말한다. 그러나 훔볼트는 죽어 있는 자연의 무게를 재는 것으로는 만족할 수 없었다. 대수학 공식보다 그를 더 강하게 매혹시키는 것이 있었다는 사실은 그 자신에게, 그리고 우리에게도 운 좋은 일이다. 기계적 과학의 구속으로부터 벗어나 보다 광범위하고 생명력 충만한 문학, 달리 말하면 문학이 다루는 자연으로 나아가고 나서야 훔볼트는 만족하게 되었다. 그의 『자연관』과 『과학적 여행』이 오늘날까지 살아 숨 쉴 수 있는 것은 그 안에 담긴 순수과학 때문이라기보다는 그것이 좋은 문학으로 체현되었기 때문이다. 근사한 아열대 자연을 기록한 그의 글은 과학의 도움을 받지 않고 자신의 감각만으로 맺은 결실이며, 현명한 사냥꾼이나 산책가, 농부들만 알고 있던 것을 누설하는 일이니 이 얼마나 환영할 만한 것인가! 그러나 그가 지질학자, 광물학자, 자연지리학자로서 그 아름답고 자연스러운 사유와 이야기 뒤의 진상을 캐러 들어가는 순간 얼마나 급작스럽게 관심이 시들어 버리는지! 해당 분야의 전문가들이야 관심을 가지고 중요하게 보겠지만 그 안에 인간적인 면은 없기 때문에 문학적으로는 흥미도 가치도 없다. 그가 우리에게 "원숭이는 인간과 닮은 구석이 많을수록 그에 비례하여 우울함을 더 느낀다."고 말할 때, "그들의 지력이 증가할수록 명랑함은 줄어든다."고 말할 때, 우리는 그가 학식 있는 자연학자로서 다양한 원숭이 종에 대해 설명할 때보다 더 관심을 갖게 된다. 남미 적도 지대에서는 여름의 극심한 열기와 건조함이 북반구에서 겨울의 추위 때문에 일어나는 현상과 유사한 효과를 일으킨다는 것을 알게 되면 그것은 자연에 대해 정말로 새로운 지식을 추가하는 일이다. 나무는 잎사귀를 떨어뜨리고, 뱀, 악어 같은 파충류는 진흙 속에 몸을 파묻고, 동식물은 공히 생의 여러 단계에서 긴 수면에 빠진다. 이것은 엄격히 말해 과학적 지식은 아니다. 표면적 지식이며 어느 누구의 눈과 마음으로도 얻을 수 있는 지식이다. 사람들은 발렌시아 호수와 그 주변의 물리적 특징에 대한 상세한 설명은 건너뛰고 싶어 하지만, 여행자들에게 염소젖을 제공하며 아름다운 딸과 함께 그 호수 한가운데 조그만 섬에서 살아가는 옛 메스티소 인디언의 이야기에는 적극적인 호기심을 발동시킨다. 그는 구두쇠가 보물을 지키듯 딸을 지킨다. 어떤 사냥꾼들이 이 섬에서 우연히 하룻밤을 지내게 되었을 때 그는 혹시 자기 딸을 노리고 계획적으로 온 것은 아닐까 의심해서 딸에게 오두막에서 꽤 떨어진 평원에 있는 높은 아카시아 나무 위로 올라가라 명했다. 그리고 자신은 그 젊은 남자들이 섬을 떠날 때까지 딸이 나무에서 내려오지 못하도록 감시하며 나무 밑에 누워 있었다. 이와 같이 훔볼트의 저술에서 과학적 관심이 부각되면 문학적, 인간적 관심은 약해지고, 반대의 경우도 그러하다.

괴테만큼 과학을 환대한 문인도 없었다. 사실 현대 과학의 가장 중요한 발상 중 일부는 확실히 그에 의해 싹튼 것이라 할 수 있다. 그러나 그 생각들은 정확한 과학이기보다는 문학 혹은 감정의 형태와 촉감을 갖고 있었다. 그의 영혼이 밖으로 나와 닿은 것들이었다. 이해를 위한 논리적 단계가 아니라 자연에 대한 이상적 실마리의 포착이었다. 그리고 그의 물리학에 대한 모든 관심은 물리학을 넘어서는 진리의 탐색이었다. 자연이라 불리는 신비에 가능한 한 가깝게 다가가려는 것이었다. 그는 "이해만으로는 자연에 도달할 수 없다."고 에커만에게 말했다. "인간은 자연의 신성함과 접촉하도록 최고의 이성으로 자신을 고양시킬 수 있어야 하며, 그 신성함이란 원시적 현상들 속에서만 모습을 드러내는데 그 배후에 머무르다가 거기서부터 나오기 때문이다." "과학이 자연과 자연의 과정에 대해 관찰하는 바는, 그것이 어떻게 표현되든 결국 증상일 뿐이며, 그 자연을 연구해 어떤 진정한 지혜를 얻으려면 증상들이 대변하는 생리적이고 병리적인 원칙들까지 거슬러 올라가야 한다는 것이다."라는 그의 발언도 같은 맥락이다.

문학은 문명과 보조를 맞추지 않는다. 더 좋은 집에 살고 더 좋은 옷을 입고 더 잘 먹고, 교통이 더 편리해지고 전쟁 기술이 더 발달하고, 평화를 위해 더 잘 무장하고, 농업, 항해, 공학, 의료 기술이 더 발전하고, 증기, 전기, 화약, 다이너마이트를 갖게 되었다는 사실이 문학에게는 크게 중요하지 않은 것 같다. 인간이 더 나아졌는가? 인간이 더 위대해졌는가? 삶이 더 달콤해졌는가? 이런 것들이 문학의 시험문제다. 증기와 전기로 우리는 시간을 완전히 정복했지만, 여가는 어디로 갔는가? 시간을 절약할수록 우리에게는 시간이 없다. 서둘러 작동하는 기계는 인간까지 바쁘게 한다. 바람이나 폭풍보다 더 빨리, 더 멀리 달릴 수 있지만 서두름이라는 악마를 앞지를 수는 없다. 더 멀리 갈수록 시간은 더 매섭게 우리를 채찍질한다. 시간에서 절약한 것으로 우리는 공간을 만든다. 더 넓은 면적을 다루어야 하는 것이다. 힘과 기능 면에서 얻은 것을 일하는 시간 동안 이용하는 정도가 아니다. 바느질하는 여자는 재봉틀을 갖게 되었지만, 열 번만 꿰매면 되었던 것에 이제는 수만 개의 바늘땀을 놓아야 하며, 그때보다 지금의 작업 조건이 나빠진 것은 아마 사실일 것이다. 구두 공장, 나이프 공장, 셔츠 공장 등 모든 공장에서 남녀 할 것 없이 예전 산업 환경에서 일할 때보다 더 힘들게 일하고 더 암울해 보이며 몸과 마음이 더 고통스럽다. 기계의 쇠가 영혼에 침입한다. 인간은 톱니, 바퀴살, 벨트, 회전축 같은 단순한 도구가 되어 간다. 더 많은 일이 행해지지만 그 일이 무엇으로 이어지는가? 아름다움, 능력, 인격, 좋은 태도, 건강한 남녀는 분명 아니다. 대개는 사람들에게 부와 여가를 주지만 사람들은 여가와 부를 즐길 수 없음을 알리는 데 이를 써 버리고 만다.

과학은 인류의 건강과 수명을 증진했다. 외과의학, 생리학, 병리학, 치료의학의 진보는 인간의 고통을 경감시키고 수명을 늘렸다. 이에 대해서는 의심의 여지가 없다. 그러나 이러한 과학의 도움은 결국 한손으로 빼앗은 것을 다른 한손에 돌려주는 일일 뿐이다. 가정용 기기, 기계, 사치품, 면역력에 더불어 자연도태 법칙에 개입함으로써 과학은 인류를 섬세하고 부드럽게 만들었고, 바로 이 과학이 질병에 더 잘 대비하도록 해 주지 않는다면 우리는 곧 멸망할 것이다. 어느 늙은 의사가 말했듯이 그가 예전에 하던 대로 지금도 피를 뽑아 치료한다면 그의 환자들은 모두 죽고 말 것이다. 우리는 선조들보다 더 강하고 단단하고 정력적이 되었을까? 아버지 때보다 더 편안하고 더 잘 배웠지만, 우리가 더 현명하고 더 행복하다고 누가 말할 수 있겠는가? 언제나 그랬듯, 그리고 앞으로도 그렇듯, "지식은 왔을지언정 지혜는 망설이고 있다." 인간 삶의 본질적 조건은 항상 같다. 모든 사람, 모든 시대에 꼭 필요하지 않은 것들이 변화한다.

문학이 특별히 더 관심을 기울이는 과학 분야가 있다. 광물학보다는 기상학에, 하위의 실험과학보다는 천문학, 지질학 같은 상위 과학에 더 흥미를 가진다. 광물학자보다는 여행자로서의 훔볼트에 더 따뜻한 관심을 가진다. 할 일을 다 한 전문가와 세분파 학자들보다는 오듀본과 윌슨에게, 이론과 공식에 통달한 사람보다는 와츠, 모스, 프랭클린에게 더 흥미를 느낀다. 그리고 문학은 세상의 모든 지식을 가지기보다는 미덕, 영웅주의, 성품, 아름다움과 더 이해관계가 있다. 사실적인 것과 이상적인 것을 절묘하고 적극적으로 혼합하지 않는 것은 문학이 아니다.

지식이 인생, 인격, 자극, 동기, 사랑, 선행 같은 인간의 살아 있는 어떤 자질 혹은 특성으로 이어지지 않는다면 이는 문학에 속하지 않는다. 인간이, 그리고 인간만이 인간에게 영원한 관심사다. 우리는 자연으로부터 오직 인간적인 특질만을, 우리 안의 의미 또는 이상에 호소하거나 이에 대한 해석인 것들만을 취한다. 들판으로 숲으로 땅속으로 바닷속으로의 여행담에 인간적인 관심사가 있으며, 삶이라는 축제에 함께하려 들지 않는다면 이는 문학과는 상관없는 것이 된다.

누구나 살아 있는 새, 살아 있는 동물에 관심을 가지는데, 그 안에서 자신의 모습을 어렴풋하게나마 읽어 내거나, 또 다른 차원의 새로운 성격으로 자신의 삶이 표현된 것으로 보기 때문이다. 문학에게 꽃, 나무, 강, 호수, 산, 바위, 구름, 비, 바다가 훨씬 흥미로운 이유는 우리의 자연스러운 삶과 직접적으로 관련이 있고 우리의 타고난 감정을 표현하는 역할을 하기 때문이다. 인위적 삶이라 불리는 것, 다시 말해 공장, 방앗간, 대장간, 철도, 그 밖의 모든 유용한 기술처럼 우리가 필요로 하는 의식주와 교통에 더 연관되어 있는 것에는 흥미가 덜하며 문학은 그런 것들로부터 뒷걸음질한다. 사물이 자연으로부터 완전히 분리되어 인공적으로 처리될수록 우리의 관심은 줄어든다. 그래서 증기선보다 범선이 생각하기에 더 즐거운 것이다. 물이 뚝뚝 듣는 물레바퀴가 있는 옛날 방앗간이 제분 공장보다 더 흥미롭다. 난로나 난방장치보다 화톳불이 더 흥미로운 것이다. 도구와 기구는 무기만큼 흥미롭지가 않다. 무역보다는 사냥, 낚시, 측량, 탐험 활동이 더 재미있다. 잭나이프보다는 화살촉이 재미있고, 장총보다는 곤봉이, 손목시계보다는 모래시계가, 탈곡기보다는 빠르게 움직이는 도리깨가 더 흥미롭다. 문학의 입장에서 상업보다 전쟁이 흥미로운 이유는 상업이 더 인공적이기 때문이다. 자연 속에서는 그런 식으로 무엇인가를 최대한 가동하는 일은 없다. 대장장이가 총기 제작자보다 우리의 관심을 더 끈다. 대장간에서 자연을 더 볼 수 있기 때문이다. 상인보다 농부가 문학에 있어 더 소중하다. 문학은 농화학자보다는 정원사를, 우아하지만 인공적인 활동을 하는 이들보다 양치기, 목동, 어부, 나무꾼, 광부를 더 사랑한다.

이유는 명백하다. 우리가 자연에 둘러싸여 있기 때문이다. 우리는 나뭇가지에 매달린 사과이며 품 안의 아기이다. 자연 속에서, 신 안에서 우리는 살아가고 움직이며 존재하고 있다. 우리 삶은 그 관계의 순수함, 친밀함, 생명력에 의존한다. 우리는 자연을 원하고 자연을 직접 체험해야 한다. 샘으로부터 물을, 동물의 젖으로부터 우유를, 밀로부터 빵을, 야외로부터 공기를 필요로 한다. 자연이 제공하는 것들을 해치고 자연과의 관계를 약화시키면 인간은 생존할 수 없을 것이다. 우리의 모든 본능, 욕구, 기능은 온전하고 정상적으로 유지되어야 하며, 이를 위해 우리는 전적으로 자연에 의존하고 이것이 우리 마음속에 열매를 맺는다. 예술, 문학, 인생에서 우리는 자연과 가장 가깝고 가장 조화로운 것에 끌린다. 자연적 지식, 혹은 배우지 않고 터득한 지식이다. 전문적 지식보다 얼마나 더 가까이 우리에게 와 닿는가! 자연의 곁을 떠나지 말라는 것이 문학의 지속적인 요구다. 창문을 열고 공기와 햇볕을, 건강과 기운을 들어오게 하라. 우리의 피에는 산소가 필요하고 폐는 신선한 요소들로 순간순간 채워져야 한다. 우리는 난해한 연구자가 말하는 우주의 대기를 들이마실 수도 없고 실험실 과학자가 다루는 기체를 먹고 살 수도 없다. 언덕과 들판의 공기면 족하다.

오두막의 삶이 궁전의 삶보다 더 흥미롭다. 두 곳 모두 같은 자연을 가지고 있다면 예외겠지만. 인공적인 것, 복잡한 것은 없애고 원시적이고 단순한 것을 들이라. 예술과 시는 쟁기, 낫, 도끼, 괭이, 노에 싫증 내는 법이 없다. 기계적 농업 창고의 자랑거리나 영광을 시가 노래할 수 있겠는가? 기계가 말하고 걸어 다니고 고통 받고 사랑할 수 있다면 정말 멋질 것이다. 자연과 인간 사이에 더 많은 장치, 즉 기기, 전도체, 난로망 등이 끼어 들수록 자연의 덕목은 자유롭게 전달되지 못한다. 감자를 구워 먹더라도 전도열보다는 화톳불의 직접적 빛살이 나은 법이다.

진리를 향한 객관적인 사랑을 촉진하고 정신적인 관점을 명확히 하며 호기심을 예리하게 하고 두려움 없는 연구 정신을 함양하며 사물을 있는 그대로 보고 알고자 하는 욕망을 자극하는 과학에 우리가 무엇을 신세지고 있는지 밝히는 일은 쉽지 않을 것이다. 엄청난 일이 될 것이기 때문이다. 그러나 현대 과학의 정신과 해방의 가치가 위대한 문학을 만들어 내는 요소인지는 더 지켜보아야 한다.

과학은 법, 비평, 역사 연구 같은 다른 분야에서도 이미 상당한 영향력과 사조를 발산해 왔고 앞으로도 그러할 것이다. 하지만 과학이 위대한 시인, 화가, 소설가, 음악가, 연설가의 싹을 없앨 수 있을까? 과학 연구의 어떤 분야는 괴테를 강하게 끌어당겼지만 거기서의 그의 소질은 분명 그 자신의 분야에서보다는 약했다. 알렉산더 윌슨은 조류학을 위한 시를 남겼고 이것은 현명한 선택이었다. 그는 시에서는 탁월했지만 조류학에서는 보통이었다. 찰스 라이엘 경도 현명하게 시 짓는 일을 포기하고 지질학을 선택했다. 지질학에서 그는 두각을 나타냈으며, 지층에 나타나는 '자연의 비밀이 담긴 무한한 책'을 해석하면서 그 안에서 자신이 지닌 모든 상상력과 해석 능력을 펼칠 충분한 여지를 발견했다. 그의 연구는 하늘처럼 광대하고 균형 잡혀 있으며 우리에게 시적 만족감을 준다.

진정한 시인과 진정한 과학자는 서로를 멀리하지 않는다. 친구처럼 그들은 자연 속으로 떠난다. 그들이 여름 들판과 숲 속을 거니는 모습을 보라. 둘 중에 젊은이가 훨씬 활동적이고 호기심이 많다. 때로 어떤 대상을 자세하게 조사하기 위해 옆으로 비켜나서, 꽃을 꺾고 조개껍질을 소중히 하며 새를 쫓기도 하고 나비를 지켜보기도 한다. 지금은 돌을 뒤집고 습지를 들여다보고 바위 조각을 떼어 내기도 하는데, 그 주변의 모든 대상이 어떤 특별하고 구체적인 지식을 그에게 주려는 듯하다. 두 사람 중 나이 든 이는 느긋한 사색과 향유의 분위기를 좀 더 갖고 있다. 어떤 특정한 대상과 특성에 관한 호기심은 덜한 반면 자연 전체의 영혼과 자신이 조화되기를 원한다. 그렇지만 젊은 동행인이 신선하고 특징적인 정보를 그에게 전한다면 그는 매우 귀 기울여 들으며 확신과 안목을 가지고 평가해 줄 것이다! 우주에 관한 두 사람, 즉 시인과 과학자의 관심은 매우 다르지만, 진정 어떤 의미에서도 그들은 적대적이거나 서로를 해치는 사이가 아니다.

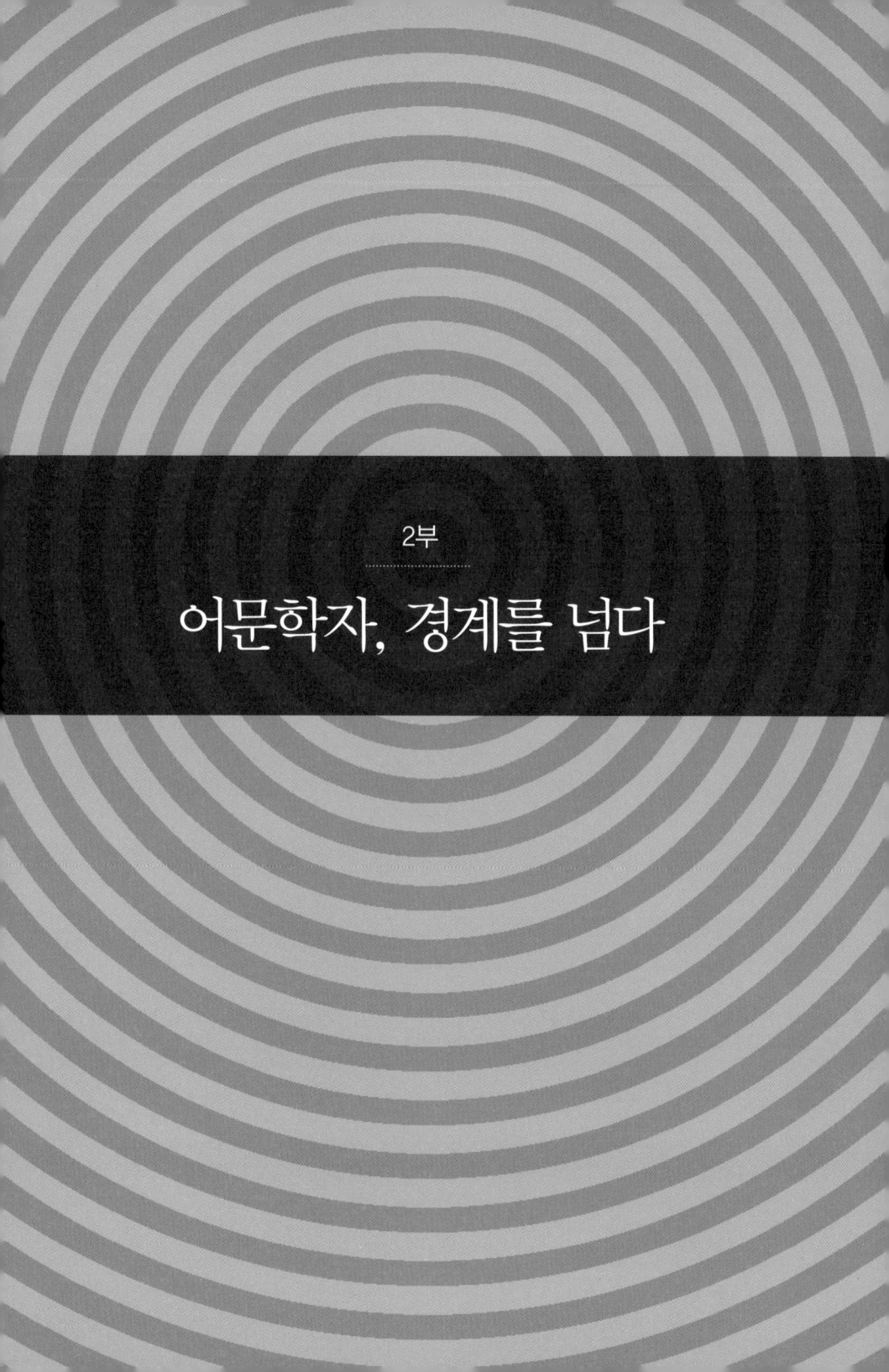

2부
어문학자, 경계를 넘다

임정택(연세대학교 미디어아트연구소 소장)

연세대학교 독문학과를 졸업하고 독일 콘스탄츠 대학교에서 독문학과 매체사회학을 연구하여 문학박사 학위를 취득했다. 1998년 미디어아트연구소를 설립하여 인문학이 적대시해 왔던 미디어와 테크놀로지를 적극적으로 끌어안으면서 인문학의 지평을 확장하는 여러 프로젝트를 주도해 왔다. '매체와 이야기의 인문학' '상상력과 테크놀로지-기계와 인간의 인문학' 등의 프로젝트는 모두 인문학과 타 학문과의 융합을 바탕으로 하며, 현실에 직접 참여하고 활용될 수 있는 응용인문학을 추구한다. 학부 시절부터 현재까지 동화, 낭만주의, 영화, 디지털 문화, 테크놀로지를 집중적으로 연구하면서 상상력이야말로 가장 융합적인 연구 주제라는 것을 새롭게 인식하게 되었다. 지금까지 『영화와 시선』, 『미디어&아트』, 『테크노 컬처』 등 총서 40여 권을 기획 출판하였으며, 저서로는 『상상, 한계를 거부하는 발칙한 도전』, 주요 공저로는 『세계영화사 강의』, 『영화를 어떻게 읽을 것인가』, 『동아시아 영화의 근대성과 탈식민성』, 『바퀴와 속도의 문명사』, 『시각기계의 문명사』, 『의학적 상상력의 힘』, 『소통기계와 네트워크 인문학』 등이 있다.

상상력과 테크놀로지의 융합을 위한 테크네 인문학

인문학의 대상인 인간과 세계는 너무나도 복합적인 양상으로 얽혀 있기 때문에 인문학은 본래 모든 분야를 아우르는 융합적인 학문으로 출발했다. 그러나 인간과 자연을 이성에 기반을 둔 과학적 사유를 토대로 설명하고 분석하기 시작하면서 인문학은 다양한 분과 학문으로 해체되기 시작한다. 또한 주로 정신세계만을 탐구해 온 인문학은 물질을 기반으로 하는 과학과 불가피하게 반목 관계에 설 수밖에 없었으며 마침내 인문학은 자신의 고유 영역들을 각 학문 분과들에 나누어 주고 고도에 홀로 남겨진 로빈슨 크루소의 운명이 되고 말았다.

최근 한국 사회의 지배 담론으로 자리를 잡아 가는 융합은 인문학의 총체성을 다시 회복하고자 하는 열망과 다름이 없다. 융합은 21세기 디지털 문명 사회의 도래와 함께 갑자기 돌출된 열풍이 아니라, 인간의 원초

미노타우로스

적인 욕망에 뿌리박고 있는, 나름의 장구한 역사를 가진 문화 현상인 것이다.

왜 인류 상상력의 최대 보고인 신화에는 사람과 소의 복합 형상인 미노타우로스, 독수리와 사자가 결합한 그리핀, 동물과 식물의 융합체인 만드라고라 같은 상상의 괴물들이 자주 등장하는 것일까? 인간은 원초적으로 서로 이질적인 것을 융합시켜 이 세상에 없는 새로운 것을 창조하려는 욕망을 가지고 있기 때문이 아닐까? 더구나 이 같은 신화적 상상력에 이미 첨단 과학기술의 원형이 나타나 있다고 하지 않는가.

크레타의 미노스 왕의 왕비 파시파에가 포세이돈에게 제물로 바치기로 한 황소에게 반해 사랑에 빠지자, 발명가 다이달로스는 나무로 실제 암

소처럼 아름다운 소를 왕비에게 만들어 주었다. 왕비가 나무 소에 들어갔다 나온 후 곧 사람의 몸에 소의 머리를 한 괴물 미노타우로스가 탄생했다. 이 신화 속 이야기가 최초의 인공수정에 관한 기록이라는 발칙한 해석은 신화적 상상력과 과학기술이 동전의 양면일 수도 있다는 사실을 암시한다.

19세기 초 독일의 낭만주의 작가 호프만(E. T. A. Hoffmann)은 그의 소설 『모래귀신』에서 한 대학생의 인형과의 사랑 이야기를 들려준다. 평소 몽상가적 기질이 강해 동화 등 환상적인 이야기를 즐겨 쓰던 대학생 나타나엘은 너무 이성적인 현실의 애인 클라라로부터 자신의 문학 세계를 이해받지 못한다. 그러던 어느 날, 그는 망원경을 통해 건너편 집의 아름다운 여인 올림피아를 보고는 매혹된다. 그리고 자신의 상상적 이야기를 완벽하게 이해해 주는 그녀와 사랑에 빠진다. 그러나 사실 올림피아는 물리학 교수가 태엽 장치로 움직이게 만든 자동인형이었다. 낭만주의자 나타나엘은 기계를 통해 자신의 상상의 세계를 실현하였고, 반면 기계 인간 올림피아는 나타나엘의 상상력을 통해 생명을 부여받았다. 상상력과 테크놀로지, 인간과 기계, 정신과 물질이 하나로 착종된 모습이다.

필자가 추구하는 테크네 인문학은 상상력과 테크놀로지가 (우리가 오랫동안 편견을 가져 왔던 것처럼) 배타적인 관계가 아니라 상보적인 관계에 있다는 대전제에서 출발한다. 기술을 발전시키기 전에 인간은 먼저 상상을 했다. 멀리 떨어져 있는 사람이 보고 싶은 욕망을 충족하기 위해 천리안을 상상했고, 마침내는 텔레비전, 모바일 등 영상통신 기계를 발명했다. 또 동물보다 빨리 이동하고 싶은 욕망을 충족하기 위해 한 걸음에 7마일을 가는 7마일의 장화를 상상했고, 마침내 바퀴를 발명하여 문명의 가속화를 촉진시켜 지금은 인터넷망을 통해 빛의 속도로 정보를 움직이기에 이르렀다. 한편 우리는 컴퓨터를 통해 신화 속 상상의 괴물을 직접 시각화할 수도 있게 되었다. 상상력과 테크놀로지가 한곳으로 수렴되고 있는 것이다. 그리하여 오랫동안 분리되었다고 상정해 온 이성과 감성, 인간과 기계, 자연과 문명, 과학과 예술이 서로 융합되고, 인문학과 과학기술의 융합이 활성화되고 있다. 이것이 바로 오늘날 융합의 시대를 열게 된 문명사적 배경이다. '테크네'는 고대 그리스 시대 지식과 예술, 기술이 통합된 개념으로, '테크네 인문학'은 상상력과 테크놀로지의 조화를 통해서 지식의 대통합을 추구하는 실천적 인문학이다.

융합적 테크네 인문학을 향한 나의 기나긴 여정은 1998년 미디어아트 연구소를 설립하는 것으로부터 시작되었다. '인문학적 상상력+첨단 테크놀로지+예술적 감각'을 모토로 설립된 미디어아트연구소는 잃어버린 인문학의 총체성을 복구하기 위하여 문학, 철학, 사학 등 인문학 내 학문 사이를 이어 주고 나아가 영상매체학, 미디어 아트, 문화콘텐츠학 등 인접 분야와의 연결을 시도한다. 결국 과학기술로 이어지는 융합의 다리를 건설하여 경계 넘기 작업을 본격적으로 이어 가고 있다. 물론 당시에는 융합이라는 말 대신 '통합', '학제 간 연구' 등의 용어를 통해서 진정한 융합으로의 진화론적 발전 과정을 시작했다. A와 B가 결합하여 화학작용을 일으켜 전혀 다른 C를 창조하는 개념으로서의 융합은 하루아침에 갑자기 이루어지는 것이 아니라 서로 다른 것끼리 단순한 결합과 통합을 거치면서 오랜 숙성 과정을 겪어야 자연스럽게 달성될 수 있는 것이다.

초기에 문학과 영화를 연결하는 작업은, 융합을 향한 나의 첫 발걸음이었다. 오랫동안 문자 문화를 토대로 이어져 온 문학이 이미지의 시대를 맞이하여 큰 위기를 맞게 되자 문학자는 자연스럽게 텍스트의 개념을 영화, 방송 등 이미지 텍스트로 확장하면서 매체학 또는 매체미학으로 경계

넘기를 시도한다. 최근에 작고한 독일의 키틀러(Friedrich Kittler)는 경계 넘기의 대표 주자로서 독문학에서 매체학으로 넘어와 매체학을 새로운 하문 분과로 확립한 대학자로 평가받고 있다. 또한 그의 제자 그라우(Oliver Grau)는 전통적인 예술사학을 넘어 최첨단 미디어 아트를 포괄하는 '이미지학(Image Science)', 곧 예술과 기술의 융합적 학문 분과를 새롭게 확립해 나가고 있다. 모든 것이 서로 연결되고 있는 디지털 시대에 학문 간 중첩은 피할 수 없는 현상이다. 중복이 미덕인 시대에 자기 영역만을 고수하려고 하는 사람은 융합 시대의 낙오자가 될 것이다. 융합은 서로 다른 것 사이에 존재하는 인터페이스를 발굴하여 개척해 가는 작업이기에 항상 타자에 대해 열린 자세를 가지고, 낯선 것을 과감히 받아들일 수 있어야 한다. 그것은 자신의 영역을 포기하는 것이 아니라 오히려 풍성함을 가져오는 일이다.

　전통적인 문학 연구는 전달되는 문학적 메시지 자체, 즉 내용의 해석에만 전념하느라 그 메시지를 전달하는 미디어에 대해 관심을 갖지 못했다. 더구나 미디어는 물질적인 기계이기에 인문학과는 대척 관계에 있었다. 기계가 가진 반복성, 규칙성, 자동성 등의 성질은 자유로운 상상력을 구가하는 인문학에 배치되는 것으로 간주되었다. 그러나 인간 정신의 전유물인 문학적 상상력이 점점 기계에게 자리를 내주는 현실은 어떻게 받아들일 것인가. 이제는 기계가 시를 쓰고 예술 작품을 창작하는 시대가 오지 않았는가. 플럭서스 운동의 대표 주자였던 가이신(Brion Gysin)은 '머신 포이트리(Machine poetry)'를 시도했고 히긴스(Dick Higgins)는 1970년에 '예술을 위한 컴퓨터'를 내놓았다. 독일에서는 컴퓨터가 카프카의 『성』에 나오는 처음 100 단어로 주어, 동사, 목적어, 접속사의 단순한 구조의 텍스트를 만들기도 했다. 1960년대부터 등장하기 시작한 첨단 미디어 아트는 카메라나 컴퓨터의 도움 없이는 작품 창작이 불가능할 정도다. 이제는 기계가 예술적 상상력의 공동 주체로 등장하게 된 것이다. 먼 훗날 인공지능이 발달하여 기계가 인간의 상상력을 대체하는 시점이 되면, 과연 인문학은 어떤 모습일까. 테크네 인문학은 그동안 적대적이었던 미디어와 테크놀로지를 인문학의 영역에 편입시킴으로써 인문학의 지평 확장과 함께 지식 융합의 생태계를 조성하는 작업이라고 할 수 있다.

디지털 기술은 인문 지식과 콘텐츠의 디지털화를 촉진하면서 융합에 날개를 달아 주었다. 1998년 한국의 대표적인 문화유산 판소리 〈춘향전〉이 인터넷에서 구현될 수 있도록 디지털 형식으로 제작하는 이른바 '사이버 춘향전' 프로젝트를 수행한 바 있다. 이 작업은 일생 동안 판소리를 연구해 온 국문학자나 멀티미디어 디자이너가 혼자 작업해서는 결코 완성할 수 없는 것이다. 판소리 연구가, 판소리 명창과 고수, 영상 연출을 위한 감독 및 카메라 감독, 웹 디자이너, 서버 관련 기술자, 텍스트를 외국어로 옮길 번역가, 이 모든 작업을 총괄할 프로듀서 등 여러 분야의 전문가가 동원되어야 한다. 각 분야의 전문적 지식이 통합되고 융합되어 새로운 콘텐츠를 만드는 이 작업은 강도 높은 융합 훈련의 기회가 되었다. 소위 융합 시대의 작업 방식인 집단 지성, 집단 상상력의 실행을 체험할 수 있었다.

인문학자는 융합을 기획하고 조직의 책임자로서 다양한 분야를 아우르는 프로듀서의 역할을 하며 융합 시대를 주도할 수 있어야 한다. 융합은 인문학자가 나노과학이나 생명공학을 직접 연구하자는 것이 아니다. 정보, 나노, 생명공학이 인문학 및 문화예술과 중첩되는 영역을 발굴하여 복잡하게 얽혀 있는 세계를 새롭게 이해하고 창의적 지식을 창출하자는 것이다.

이렇게 융합 프로듀서로서의 인문학자의 역할을 의식하고는, 비디오 아트를 창시함으로써 예술과 기술을 융합하고 위성을 통한 네트워크, 심지어 레이저까지 예술의 도구로 활용해 예술의 표현 영역을 혁명적으로 확장시킨 백남준을 융합의 천재로 조명하는 작업을 시도하였다. 2002년 조직된 '백남준 국제 컨퍼런스'는 우선적으로 백남준을 미술의 좁은 영역으로부터 해방시켜 범학문적인 연구의 대상으로 확장하여 그를 문명사적 현상으로 조명하고자 하였다. 인터넷이 없던 시절에 이미 네트워크에 기반을 둔 인터랙티브 미디어 예술을 선구적으로 창조하면서 동양과 서양, 예술과 기술, 작가와 관객, 이미지와 문자, 주술과 미디어를 융합시킨 백남준은 르네상스 시대 레오나르도 다빈치, 21세기 스티브 잡스와 함께 가히 융합과 창의의 아이콘으로 인정할 만하다.

융합은 미지의 세계로의 무한한 상상 여행이기에 재미있고 신바람 나는 작업이다. 마치 융합이 나의 디엔에이가 되어 버린 듯, 나는 영역과 영역을 잇는 다리를 건설해 나가는 데 계속 몰입했다. 백남준의 후예라고 할 70여 명의 국내외 미디어 아티스트를 모아 2004년에 개최한 전시회 〈충돌과 흐름〉은 이데올로기 충돌의 역사적 현장인 서대문 형무소와 미디어 충돌의 산물인 미디어 아트를 하나의 역사적 흐름으로 연결하는 시도였다. 각자 감방 하나씩을 전시 공간으로 부여받은 작가들은 로봇, GPS, 디지털 이미지 등 첨단 기술을 활용한 작품을 전시했다. 그중에서도 자신의 몸을 미디어로 삼아 자신을 전시 기간 내내 감방에 수감시킨 김지섭 작가의 작품은 몸과 이데올로기, 미디어가 역사적 시간과 공간을 관통하는 것으로, 융합의 전율을 느끼게 하는 일품으로 기억에 남아 있다.

1998년 이래 지속된 나의 융합 수련은 2008년 '테크네 인문학 선언'으로 절정에 도달한다.

"호모 사피엔스가 로보 사피엔스가 되고 기계가 인간의 상상력을 추월하는 현 단계에서 인문학은 기술 변화 속도에 대응하는 담론을 주도해야 한다는 과제를 부여받고 있다. 이를 위하여 그토록 오랫동안 서로를 적대시해 왔던 인문학과 테크놀로지를 화해시켜야 한다. 그리하여 '두 개의 문화'를 넘어 '제3의 문화'를 구축해야 한다. (…) 오늘날 분자생물학은 세포를 조작하여 새로운 생명체를 발생시키고 새롭게 조작된 세포를 인간의 세포와 교차시켜 종의 벽을 허무는 단계에까지 왔다. 이러한 혁명은 과거 인류가 경험했던 것과는 차원이 다르다. 문자 발명, 과학혁명, 산업혁명, 정보혁명 등과는 달리 인간이라는 종 자체에 대한 재정의와 성찰을 필요로 한다. 미래 사회에서 과학기술이 인류에게 가져올 변화는 기존의 사상 체계와 가치관과는 전혀 다른 새로운 것을 요구한다. (…) 새로운 인문학은 문학, 철학, 역사, 과학, 예술이 서로를 넘나들며 기계와 인간의 계보학을 새롭게 작성하며, 테크놀로지 주도의 현대 사회에서 상상력의 복구를 통하여 상상력과 테크놀로지의 깨진 균형을 바로잡는 것을 목표로 하고 있다."

테크네 인문학의 주요 취지다. 이로써 기계는 테크네 인문학의 주요 연구 대상이 되었다. 기계의 원형으로서의 바퀴로 본 속도의 문명사는 바퀴가 인간의 공간에 대한 정복욕을 통해 자연적·물리적 공간을 소멸시켜 가는 과정이었으며, 결국은 디지털 매체가 만들어 낸 가상공간으로까지 이어지고 있음을 논구한다. 망원경, 현미경, 카메라 등 각종 시각 기계의 발달은 자연과 객관적 세계를 소유하려는 인간 욕망의 발로이며 결국은 쾌락과 통치의 욕망으로까지 이어져 인류 문명사의 패러다임 전환에 기여하고 있음을 논한다. 소통 기계에 대한 테크네 인문학적 연구는, 디

박테리오봇(Bacteriobot)

지털 커뮤니케이션이 구축하는 네트워크가 인간을 둘러싸고 있는 새로운 생태계로서 문명사적 전환점을 가져다주고 있으며 이러한 맥락에서 네트의 윤리학, 네트의 지식학, 네트의 상상력이 새로운 시각에서 쓰여야 함을 요구한다.

테크네 인문학을 수행하는 중에 시스템생물학과에서 미생물을 연구하는 한 동료 교수가 박테리아 관련 실험을 하다 우연히 추출하게 된 염료를 가져왔다. 진한 핑크, 블루, 베이지의 세 가지 아름다운 색채를 내는 이 물질이 그의 미학적 감수성을 자극했던 모양이다. 나는 퍼포먼스, 설치, 패션 디자인 등 멀티로 활동하는 한 예술가에게 그 박테리아 염료를 건네주었다. 그녀는 곧 그것을 천연 염색에 활용하여 그럴싸한 예술 작품으로 탄생시켰다. 그 생물학자는 염색을 편리하게 할 수 있도록, 액체로 된 그 염료를 가루로 추출해 주었다. 앞의 세 가지 색 외에 다른 색도 추출이 가능한 박테리아 염료는 화학 염료와 달리 친환경적이다. 또 물이 아닌 알코올을 통해 염색이 가능하고 가격이 다소 비싼 것이 특징이다. 하지만 예술가에게 그러한 현실적 요인은 일단 무시된다. 부패와 질병의 아이콘인 박테리아가 예술 작품을 위한 표현 매체가 될 수 있다는 사실을 누가 상상할 수 있었겠는가. 이것이 융합의 전형이다. 박테리아가 예술과 융합하는 데 그치지 않고 최첨단 로봇공학과 연결된다는 사실은 더욱 흥미롭다. 공학적 로보틱스가 아닌 초학제적 융합 학문의 가능성으로서의 로보톨로지(Robotology)를 모색하기 위해 내가 조직한 포럼이 있다. 나노 크기의 로봇을 인간의 몸속에 집어넣어 건강과 관련된 각종 데이터를 송신하며 암세포를 퇴치하는 마이크로 로봇을 연구하고 있는 한 로봇 전문가는 포럼에서 나노 로봇의 에너지원으로 박테리아를 사용하고 있다고 발표했다. 박테리아가 로봇의 모터로 작동하는 것이다. 가히 상상적인 현실이다.

    디지털은 우리에게 새로운 지식 정보의 은하계를 가져다주었다. 밤하늘의 별들이 연결되어 별자리를 만들듯이 우리는 무한히 생산되는 지식과 정보를 연결하여 창의적인 지식의 지도를 창조하는 것이다. 지식의 은하계에서 유일한 내비게이션은 우리의 상상력이다. 그러나 그 내비게이션은 목적지를 미리 설정할 수 없다. 단지 미지의 목적지를 향해 가는 데 도움을 주는 영원한 이정표일 뿐이다. 융합은 지식의 무한한 네트워크다. 나노 아트, 바이오 아트, 스페이스 아트 등 동시대 미디어 예술의 지평이 끊임없이 확장되고 있는 것처럼 우리의 인문학도 나노 인문학, 바이오 인문학, 우주 인문학으로 팽창될 것이다. 상상하면서 무엇이든 연결하라. 그러면 새로운 창조의 세계가 열릴 것이다.

석영중(고려대학교 노어노문학과 교수)

고려대 노어노문학과를 졸업하고 미국 오하이오 주립대학교에서 박사 학위를 받았다. 현재 고려대 노어노문학과 교수로 재직하고 있으며, 한국러시아문학회 회장을 역임했다. 2000년에 러시아 정부로부터 푸시킨 메달을 받았으며 제40회 백상출판번역상을 수상했다. 지은 책으로는 『도스토예프스키, 돈을 위해 펜을 들다』『러시아 시의 리듬』『러시아 현대 시학』『러시아 정교』『톨스토이, 도덕에 미치다』『뇌를 훔친 소설가』 등이 있다. 옮긴 책으로는 『우리들』『뿌쉬낀 문학작품집』『벌거벗은 해』『광기의 에메랄드』『친구와의 서신 교환선』 등 여러 권이 있다. 최근에는 「톨스토이와 신경과학」「도파민, 닥터 지바고의 글쓰기를 신경과학적으로 바라보는 한 가지 방법」 등 문학과 신경과학을 접목시킨 논문을 썼다.

2장 문학과 뇌

 나는 과학도 기술도 잘 모르는 사람이다. 스스로 생각해도 조금 너무하다 싶을 만큼 과학 분야와는 담을 쌓고 살아왔다. 컴퓨터가 일반 가전제품처럼 상용화될 때까지 '컴맹'으로 살면서도 별로 아쉬운 것은 없었다. 다시 제품 설명서를 읽거나 사용법을 배우는 것이 두려워 자동차와 휴대전화 등 모든 '기계류'는 웬만하면 완전히 망가질 때까지 썼다.
 그런 내가 뇌과학 서적을 골라 읽게 된 것은 정말로 우연이라 아니할 수 없다. 3년 전 어느 날, 아무 생각 없이 인터넷 서점을 둘러보던 나는 '뇌'라는 단어가 들어간 책 제목이 엄청나게 많은 것을 보고 흥미를 느꼈다. 신문에서 좌뇌, 우뇌, 도파민 어쩌고저쩌고하는 기사는 많이 읽어 온 터였지만, 뇌와 관련하여 그토록 많은 저술이 출간되었다는 사실에 놀라움을 금치 못했다. 신경과학 전문 서적뿐만 아니라 건강과 교육, 자기계발과 대중 심리학 책에도 뇌라는 단어가 수없이 들어가 있었다. 도대체 뇌가 어쨌단 말인가. 나는 순전히 교양을 쌓겠다는 일념에서 쉽게 읽힐 만한 책을 몇 권 골라 읽기 시작했다. 그리고 그때부터 뇌과학에 완전히 빠져 버렸다.

뇌과학은 분명 내가 그토록 두려워하는 '과학'임에도 불구하고 일단 재미가 있었다. 어마어마하게 수학적이고 과학적인 마인드가 있어야만 이해가 가능한 것도 아니었다. 물론 대중이 읽기 쉽게 써 준 저자들의 공이 크지만 말이다. 일반인도 충분히 이해할 수 있도록 평이하게 신경과학 책을 쓰고 번역해 준 저자들이 참 고맙다는 생각을 아직까지도 자주 한다. 특히 최근 20년 간 신경과학 분야의 놀라운 발견 몇 가지는 내가 읽은 문학작품을 생각나게 한다는 점에서 더욱 흥미로웠다. 실제로 많은 문학작품이 뇌과학적 사실을 이러저러한 방식으로 예고하고 있었다. 인간의 모방본능, 학습, 기억, 몰입 등은 고전문학에서 종종 다뤄져 온 만큼 문학과 뇌를 연결시켜 주는 교량처럼 여겨졌다.

구체적인 예를 들어 보자. 지금부터 약 20년쯤 전에 이탈리아 파르마대학 소속 신경과학자들은 원숭이 실험을 통해 우리 머릿속에는 타인의 행동을 마치 거울처럼 반사하는 뉴런(신경세포)이 있다는 사실을 발견했다. 훗날 '거울 뉴런'이라 불리게 될 이 뉴런은 타인의 행동을 거의 무의식적으로 흉내 내려는 인간 본능과 직결된다. 이 거울 뉴런 덕분에 우리는 타인의 행동을 상상을 통해 간접적으로 체험할 수 있다. 거울 뉴런에 관한 저술을 읽을 때 나는 푸시킨의 『예브게니 오네긴』에서 여주인공 타티야나가 로맨스 소설을 읽으며 그 주인공을 흉내 내는 모습을 상기했다. 또 톨스토이의 『안나 카레니나』에서 안나가 연애 소설을 읽고 나서 불륜을 저지르는 모습도 상기했다.

거울 뉴런은 다른 동물의 행동을 거울처럼 반영한다.

　신경과학계에서 가장 주목받는 발견으로 손꼽히는 신경가소성에 관해 읽을 때도 소설이 생각났다. 아주 쉽게 말하면 신경가소성은 우리 뇌가 마음만 먹으면 얼마든지 변할 수 있다는 것이다. 우리가 열심히 운동을 하면 근육이 만들어진다. 마찬가지로 열심히 뇌를 단련시키면 뇌에는 새로운 회로와 연결이 생성된다. 신경가소성이 과학적 사실로 인정받기 전까지 대부분의 연구자가 타고난 뇌는 불변한다고 믿었다. 그러나 이제 뇌는 인간의 의지에 따라 변화 가능하다는 것이 신경과학자들의 중론이다. 교육을 받은 뇌에서는 뉴런 간의 가지 수가 그렇지 않은 뇌보다 훨씬 많다. 그리고 가지가 많아진 뉴런은 더 멀리 뻗어 가므로 뇌의 부피와 두께를 증가시킨다. 즉 후천적으로 학습을 하고, 자극을 받고, 트레이닝을 거친 뇌는 그 구조가 변한다. 뇌에서 많이 쓰는 부분은 활성화되고 안 쓰는 부분은 축소된다. 신경과학에서는 이를 "쓰지 않으면 잃는다."는 매우 간결한 문장으로 요약한다.

나는 신경가소성에 관한 이런 설명을 읽으며 죽을 때까지 공부하라고 외쳤던 고골을 기억해 냈고, 낯선 시선으로 현실을 보자고 부르짖었던 러시아 형식주의 문학비평가들을 기억해 냈고, 또 변화를 거부한 채 똑같은 상황에 안주하는 체호프의 답답한 인물들을 기억해 냈다.

이렇게 뇌과학 책을 읽다 보니 나의 관심은 한 가지 주제로 좁혀졌다. 문학과 뇌는 어떻게 만나고 어떻게 연결될 수 있을까. 나는 이와 관련된 책도 찾아 읽고 인터넷 검색도 하고 뇌공학 캠프에도 가 보고 하면서 문학과 뇌의 '상호 조명' 가능성을 타진해 보기 시작했다. 그러면서 자연스럽게 시야를 넓혀 인문학과 자연과학 간의 융합에 관해 사색하기 시작했다.

내가 융합이란 말 대신 문학과 신경과학의 '상호 조명'이란 용어를 사용하는 이유는 양자의 융합이 사실상 그리 간단한 문제가 아니기 때문이다. 퓨전이나 크로스오버 같은 개념은 꽤 오래전부터 유행어 사전에 올랐지만, 융합이란 말이 우리 사회에서 집중적으로 조명을 받기 시작한 것은 근래의 일이다. 요즘에는 '융합형 인재'라던가 '융합연구소' 같은 말을 미디어에서 아주 쉽게 접할 수 있고, 거의 모든 분야에서 미래의 지향점으로 융합을 언급하고 있는 형편이다. 그러나 대부분의 경우 융합은 기술과 기술의 융합처럼 인접 분야 사이에서 이루어지는 현상이다.

문학과 과학의 융합은 사실상 아직까지 뚜렷한 모델이 없다고 해도 과언이 아니다. 그 이유는 두 가지로 요약해 볼 수 있다. 우선, 가장 이상적인 것은 문학과 과학 두 가지 모두를 다 꿰뚫고 있는 연구자가 선도적으로 양자의 융합을 이끌어 나가는 것인데 그건 현실적으로 어려운 얘기다. 한 가지도 제대로 하기 힘든 마당에 두 가지 분야에 정통한 사람이 어디 그렇게 있겠는가. 그리고 어떤 의욕 넘치는 연구자가 두 가지 모두에 전력을 쏟아붓는다 해도 결과적으로 '이도 저도 아닌 것'처럼 보일 때가 많다. 학계의 반응도 그렇다. 양자의 융합에 노력하는 연구자에게 잘한다고 격려하기도 하지만, "한 가지라도 잘해라."라는 식의 냉소적 반응도 많다. 좋은 아이디어가 쏟아져 나오려면 학계의 분위기가 더 '융합 친화적'으로 바뀌어야 할 것이다.

두 번째 장애물은 닫힌 마음이다. 과학에 대한 인문학자들의 경직된 마음, 그리고 문학에 대한 과학자들의 경직된 마음이 문제다. 과학자이면서도 인문학의 중요성을 인문학자보다 더 강조하는 과학자도 있지만 과학을 향해 마음을 열려는 인문학자에게 "아무것도 모르면서……." 하는 식으로 반응하는 과학자도 있다. 심지어 불필요하게 무례한 사람도 있다. 과학을 향한 인문학자의 마음, 인문학을 향한 과학자의 마음이 더 열려야만 양자 간의 융합을 허심탄회하게 모색할 수 있을 것 같다.

그래서 나는 대화니 융합이니 하는 개념에 앞서 '상호 조명'이란 말을 쓰고자 한다. 말 그대로 서로에게 빛을 비추어 준다는 의미다. 각자 자기 길을 가면서 상대방에게 빛을 나누어 준다고 생각하면 말문을 열기가 수월하다. 문학 연구와 뇌 연구는 굉장히 중요한 지점에서 서로 만나기 때문에 상호 조명이 가능하면서 또 필요하다. 소설이란 게 뭔가. 아름답게 쓴 글이 소설은 아니다. 재미있는 스토리가 꼭 소설인 것도 아니다. 소설가는 사람의 속내를 읽는 사람들이다. 소설은 궁극적으로 말해서 인간에 대한 탐구 보고서나 마찬가지다. 그러므로 '인간이란 무엇인가?'에 대한 답에 더욱 가까이 가기 위해 문학 연구와 뇌 연구는 손을 잡을 수밖에 없다. 문학과 신경과학이 서로에게 빛을 준다면, 그동안 작품 속에서 일종의 가설처럼 진술되었던 내용들이 생물학적으로 입증될 것이고 생물학적 뇌 연구가 불가피하게 맞닥뜨리게 되는 윤리적 문제에 수천 년 동안 누적된 문학적 인간 탐구가 도움을 줄 수 있다. 결과적으로 문학적 사실과 자연 과학적 사실이 서로를 비추어 주는 가운데 삶의 지혜가 새롭게 드러나게 된다.

이런 방향으로 탐구를 계속하던 나는 결국 그 과정을 하나로 엮어 2011년 8월에 『뇌를 훔친 소설가』라는 제목의 책으로 출판했다. 이 책의 출간은 나에겐 정말 '사건'이었다. 우선 문학을 바라보는 나의 시야에 완전히 새로운 차원이 더해졌다. 톨스토이가 말한 것들이 생물학적으로 옳다는 게 밝혀질 때의 그 두근거림을 어찌 말로 설명할 수 있을까. 그러나 그것이 이 책의 궁극적인 의의는 아니다. 나는 문학과 뇌를 동시에 탐구하면서 내가 (그리고 독자들도) 어떻게 살 것인가, 인간이란 무엇인가의 문제에 조금 더 가까이 다가섰다고 생각한다. 흉내와 기억과 몰입과 뇌의 변화 가능성 등을 살펴보면서 삶의 지혜를 조금 더 얻었다고 생각한다. 독자들로부터도 상당히 긍정적인 후기를 많이 받았다. 일부러 이메일로, 구두로, 문자로 따뜻한 격려를 보내 주신 분들도 많았다. 미국의 어느 뇌과학자는 대략의 내용을 전해 듣고는 영어로 번역하는 것이 어떠냐는 제안도 했다. 아무튼 나는 이 책으로 문학과 뇌의 상호 조명을 향한 첫걸음은 떼었다고 생각한다.

이 책을 쓰는 동안 나는 도대체가 내가 하는 일이 국외에서는 어떻게 진행되고 있는지 궁금했다. 내 책에 모델이 될 만한 책이 있으면 구입하고 싶은 마음도 굴뚝같았다. 그래서 영어권과 러시아어권 사이트에서 이것저것 검색해 보고 아마존에서 책도 주문해 보았다. 문학과 뇌의 연관성에 대한 영미권 연구(러시아어권에서의 연구는 아직 미미한 듯하다.)는 다음과 같이 세분화해서 볼 수 있을 것 같다.

첫째, 문학 창작과 문학의 수용을 뇌의 작용 맥락에서 연구하는 경향이다. 이런 방법론의 선구자는 플로리다 대학 명예교수인 노먼 홀란드(Norman Holland) 교수라 할 수 있다. 그는 『문학과 뇌(Literature and Brain)』를 비롯한 일련의 저술에서 문학작품의 창작 과정, 문학작품의 독서와 반응, 그리고 허구의 세계로의 몰입과 같은 문학 창작과 수용 과정 일반에 대한 뇌의 작동 상황을 이론적으로 탐구한다. 홀란드 교수는 영문학과 정신분석학과 인지심리학을 넘나드는 저술가로 오랫동안 문학과 뇌의 융합 연구에 매진해 왔다.

둘째, 홀란드 교수의 접근법을 진화론 및 인지과학 쪽으로 발전시킨 방법론으로 흔히 '신경문학비평(neuro literary criticism)'이라 불린다. 이것은 신경학적 리서치와 인지과학을 통해서 문학을 설명하고 분석하는 방법이다. 예를 들어, 신경문학비평가들은 인간이 복잡한 문학작품을 읽을 때, 혹은 문학을 창작할 때 그의 뇌에서 어떤 뉴런이 어떻게 발화하는가를 뇌 스캔을 통해 관찰함으로써 창작과 독서의 이면에 있는 생리학적 과정을 규명하고자 한다. 저명한 러시아 문학이론가인 마이클 홀퀴스트(Michael Holquist) 교수는 과학자와 문학이론가로 구성된 연구팀(Yale-Haskins Teagle Collegium)을 이끌면서 실험적으로 선발된 학생들이 특정 텍스트를 읽을 때 뇌에서 일어나는 혈류와 시냅스의 변화를 MRI로 관찰할 계획을 세워 학계의 주목을 받은 바 있다. 이런 시도는 그동안의 연구 방법론을 뒤흔드는 일종의 지각변동처럼 신선한 시도지만, 반대 의견도 만만치 않다. 소설이라고 하는 고도로 복잡한 정신 활동의 산물을 생물학적으로 환원시킨다는 생각에 수많은 반론이 온라인과 지면을 통해 제기된 바 있다.

그다음으로는 특정 작가와 작품을 뇌과학과 연결시켜 바라보는 경향이다. 내가 찾을 수 있었던 책은 두 권인데 조나 레러(Jonah Lehrer)라는 신경과학 전공 과학 칼럼니스트가 쓴 『프루스트는 뇌과학자였다(Proust was a Neuroscientist)』와 신경과학자와 영문학자가 공동 집필한 『셰익스피어, 뇌를 말하다(The Bard on the Brain)』(국내 미출간)가 그것이다. 이 중에서 『프루스트는 뇌과학자였다』는 프루스트의 유명한 소설 『잃어버린 시간을 찾아서』가 현대 신경과학이 발견한 기억 관련 정보들을 예견하고 있다는 전제 하에 기억의 문제를 소설 속의 예문과 더불어 조목조목 밝힌 책이다. 『셰익스피어, 뇌를 말하다』 역시 뇌과학의 이모저모를 셰익스피어 드라마의 여러 대사 및 다양한 뇌 스캔 사진과 함께 제시한다. 이들 저술은 특정 작품과 뇌과학을 직접 접목시켰다는 점에서 매우 참신한 시도라 간주된다. 그러나 여기에도 몇 가지 아쉬운 점은 있다. 일단 뇌과학자의 입장에서 문학을 바라보기 때문에 프루스트와 셰익스피어라고 하는 그 깊고 복잡한 문학 세계에 대해 전달하는 것이 많지 않다. 어떻게 보면 프루스트와 셰익스피어가 뇌과학을 설명하기 위한 도구로 전락해 버렸다는 느낌마저 든다. 또 소설과 뇌과학 사이의 연결에 치중한 나머지 그것으로부터 유의미한 결론을 도출하려는 시도는 미미해 보인다.

내가 쓴 책은 위의 경향들을 일정 정도 반영하면서도 그 근본 취지에 있어 많이 다르다. 우선 순수하게 문학을 전공한 학자가 새로 뇌를 공부한 뒤 양자를 접목시켜 쓴 책은 해외에서도 찾아볼 수 없었다. 나는 뇌과학자의 시각에서 문학을 본 것이 아니다. 그렇다고 해서 문학을 보는 새로운 방법을 찾아 뇌과학을 기웃거린 것도 아니다. 나는 뇌와 문학 연구 간의 접점으로부터 나올 수 있는 새로운 연구 영역의 다양한 가능성을 모색하려는 취지에서 글을 썼다. 그리고 그 가능성 중의 하나인 '지혜'를 책의 콘셉트로 삼았다. 요컨대, 문학도 뇌도 인간을 연구하는 학문이므로 양자가 서로에게 불충분한 부분을 보충해 준다면 인간에 대한 앎을 더욱 강화할 수 있다는 생각, 삶의 지혜에 무언가 기여할 수 있다는 생각이 내 연구의 취지다.

그럼 이제 결론을 맺어 보자. 나는 위에서 경향이니 방법론이니 하는 단어를 사용했지만 사실상 매우 미미한 시도에 불과하며 여기 관여하는 학자 역시 극소수다. 그렇기 때문에 어느 방법이 옳다 그르다, 좋다 나쁘다 말할 수 있는 단계가 결코 아니다. 어느 것 하나 "아, 이것이 답이다."라는 방향을 제시하기에는 시기상조이다. 이는 즉 다시 말해서 문학과 뇌의 융합적 연구는 방금 태어난 신생아에 불과하다는 뜻이고 미래의 연구자들에게는 연구할 테마가 무궁무진하다는 얘기다. 앞으로의 연구자를 위해 몇 마디만 덧붙이고 싶다.

첫째, 뇌과학과 문학 연구의 융합 모델은 인문학자가 넘을 수 없는 한계, 과학자가 넘을 수 없는 한계를 인정하면서 양자의 결합에서 나오는 에너지를 사용할 방법을 강구하는 과정에서 성립되어야 한다.

둘째, 문학과 과학처럼 아주 다른 영역 간의 융합은 겸손에서 출발해야 한다. 융합이 가능하려면 우선 양자가 상대방의 학문적 특성을 존중해 주어야 한다. 그리고 무엇보다도 겸손해야 한다. 융합은 준비된 사람에게만 가능하다. 아무리 훌륭한 이론을 가지고 설명한다 해도 융합의 가능성을 받아들일 준비가 안 된 사람은 받아들이지 않을 것이다.

최근에 어느 과학자는 "우리에게 지금 필요한 것은 더 많은 과학적 발견과 더 많은 기술적 정보가 아니라 그것들에 대한 더 깊은 이해다."라고 말했다. 그의 말에 깊이 공감하며 문학과 뇌의 융합이 인간에 대한 깊은 이해를 가져오게 되리라 기대해 본다.

구본준(한겨레신문 기자, 건축 칼럼니스트)

대학에서 중어중문학을, 대학원에서 신문방송학을 전공하였고, 현재 건축학 박사과정을 다니고 있다. 대기업에 근무하다 1995년 한겨레신문에 입사해 사회부, 경제부, 문화부를 거쳤고, 기동취재팀장, 기획취재팀장, 대중문화팀장 등을 지냈다. 지금은 책&지성팀장으로 일하고 있다. 문화부 기자로 건축은 부동산이 아니라 문화임을 알리는 기사를 주로 써 왔고, 2011년에 평범한 서민들을 위한 목조 단독주택 '땅콩집'을 지어 아파트 위주의 우리 주거 문화에 큰 반향을 일으키기도 했다. 지은 책으로 『두 남자의 집짓기』『별난 기자 본본, 우리 건축에 푹 빠지다』『한국의 글쟁이들』『서른 살 직장인 책읽기를 배우다』 등이 있다.

중문과 나온 기자, 건축을 전공 삼다

　나는 기자다. 사회부와 경제부에서 주로 일했지만 요즘은 주로 문화부에서 일한다. 사람들은 나를 '건축 전문기자'라고 부른다. 기사로, 여러 글로, 그리고 때론 책으로 건축을 소개하고 있기 때문이다. 또 건축에 대한 강연도 하고 건축상을 심사하기도 한다. 그러다 보니 가장 많이 받는 질문이 건축을 전공했느냐는 것이다. 결론부터 말하면 '전혀 아니'다. 최근 건축학 박사과정에 들어가긴 했지만 그동안 단 한 번도 정규 교육과정을 통해 건축을 배운 적이 없다. 고등학교 때는 문과생이었고, 대학에서도 인문학을, 정확히는 중어중문학을 전공했다. 석사는 신문방송학으로 했다.
　그런데도 건축을 전문적으로 다루는 것이 가능할까? 물론 그건 꽤 어려운 일이다. 건축 자체에 대한 전문성은 아무래도 부족할 수밖에 없다. 그럼에도 내가 건축에 관한 이런 활동을 해 올 수 있었던 것은 건축물 설계에 대한 이해 대신 건축을 사람들에게 알리는 데 전문성을 지닌 덕분일 것이다. 물론 이는 기자라는 직업의 특성과도 연관이 깊다. 그럼에도 전형적인 문과 출신이 공학 분야인 건축을 다루는 것이 가능하냐고 많이들 되묻는다. 게다가 이제껏 문과 공부를 한 내가 건축학 박사과정을 밟고 있다고 하면 더욱 의아해한다. 아마도 건축은 매우 전문적인 분야라고 여겨지는 모양이다.

실은 나도 궁금하다. 내가 왜 이렇게 건축에 빠져들게 되었는지. 그래서 이번 기회에 생각해 봤다. 건축은 무엇인가? 그리고 문과 출신인 나도 전공할 수 있는 분야인가? 충분히 가능하다고 생각한다. 물론 이전까지 한국에서 종합 일간지 기자가 건축을 자기 전공으로 삼은 경우는 없었다. 반대로 건축과를 나왔지만 적성에 맞지 않아 졸업 후 기자가 된 경우는 아주 드물지만 서너 명 정도 있다. 남들은 시도하지 않을 이 길에 도전하기까지 고민도 많았다. 하지만 결심했다. 이 길을 가기로. 단 한 가지 이유 때문이다. 건축은 정말 재미있다. 이렇게 재미있는 분야는 실로 찾아보기 힘들다고 단언할 수 있다.

건축은 이과 출신이 아니어도, 전공하지 않아도 흥미롭게 들여다볼 수 있는 유일한 이공계 분야라 생각한다. 누구나 건축물 속에서 태어나고 그 안에서 살아가고 일하고 죽기 때문이다. 건축물을 직접 짓는 데는 고도의 전문성을 필요로 하지만, 건축을 느끼고 평하고 연구하는 것은 전문적인 공학 지식을 갖추지 않은 사람도 얼마든지 할 수 있다. 건축이 당연히 공학이라고 생각하는 것은 큰 오해다. 건축물을 얼마나 튼튼하게 지을 수 있는지, 혹은 얼마나 경제적으로 지을 수 있는지 연구하는 것은 분명 공학이다. 하지만 건축 그 자체는 공학이 아니라 인문학에 더 가깝다. 건축을 이해하는 데 인문학적 소양은 필수적이다.

건축이란 곧 집이고, 집은 사람들이 사는 곳이다. 곧 건축은 사람 사는 이야기다. 집을 짓기 위해 공학적으로 구조나 재료, 공법을 고민하는 것도 중요하지만, 그 이전에 어떤 생각으로 집을 지을 것이냐가 더욱 중요하다. 우리 시대에는 어떤 집이 필요한지 고민하려면 요즘 사람들의 생각과 현실을 읽어야 한다. 이게 인문학이 아니고 도대체 무엇이란 말인가. 건축이 교육 편제상 이공계에 속해 있을 뿐, 기본적으로 건축에 필요한 생각은 인문학적 사고이고 건축이 추구하는 문제 해결 방법과 가치 역시 인문학적이다. 결론적으로, 건축은 공학보다 인문학에 가깝다.

건축에 대한 가장 낭만적인 정의는 아마도 "건축은 응고된 음악"이라는 표현일 것이다. 기능적 측면에서 "건축은 우리 삶이 펼쳐지는 무대"라고 정의하기도 한다. 서로 다른 건축의 속성을 말하는 것 같지만 건축이 '사람 사는 이야기'라는 점에서 일맥상통한다.

개인적으로 건축은 '응고된 음악'이기 전에 '응고된 문화'라고 생각한다. 건축은 인간 생활에 필요한 거의 모든 문화를 끌어모아 만든 문화 종합선물세트와도 같다. 각종 문화 코드를 모두 담고 있는 블랙박스다. 모든 건축물은 그 규모가 작건 크건, 수준이 높건 낮건 간에 건축 당시의 문화를 담는다. 그 시대의 정신(Zeitgeist)이 많이 담길수록 좋은 건물이라고 할 수 있다. 이 시대정신은 공학 기술일 수도 있고, 디자인 트렌드일 수도 있다. 그래서 근대 건축의 거장 미스 판 데어 로에(Mies van der Rohe)는 건축을 "시대의 의지가 공간으로 번역된 것"이라 표현했다. 이렇게 시대정신을 담은 건축물은 수백 년 넘게 존재하며 시대를 초월한다.

따라서 건축을 읽어 내는 것은 그 시대의 정신을 읽는 작업이다. 건축에 담긴 정신은 고결한 것일 수도 있고, 평범한 것일 수도 있고, 천박한 것일 수도 있다. 어떤 형태와 재료, 기능을 선택하느냐는 시대의 가치관과 직결된다. 그게 무엇이든 그 핵심에는 '인간'에 대한 이해가 자리 잡는다. 건축물을 짓는 사람도 인간과 시대를 고민하고, 건축물을 사용하는 이들도 그런 정신과 교감하며 영향을 받는다. 그래서 건축 읽기는 온갖 문화와 사회를 오가며 추리해 내는 고난도 퍼즐 풀이와도 같다. 그 재미는 인문계와 이공계의 구분을 넘어서는 것이었고, 내게도 무척이나 매력적으로 다가왔다.

예를 들면 이런 것이다. 왜 근대 건축에서 콘크리트는 가장 중요한 재료가 되었을까? 그리고 콘크리트를 재료로 삼으면서 일어난 형태의 변화는 무엇일까? 아니, 근대의 공간을 만들기 위해 콘크리트가 선택된 것은 아닐까? 그럼 이렇게 만들어진 형태는 사람들의 삶을 어떻게 바꾸었을까? 이런 의문을 해결하는 과정에서 건축은 문자 텍스트보다 훨씬 명쾌하게, 그리고 시각적으로 그 시대를 말해 줄 수 있다.

대수롭지 않게 여겼던 건축물을 통해서도 사회를 읽어 낼 수 있다.

내가 관심을 갖는 분야는 '건축이 우리 사회를 어떻게 보여 주는가'다. 모든 건축물이 그 텍스트가 될 수 있다. 그리고 그 텍스트를 분석하는 것은 인문학적 방법론과 동일하다. 단지 텍스트가 글자가 아니라 건물일 뿐이다. 우리 주변에 너무나 흔한 '모텔'을 예로 들어 보자. 모텔은 한국에 도입되면서 그 의미가 바뀐 대표적인 외래문화다. 한국에서 모텔이라는 말은 '러브호텔'과 같은 의미로 쓰인다. 그러면서도 호텔보다 싼 숙박 시설이라는 원래의 개념은 그대로 이어졌다. 그리고 모텔은 한국에서 그 어떤 나라에서보다 많이 생겨났다. 도대체 우리나라에는 왜 이리 모텔이 많은 것이며, 모텔의 모양은 왜 저렇게 튀는 것인지 궁금하지 않은가?

그러려면 모텔의 역사부터 따져 봐야 한다. 모텔은 'motor'와 'hotel'의 합성어로, 이름 그대로 '자동차 여행자를 위한 호텔'로 등장했다. 그러니까 모텔은 호텔의 아들뻘이 된다. 그러면 모텔을 낳은 호텔은 또 어떻게 등장한 것일까? 호텔이 보편화된 것은 '철도'와 연관이 있다. 근대 이전까지 여행은 귀족들의 전유물이었다. 대부분의 사람들이 농경에 종사하는 시대에 농사를 놔두고 한가하게 다른 곳을 돌아다닐 여유가 있는 사람은 일하지 않고도 소득을 얻는 귀족들뿐이었기 때문이다. 이런 여행을 모두의 것으로 만들어 준 것이 바로 철도다. 철도는 여행지까지 가는 시간을 크게 단축해 줬다. 그래서 평범한 이들도 여행이 가능해졌다. 그래서 초기 호텔은 대부분 철도회사에서 지었다. 유럽은 물론 미국과 아시아에서도 마찬가지였다. 근대 문화가 서구와 일본에 의해 이식된 우리나라도 그러했다. 한반도에 들어선 최초의 호텔은 당시 조선을 지배하던 일본의 남만주철도주식회사(약칭 '만철')가 서울역에서 지척인 덕수궁 앞에 지은 '철도호텔'이었다. 이 철도호텔이 지금의 조선호텔이다. 호텔은 철도의 자식이자 근대의 산물이었던 셈이다.

그런데 기차보다 자동차가 발달한 미국에서 현대에 들어 자동차가 점차 서민들에게까지 보급되고 자동차 여행이 일반화되자 등장한 것이 모텔이다. 관광지나 도심에 있는 호텔과 달리 모텔은 출발지와 목적지 사이에 자고 식사하기 위해 지나가는 곳이었다. 당연히 호텔보다는 싼 숙박시설이었다. 모텔은 호텔의 뒤를 이어 등장한 고속도로의 자식이자 현대의 산물인 셈이다. 모텔이 자동차 문화의 부산물이었다는 사실은 모텔의 형태에도 잘 나타난다. 고속으로 달리는 승용차 안에서도 알아볼 수 있어야 했기에 강렬한 네온과 눈길을 끄는 현란한 디자인이 필수였다.

이런 모텔이 한국에 들어오면서 '한국적 모텔'이 탄생한다. 한국에도 고속도로가 생기고 자동차가 보급되면서 모텔이 생겼다. 그러면서 외국에서는 볼 수 없었던 새로운 방향으로 진화하기에 이른다. 눈길을 끌어야 하는 외관은 그대로 적용되어 일반 건축물과는 다른 디자인이 필요했다. 그런데 모텔이 점차 불륜족과 연인들의 사랑의 장소가 되면서 판타지와 취향이 더해진 것이다. 모텔이 여행자보다 '쉬었다 가는' 이들에게 더 중요한 곳이 되면서 모텔은 하나의 양식이 되어 도시 안으로 진입했다.

도시 구석구석에서 유치찬란하고도 현란한 모양을 하고 밤이 되면 그 모습을 온갖 불빛으로 뽐내는 모텔의 건축적 특성에는 이렇게 많은 역사의 함의가 들어 있다. 모텔의 겉모습과 인테리어는 곧 현대인들이 꿈꾸는 일탈의 욕망과 섹스의 환상을 시각적으로 응고시킨 것이라 할 수 있다.

이렇게 모텔이라는 일상 속 건축물 하나만으로도 사회와 경제, 건축의 역사를 읽어 낼 수 있다. 골목마다 가득한 다세대주택도, 전국을 점령하고 있는 아파트도, 번화가의 카페 인테리어도 모두 문화 유전자가 들어 있는 인문학 텍스트들이다. 최고의 인문학자로 일컬어지는 발터 베냐민(Walter Benjamin)은 도시에 새로 들어선 아케이드 같은 것을 들여다봤다.

그리고 그 속에서 근대와 자본주의를 읽어 냈다. 건축은 사람 사는 세상의 변화를 그 무엇보다도 극명하게 우리 눈으로 볼 수 있게 만들어 준다.

이런 건축의 속성이 재미있어 건축을 나의 새로운 전공 분야로 삼았다. 직업이 '글쓰기'다 보니 이렇게 관심을 끄는 것을 개인 블로그 '구본준의 거리 가구 이야기(http://blog.hani.co.kr/bonbon)'에 쓰기 시작했다. 건축을 취재하면서 기사로 쓰지 못한 것, 개인적으로 알게 된 건축의 여러 가지 측면 등을 이야기 형식으로 가공하는 작업을 한 것이다. 누가 시킨 것도 아니고, 원고 요청을 받은 것도 아니지만 그냥 해 보고 싶어서 2005년부터 글을 올려 왔다. 그뿐이었다. 건축으로 밥벌이를 하겠다는 생각도, 건축 전공자가 되어 새로운 길을 찾겠다는 생각도 없었다. 그저 내가 읽고 싶은 글을 남들이 써 주지 않으니까 직접 써 보기로 한 것이었다.

그런데 그게 나비효과를 일으켰다. 건축을 전공한 사람은 많아도 일반인의 눈높이에 맞춰 건축의 '재미'를 알려 주는 사람은 거의 없었기 때문이다. 블로그 글을 보고는 건축에 대한 글을 써 달라고 요청해 왔고, 나는 어느새 건축 관련 글을 쓰는 '건축 소개 전문가'가 되었다. 블로그에 올리는 글과 요청받은 글을 합하면 일 년에 대략 80여 꼭지를 쓴다. 그런데 새로운 글을 쓰게 될 때마다 새로운 지식을 얻는다. 글을 한번 쓸 때마다 새로운 아이템을 하나하나 내 것으로 만들자는 생각으로 시험공부 하듯 자료를 찾고 고민한다. 그것이 쌓여 지금의 내가 되었다. 그러다 보니 고민 끝에 건축의 최전선과 흐름을 대중이 이해하기 쉽게 소개하는 역할을 하자고 마음먹기에 이르렀다. 그래서 즐겁게 이 길을 걷고 있다.

전공이란 것은 우리를 가로막는 장벽과도 같다. 전공자만 두꺼운 벽을 넘을 수 있는 특수 분야로 보여도 모든 분야에는 비전공자가 할 역할이 있고, 비전공자의 눈으로 바라볼 필요성이 있는 부분이 존재한다. 문·이과의 고정관념만 버리면 얼마든지 자신의 전공을 새로 만들 수 있다고 생각한다.

건축을 공부할수록 강하게 드는 생각은 문과와 이과를 구분할 필요가 없다는 것이다. "예술적이지 않은 과학은 과학이 아니며, 과학적이지 않은 예술은 예술이 아니"라는 말은 실로 진리다. 마찬가지로 모든 전공에는 문과적 요소와 이과적 요소가 공존한다. 건축은 이과적 요소가 조금 더 필요한 전공일 뿐이다. 그보다 더 중요한 것은 모든 학문 분야는 인간에 대한 이야기를 한다는 점이다.

나는 모든 문과생은 이과적 마인드를 갖춰야 하고, 모든 이과생은 인문적 소양을 갖춰야 한다고 굳게 믿는다. 우리 시대가 원하는 인재는 '창의적인 사람'이다. 누가 창의적인 사람인가? 남들이 못하는 생각을 하는 사람이다. 그러려면 자기 전공 분야를 잘 아는 것으로는 부족하다. 그런 전공자는 수두룩하다. 수많은 전공자 중에서 세상이 필요로 하는 인재는 새로운 방법과 개념을 만드는 사람이다. 새로운 생각은 서로 다른 것을 연결할 때 나온다. 물건이든 개념이든 전혀 상관없어 보이는 것이 연결되면서 새로운 기능이 생겨나고, 새로운 가치가 탄생한다. 지식산업 시대의 전문가는 자신의 분야와 다른 분야를 연결할 줄 아는 사람이다. 이를 위해서는 학문의 영역을 가로지르는 것이 필수적이다.

마지막으로 한 가지 덧붙이자면, 우리는 늘 전공의 함정에 빠지기 쉽다는 사실을 기억하자. 전공은 결코 거대한 장벽이 아니다. 그리고 장벽은 뛰어넘으라고 있는 것이다. 진정한 전공은 스스로 재미를 느끼는 것이다. 이것을 믿기만 하면 된다. 내가 하고 싶은 것이 인문학인지 공학인지 과학인지 따질 필요가 없다. 내가 재밌는 것을 찾았다면 이미 가로지르기를 시작한 셈이니까. 그냥 해 보면 더 재미있다. 우리가 갈 길, 우리의 진짜 전공은 그 재미 속에서 저절로 나타날 것이다. 진짜 세상은 그 위에 존재한다.

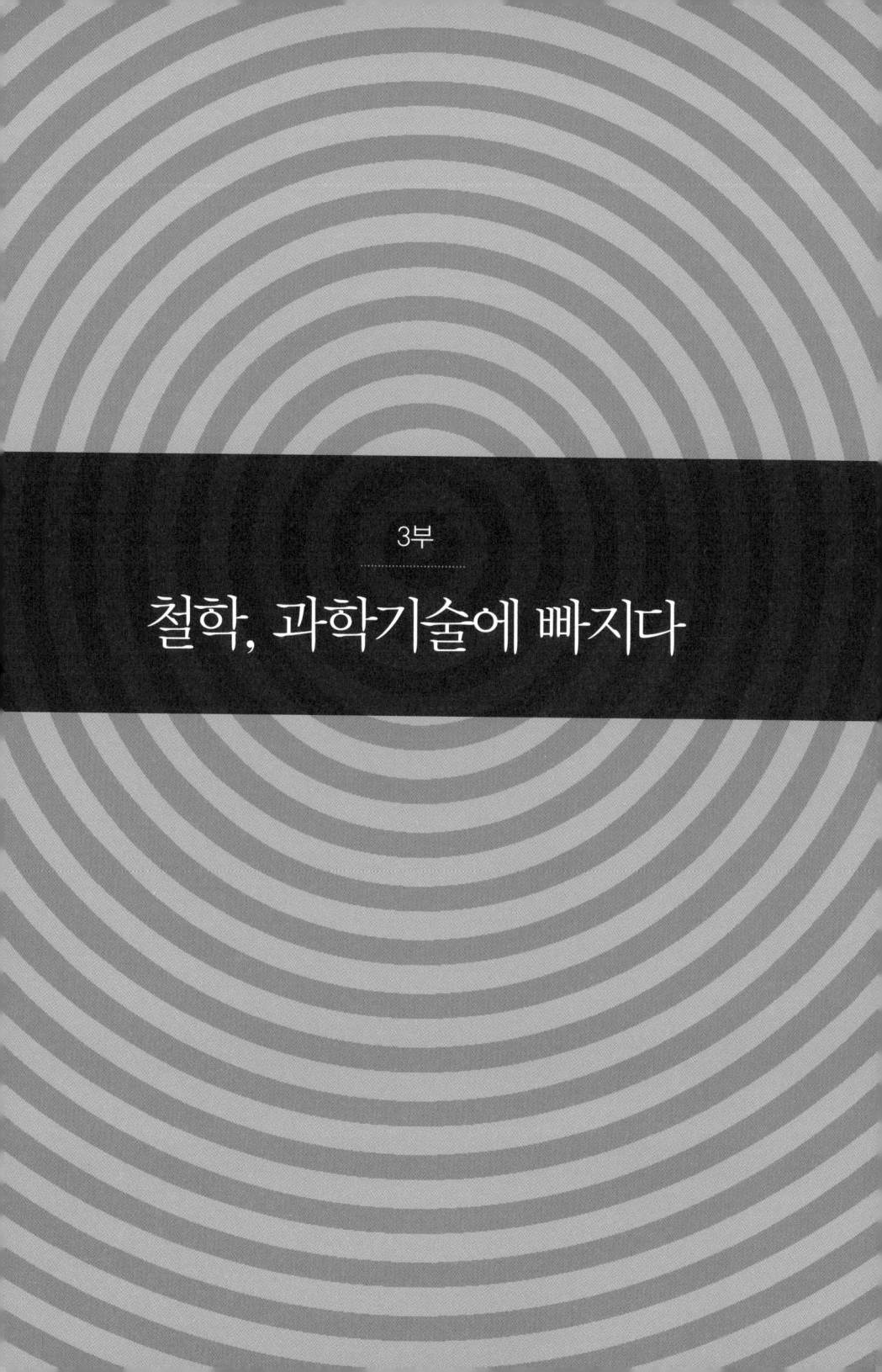

3부

철학, 과학기술에 빠지다

조광제(철학아카데미 교수)

총신대학교 신학과를 졸업하고 서울대학교 철학과 대학원에서 현상학 연구로 석·박사 학위를 취득했다. 2000년 3월에 시민 대안학교인 '철학아카데미'를 공동 설립해 대표, 공동대표 등을 거쳐 현재 운영위원으로 있다. '한국프랑스철학회' 설립에 참여하여, 회장을 맡기도 했다. 현상학적 사유를 바탕으로 예술, 매체, 고도 과학기술 등에 관한 철학적 탐구를 해 오고 있으며, 고려대학교 대학원에서 과학철학 특강을 했다. 단독 저서로 『존재 이야기』 『인간을 넘어선 영화예술』 『주름진 작은 몸들로 된 몸』 『몸의 세계, 세계의 몸』 『플라톤, 영화관에 가다』 『짧고 긴 서양 미술 탐사』 『미술 속, 발기하는 사물들』 『의식의 85가지 얼굴』 등이 있고, 그 밖에 『인문학의 창으로 본 과학』을 비롯한 공동 저서가 다수 있다.

1장 공간의 다차원성

두뇌와 존재

존재론적인 차원에서 보면, 철학과 물리학은 동일한 문제 영역을 선회한다. 둘 다 존재한다고 일컬을 수 있는 일체의 것들이 근본적으로 어떤 원리에 의해 성립하는가를 탐구하는 학문이기 때문이다. 가장 어려운 문제는 탐구하는 자인 인간 역시 존재한다고 일컬을 수 있는 것에 속한다는 것이다. 그저 속하는 정도에 불과한 것이 아니라, 복합적이고 다층적인 구조를 지닌 두뇌를 활용하여 두뇌 스스로가 생겨날 수 있는 존재론적인 기반을 밝히고자 하기 때문에, 그 과정에서 두뇌와 두뇌가 속한 존재 사이에 쉽사리 풀 수 없는 마치 무한 복합의 뫼비우스 띠와 같은 일이 발생한다. 이 문제를 근원적으로 풀 수 있는 길은 아직 발견되지 않았다. 아마도 앞으로 영원히 그 해법을 발견할 수 없을 것이다. 존재 자체가 섬뜩할 정도로 흡인력이 강한 미궁을 포함하고 있는 것이다.

그러나 그 한계 내에서 그동안 인간들이 발견 혹은 발명해 온 여러 이론들을 싸잡아서 최대한 원리적으로 접근하고자 할 때, 철학적인 상상력으로 떠오르는 장치가 바로 '공간의 다차원성'이다.

공간의 잘라 냄과 덧댐

물질에 힘이 전달되었을 때, 힘은 그 물질의 내부에서 어떻게 전달되는가? 바다에 거대한 산이 순식간에 무너져 내렸을 때 힘은 바다를 통해 파동으로 전달된다. 바다는 무한소의 미립자들로 되어 있다. 무한소의 미립자들이 일정한 방식으로 출렁인다. 파동은 무한소의 미립자들이 일제히 운동하는 형태에 불과한 것인가? 반대로 무한소의 미립자들이 파동의 형태로 일제히 운동하는 것은 그러한 방식으로 운동하지 않으면 안 되도록 하는 묘한 공간 속에 들어가 있기 때문은 아닌가? 공간 자체에 파동 방식으로 발휘되는 힘이 내재되어 있다고 할 수는 없는가?

사물이란 근본적으로 길이를 가진 것이기에 논리적으로 한없이 작아질 수 있다. 나노기술적인 상상력을 발휘해 사물의 크기를 한없이 작은 것으로 쪼개어 분할한다. 그래서 거대한 우주를 구성하는 것을 이러한 무한소 미립자들의 조합이라고 말하게 된다. '무한소 미립자'는 한계 개념이다. 이때 상상력을 발휘해서, 이 무한소 미립자는 자신 내부의 역량에 의해 움직일 수 있는 가능성이 전혀 없는 것으로 정의해 보자. 이를 테면, 무한소 미립자는 아리스토텔레스가 말하는 부동의 원동자가 아니라는 이야기다. 또한 라이프니츠가 말하는 모나드처럼 내부의 지각 능력과 욕구 능력을 지닌 것으로 보지 않는다는 이야기다. 이렇게 무한소 미립자를 설정하게 되면, 무한소 미립자들은 오로지 외부의 힘에 의해서만 움직이는 것이 된다.

무한소 미립자를 외부의 힘에 의해서만 움직이는 것으로 설정하게 되면, 힘의 출처는 오리무중에 빠지게 된다. 무한소 미립자에게서 그 원천을 찾을 수 없기 때문이다. 아리스토텔레스가 만물의 운동을 보고서 논리적으로 부동의 원동자를 설정할 수밖에 없었던 까닭이 여기에 있다. 무한히 많은 무한소 미립자를 운동하게 만드는 원천을 아리스토텔레스와 달리 생각할 수는 없을까? 근대 과학자들이 말한 관성은 이를 해결하기 위한 하나의 방책이다. 무한소 미립자는 처음부터 정지해 있는 것이 아니라 처음부터 움직이고 있었고, 외부의 힘이 주어지지 않는 한 계속 움직이던 방향으로 움직인다는 것이다.

그렇다면 관성은 어디에서부터 생겨난 것일까? 본래 그러한 것이라 하더라도 관성의 근원을 생각하지 않을 수 없다. 관성을 무한소 미립자의 타고난 본성으로 볼 수도 있지만, 그러한 본성의 근원을 무한소 미립자가 아닌 것에서 찾을 수도 있는 것 아닌가? 예컨대 무한소 미립자들이 운동하는 공간 자체가 무한소 미립자들이 관성을 갖도록 한 것으로 볼 수도 있지 않은가? 공간이 운동하는 것은 아니다. 공간은 무한소 미립자들이 운동하는 장소다. 그러나 공간의 성격이 어떠한가에 따라 무한소 미립자들의 운동 방식이 달라질 수 있다. 이는 공간을 힘의 원천으로 보는 입장이다.

무한소 미립자들은 결합된다. 하지만 무한소 미립자의 관점에서 결합이 어떤 의미를 갖는지 우리는 잘 모른다. 결국 무한소 미립자들이 결합되었다는 것은 특정한 힘에 의해 무한소 미립자들이 일제히 동일한 방식으로 운동하는 것이다. 종이를 끌어당기면 손으로 잡은 부분만 끌려오는 것이 아니라, 종이 전체가 끌려온다. 이럴 때 우리는 종이를 구성하는 무한소 미립자들이 결합되었다고 말한다. 그 실상을 보면 종이를 구성하는 무한 개에 가까운 무한소 미립자들이 일제히 동일한 방식으로 운동을 하는 것이다. 그 바탕에는 손으로 끈다는 사태에서 생겨나는 힘의 작용 방식이 깔려 있다.

힘을 발휘한다는 것은 힘의 원천인 공간을 특정한 방식으로 잘라 내는 것이다. 힘의 원천으로서의 공간은 무한소 미립자들과 다르다. 그것은 파동 자체의 공간이다. 파동의 근본적인 형태는 바로 전자의 파동이다. 힘의 원천으로서의 공간은 바로 전자 공간인 것이다. 그러고 보면 역학 방정식은 원초적인 전자 공간을 잘라 내는 하나의 특정한 규칙을 표현한 것에 다름 아닌 것이 된다.

원초적인 전자 공간을 어떻게 잘라 내는가에 따라 무한소 미립자들이 작동하는 방식이 달라진다. 무한소 미립자들이 어떻게 작동하는가에 따라 돌이 되고, 물이 되고, 달맞이꽃이 되고, 달팽이가 되고, 진돗개가 되고, 침팬지가 되고, 인간이 된다. 또 황제가 되고, 거지가 되고, 부자가 되고, 가난한 자가 되고, 예술가가 되고, 철학자가 된다. 공간을 잘라 낸다는 것에는 잘라 낸 공간을 덧댄다는 의미가 포함되어 있다. 잘라 내고 덧대고 하는 매우 복잡한 과정을 거쳐, 다시 말해 공간을 가장 복잡하게 잘라 내고 덧대어 생겨난 존재가 바로 인간이다. 그러고 보면 만물이 생겨나는 것은 전자 공간이 각기 어떻게 잘리고 덧대는가에 따라 무한소 미립자들이 특정하게 배열되는 과정이다.

논리적인 가능성으로 볼 때, 공간을 다르게 잘라 내는 방식은 존재하는 개성체(entity)의 수를 훨씬 넘어서 있다. 개성체란 무한소 미립자들이 결합함으로써 임시로 일정한 방식으로 통일되게 운동하는 것이고, 따라서 그 자체 공간을 특정하게 잘라 낸 현실적인 결과이기 때문이다.

원초적인 공간을 잘라 내고 덧대는 데서 공간의 힘이 분출되는 통로라 할 수 있는 회로, 달리 말하면 공간이 작동하는 회로들이 생겨난다. 자신 속에 포함한 회로의 종류가 많으면 많을수록 그리고 각 종류에 속한 회로의 수가 많으면 많을수록 복잡한 개성체가 된다. 공간을 잘라 내고 덧대어 복잡한 회로들을 갖게 되면 내부가 생겨난다. 무한소 미립자는 내부를 지니지 않지만, 무한소의 결합체인 개성체는 내부를 지닌다. 내부를 지닌다는 것은 자신의 운동이 그저 외부로부터 오는 힘에 의해서만 결정되지 않는다는 것이다. 무한소 미립자와 달리 개성체가 내부를 지닌다는 것은 달리 말하면 개성체가 일정하게 잘라 내고 덧대어 공간을 거머쥐고 있다는 이야기다. 거머쥐고 있다고는 하나 실상은 공간이 그렇게 자신이 잘라지고 덧대어지도록 허용하고 있다는 이야기다. 중요한 것은 내부는 외부에서 생겨난 것이지, 외부가 내부에서 생겨난 것은 아니라는 사실이다.

무언가가 어떻게 공간을 잘라 내고 덧대었는가에 따라 그것이 내부에서 발휘하는 힘은 달라진다. 내부에서 발휘한다고 해서 곧바로 의지에 의한 것이라고 말해서는 안 된다. 잘라 내고 덧댄 공간이 형성하는 주름의 층이 얼마나 복잡하게 형성되었는지에 따라 내부에서 발휘되는 힘의 강도와 방식이 달라진다고 말할 수 있을 뿐이다. 의지는 한참 더 나아간 상태에서 운위되어야 할 것이다.

개성체라고 해서 영구불변한 어떤 것은 결코 아니다. 임시로 그렇게 존재할 뿐이다. 각 개성체는 다른 여러 개성체와의 힘 관계에서 언제나 파괴되는 과정을 거친다. 새로운 개성체가 생겨나는 데 있어 앞선 개성체는 항상 파괴되는 과정을 거치기 때문이다. 파괴되는 과정을 거친다고 해서 매 순간 다른 개성체로 돌변하고 있다고 할 수는 없다. 개성체가 지닌 내부는 일정한 임계점을 넘어서기 전까지 제 스스로 힘의 벡터를 통일적으로 조절하고 유지해 나가기 때문이다. 힘의 벡터를 통일적으로 유지한다는 것은 새롭게 주어지는 외부의 힘들과 그에 따라 발휘되는 내부의 힘들을 수렴시킬 수 있는 기반을 계속 유지한다는 이야기다.

공간의 차원, 2차적인 이미지 공간과 3차적인 사유 공간

존재하는 만물을 무한소의 미립적 상태를 넘어서서 나름대로의 복합 개성체로 존립토록 하는 데 근본, 곧 힘의 원천이 되는 공간을 1차 공간이라 한다면, 복합 개성체가 지각적인 상태로 드러나도록 하는 공간은 2차 공간이다. 우리가 지각을 통해 넓디넓게 펼쳐져 있는 것으로 알고 있는 공간은 바로 이 2차 공간이다.

2차 공간은 이미지의 공간이다. 이미지 공간인 2차적 공간은 가장 복잡하게 공간을 잘라 내고 덧댐으로써 탄생한 인간을 중심으로 생겨난다. 아직은 이 2차 공간이 어떻게 해서 1차 공간과 무한소 미립자들의 운동을 통해 생겨나는가를 설명할 길을 찾지 못하고 있다. 이 2차 공간은 인식이 이루어지는 인식 바탕의 공간이고, 인식 바탕의 공간은 인식의 근본 조건이기 때문에 인식 바탕의 공간을 벗어나 인식을 한다는 것은 원리상 불가능하기 때문이다.

1차 공간을 가장 복잡하게 잘라 내고 덧댄 결과 태어난 인간에게서 가장 복잡하게 잘라 내고 덧댄 이미지 공간, 즉 2차 공간이 생겨난다는 것만큼은 분명하다. 여기에서 스펙트럼의 관계를 집어넣어 생각하면 1차 공간을 복잡하게 잘라 내고 덧댄 만큼, 그래서 1차 공간이 힘을 발휘하는 회로들의 종류가 많으면 많을수록 더욱 더 미세한 이미지 공간인 2차 공간이 생겨난다고 말할 수 있다. 예컨대 이런 생각을 더 밀고 나가면 돌에서도 이미지 2차 공간이 미세하나마 성립된다고 말할 수 있게 된다. 동물들에게서 더 강한 이미지 공간인 2차 공간이 성립되는 것은 물론이다.

개성체가 지닌 내부의 복잡성 정도는 이미지 2차 공간의 복잡성 정도와 일치한다. 이에 이미지 공간인 2차 공간이 없이는 개성체의 통일성과 그에 따른 경계가 성립할 수 없다는 말을 하게 된다. 물론 이미지 공간인 2차 공간에 힘의 공간인 1차 공간의 모든 잘라 냄과 덧댐이 표출되는 것은 아니다. 말하자면 2차 공간은 1차 공간과 정확하게 1대 1로 대응되지 않는다. 그래서 사유가 나온다. 사유는 1차 공간과 2차 공간의 간극에서 생겨난 것이다. 이 간극은 1차 공간에 속한 것도 아니고 2차 공간에 속한 것도 아니다. 1차 공간의 주름과 2차 공간의 주름이 다시 겹쳐서 생겨난 제3의 주름이기 때문이다. 그러니까 사유가 작동하는 공간은 제3의 공간 즉 3차 공간이라 할 수 있다. 하지만 이 간극은 1차 공간을 주된 계기로 해서 생겨났다기보다는 2차 공간을 주된 계기로 해서 생겨난 것이다.

2차 공간의 이미지의 세계에서 생겨나는 모순된 혼란을 헤집고 들어가 일관된 통일성을 확보하려는 지점에서 사유가 생겨난다. 말하자면 2차 공간인 이미지 공간만으로는 몸을 구성하고 있는 무한소 미립자들의 운동 방식을 결정하는 1차 공간에 제대로 적응할 수 없기 때문에 사유가 생겨난다. 그러고 보면 사유의 공간인 3차 공간이 이미지 공간인 2차 공간을 주된 계기로 탄생된다고는 하나, 기실 그 목적은 힘의 공간인 1차 공간을 향해 있는 것이다.

종합해서 말하면, 개성체가 굳이 이미지로 바꾸어 대응하지 않고서도 자신의 통일된 벡터를 유지할 수 있는 상황에서는 힘의 공간인 1차 공간의 질서에 따라 대응하고, 이미지로 바꾸어 대응하지 않으면 자신의 통일된 벡터를 유지할 없는 상황에서는 이미지 공간인 2차 공간의 질서에 따라 대응하고, 그렇게 했는데도 자신의 통일된 벡터를 유지할 수 없는 상황에서는 사유의 공간인 3차 공간의 질서에 따라 대응하는 것이다. 다만, 2차 공간의 잘라 냄과 덧댐이 1차 공간의 잘라 냄과 덧댐에 잘 일치하면 당연히 3차 공간은 사라진다. 3차 공간은 개성체의 유지에 있어서 가장 임시적인 것이다.

대략 도망가기

고도의 과학기술은 전자의 힘 자체를 조절하는 능력을 통해 이미지 자체를 만들어 낸다. 그렇게 해서 무한소 미립자들의 결합인 배열과 운동을 가상적으로 만들어 낸다. 인위적으로 이미지 공간인 2차 공간을 복잡하게 잘라 내고 덧댄 절정의 기술적인 결과물이 바로 가상현실이다. 그리고 힘의 공간인 1차 공간을 복잡하게 잘라 내고 덧대어 사유의 공간인 3차 공간을 만들어 내고자 한 기술적인 결과물이 바로 휴머노이드 로봇이다. 그런가 하면, 유비쿼터스 기술은 아예 힘의 공간인 1차 공간이 제 스스로 가장 복합적인 개성체인 인간으로 하여금 굳이 이미지 공간인 2차 공간이나 사유의 공간인 3차 공간의 힘을 빌리지 않고서도 쉽게 힘의 공간인 1차 공간에 적응할 수 있도록 하는 장치이다. 또한 사이보그 기술은 세 차원의 공간이 순식간에 호환되면서 하나로 통일되도록 하는 장치이다.

결국 앞서 말한 가상현실 기술, 휴머노이드 로봇 기술, 유비쿼터스 기술은 사이보그 기술로 통합되고 결합될 가능성이 높다. 가장 근본적인 문제는 힘의 공간인 1차 공간에 인간이 어떻게 가장 효율적이면서도 가장 복잡 미묘하게 접근하여 최대한 삶의 희열을 느낄 수 있는가 하는 것이다. 그 와중에 여러 예기치 않은 부작용이 생겨날 것이다. 그 결과 인간은 고뇌하지 않을 수 없을 것이다. 전혀 새로운 종으로 변신해서 완전히 새로운 초월적 희열의 삶의 방식을 영위하고자 할 것인가, 아니면 과학기술을 저주하며 기왕의 인간 종으로 머물면서 전승되어 내려오는 초월적 희열의 삶의 방식을 영위하고자 할 것인가를 결단해야 할 것이다.

신상규(이화여대 인문과학원 교수)

서강대학교에서 경영학과 철학을 전공하고 동 대학원에서 철학 전공으로 석사과정을 마쳤다. 그 후 미국 오스틴의 텍사스 대학교에서 심리철학 전공으로 박사 학위를 받았으며, 숙명여자대학교 의사소통센터 교수를 거쳐 현재 이화여자대학교 인문과학원 교수로 있다. 저서로 『푸른 요정을 찾아서』, 『비트겐슈타인 : 철학적 탐구』, 『김재권의 물리주의』(공저), 『토론과 논증』(공저), 『인간 본성에 관한 철학 이야기』(공저)가 있다. 『새로운 종의 진화 로보 사피엔스』, 『라마찬드란 박사의 두뇌 실험실』, 『의식』(하룻밤의 지식여행 시리즈 제37권)을 우리말로 옮겼다. 「표시와 기능」, 「우리가 매트릭스에 살고 있다면」, 「상상가능성, 우연성, 그리고 동일성」, 「확장된 마음과 동등성 원리」, 「SNS시대의 자아 개념」 등의 논문이 있다.

2장 사이보그와 매트릭스

　사이보그란 '사이버네틱(cybernetic)'과 유기체를 뜻하는 '오가니즘(organism)'의 합성어로, 생물학적 신체와 기계적 장치가 결합된 존재를 뜻한다. 흔히 사이버네틱스는 인공두뇌학이라 번역되지만, 동물이나 기계와 같은 시스템에서 제어와 통신을 연구하는 학문이다. 1960년 맨프레드 클라인즈(Manfred Clynes)는 네이선 클라인(Nathan Kline)과 함께 쓴 「사이보그와 우주」라는 논문에서, 인간이 생존하기에 적합하지 않은 환경에서 이루어지는 우주 탐사를 위하여 인간을 외계 환경에 적합하도록 개량할 것을 제안하면서 '사이보그'라는 표현을 처음으로 사용하였다. 사이보그는 생물체의 자기 조절이나 통제 기능에 기계적 요소가 결합되어 전체적으로 통합적인 시스템을 이루면서 육체적 혹은 정신적 능력이 강화된 존재를 일컫는 말이다. 어린 시절 텔레비전이나 영화를 통해 만날 수 있었던 육백만

불의 사나이나 로보캅이 바로 사이보그다.

사이보그는 요즘 내가 관심을 가지고 연구하는 주제 중 하나다. 사이보그에 관한 연구라고 해서, 사이보그를 직접 설계를 하거나 만드는 것은 아니다. 기술적, 공학적 연구를 할 수 없는 철학자가 사이보그와 관련된 문제를 살피는 모습이 사람들 눈에 생소하게 비치는 모양이다. 때로 사이보그가 과연 인문학자의 적절한 연구 주제인가에 대하여 의심의 눈길을 보내는 이도 있다. 아마도 사이보그라는 용어가 가지고 있는 SF적 분위기 때문에 그런 것이 아닐까 짐작한다. 인공지능의 본성이나 가능성과 관련해 사이보그의 이론적 기초에 관심이 없었던 바는 아니지만, 내가 사이보그라는 개념을 중요한 철학적 연구 주제로 진지하게 고려하게 된 것은 '확장된 마음(extended mind)'이라는 인간 정신의 본성에 대한 철학적 입장 때문이다.

우리는 흔히 인간의 정신 작용은 모두 머리(두뇌나 중추신경계) 안에서 일어나는 과정이라고 생각한다. 그런데 '확장된 마음' 논제에 따르면, 그 과정은 머리 내에서만 일어나지 않으며 다양한 방식으로 환경에 확장되어 있다. 즉 우리의 정신은 부분적으로 두뇌 바깥의 신체나 신체의 활동, 더 나아가 신체 바깥의 도구에 의해서도 구성된다는 것이다. 호주 출신의 철학자 데이비드 찰머스(David Charlmers)는 "아이폰은 이미 나의 마음의 일부"라고 선언했다. 스마트폰은 우리가 한때 머리로 기억하던 전화번호나 주소 등의 정보를 저장하고 있다. 우리의 생물학적 두뇌의 몫이었던 기억 기능을 스마트폰이 일부 대체하게 된 것이다. 정보만이 아니다. 우리는 가보고 싶은 식당 목록이나 그곳의 메뉴도 스마트폰에 기록한다. 스마트폰이 우리 욕구도 일부 품고 있는 것이다. 음악을 듣거나 계산을 해야 할 때 외에도 우리는 스마트폰을 이용한다. 일정을 정하고 계획을 세울 때, 심지어 약속 장소에 가기 위해 길을 찾으면서도 스마트폰에 의지한다. 이는 다른 사람들과 관계를 맺거나 그들과 어울리거나 일하는 과정에서도 마찬가지다.

확장된 마음의 입장에 따르면, 정신의 경계는 생물학적인 두뇌나 피부 내부가 아니다. 스마트폰이나 컴퓨터와 같은 외적 도구도 우리 두뇌와 올바른 방식으로 결합할 경우 그들 자체가 정신을 구성하는 일부분으로 간주될 수 있다. 그런데 확장된 마음의 또 다른 주창자인 앤디 클라크(Andy Clark)는 기술은 단순히 도구가 아니라 인간의 정신 및 신체의 확장이며, 이러한 생명-기술의 병합은 근본적으로 인간을 인간답게 만들어 주는 인간적 본성을 반영하는 것이라 주장한다. 즉 생존과 재생산 문제의 보다 나은 해결을 위해서 신체 외부 혹은 비생물학적 도구나 자원과 협력하고 그에 맞추어 자신의 활동을 조정하는 것 자체가 인간 정신을 인간 정신으로 만드는 본질적인 특성이라는 것이다. 그렇다면 인간 정신이라는 개념 자체는 그 심층에서부터 비생물학적인 외적 도구를 그 일부로 포함하는 탄력적이며 개방적인 시스템을 의미하게 된다.

이런 입장에 따르면, 우리가 연필과 종이를 이용하여 계산을 하고 스케치북을 이용하여 디자인을 하는 것은 단순히 외부의 도구를 활용하는 일에 그치는 것이 아니라, 도구 자체를 우리의 마음을 확장하는 기술로 간주해야 한다. 두뇌에서 이루어지는 정신적 활동과 연필이나 종이의 사용, 전자 기기의 조작을 통합하는 생명-기술적 병합은 철저하게 인간을 인간답게 만들어 주는 인간적 본성을 반영하는 일이라는 것이다. 다만 PC, 인터넷, 스마트폰 같이 이전 도구들보다 훨씬 더 지능화되고 능동적인 디지털 장치들이 속속 등장함에 따라, 인간 정신이 갖는 혼종체(hybrid-entity)적 성격—생물학적 두뇌와 기술(지능적 환경)의 결합—이 더욱 분명하게 드러났을 뿐이라는 것이다. 그런 점에서 인간 혹은 인간의 정신은 이미 사이보그적 특성을 타고난 셈이다.

그런데 인간 본성이 갖는 사이보그적 특성에 관한 논의는 첨단 기술의 발전에 따라 인간을 변형하고 '향상(enhance)'시키는 기술이 등장함으로써 새로운 전기를 맞고 있다. 일부 미래학자들은 인류가 기계적 장치와 더욱 직접적으로 결합함으로써 점점 더 사이보그화 될 것이며, 결국에는 생물종으로서의 호모 사피엔스와는 전혀 다른 포스트 휴먼으로 진화해 갈 것이라고 예측한다. 2005년 출간된 레이 커즈와일(Ray Kurzweil)의 책『특이점이 온다(The Singularity is Near)』가 바로 그런 미래를 전망하고 있다. 앞으로 기술 변화의 속도가 점점 빨라져서 그 변화 곡선이 수직에 근접하는 시점이 오면 짧은 시간에 삶의 모습이 근본적인 변화를 겪게 되는 시기가 올 것인데, 그것이 바로 특이점의 시기라는 것이다. 그 시기는 마치 하등 동물에서 인간이 출현한 것에 비교될 만한 역사의 변곡점으로, 인간은 지금과는 완전히 다른 형태의 삶을 살게 될 것이므로 지금 우리가 세상을 이해하는 여러 개념적 범주나 가치의 기준이 무의미하게 되는 지점이다.

여기서 이해의 열쇠는 변화의 기하급수성에 있다. 인텔의 공동 창업자 중 하나인 고든 무어는 1965년 집적회로에 넣을 수 있는 트랜지스터의 개수가 매년 두 배(이후 18개월에 두 배로 수정)로 증가할 것이라 예측한 바 있다. 그 결과 회로의 동작 속도가 빨라지면서 전체 계산력도 비례하여 증가한다. 커즈와일이나『급진적 진화』의 저자 조엘 가로(Joel Garreau)는 기술의 기하급수적 발전이 비단 반도체 칩 집적에 국한된 이야기가 아님에 주목한다. 이는 유전자 조작(선택)이나 생명 연장 기술, 원자 수준에서 물질의 구조를 통제하는 분자 나노기술, 인간의 지능을 훨씬 능가하는 슈퍼지능이나 로봇 제작 기술, 그리고 인간 정신을 디지털화하는 업로딩 기술 등 미래 시대를 이끌어 갈 것으로 예상되는 과학기술에 정도의 차이는 있을지언정 모두 적용될 것이라 예상한다.

정보기술을 필두로 이들 과학기술이 곡선을 그리며 기하급수적으로 발전할 때, 바야흐로 인류 스스로 자신의 진화 방향을 선택할 수 있는 지점에 도달할 것이다. 무엇보다 현재 연구 개발되고 있는 여러 기술이 그 선택을 가능하게 할 것이기 때문이다. 토목이나 건축, 기계와 같은 과거의 기술은 일차적으로 인간을 둘러싼 외부 환경을 바꾸고 개선하는 기술이며, 그런 면에서 바깥 세계를 향하고 있다. 하지만 오늘날의 기술은 인간의 마음, 신체, 본성을 바꾸고 향상시킬 수 있는 잠재력을 지닌, 우리 '내부'를 향한 기술이다. 과거의 기술이 인간의 지성적, 육체적 능력을 도구적으로 보완해 주는 단계에 머물러 있었다면, 미래의 기술은 인간의 외형을 포함해 인간의 인지적, 신체적 능력 곧 기본 능력 자체를 근본적으로 변형시키는 기술이다.

이는 인류의 역사에서 전례를 찾기 힘든 미증유의 일이다. 문제는 인간 본성을 불가역적으로 변화시킬 엄청난 변화가 사실상 이미 시작되었지만, 우리들 대부분은 그러한 변화가 일어나고 있음을 직접 체험하기 어려우며, 그 결과 기술의 급격한 변화가 의미하는 바나 그 잠재력에 대해서 충분한 주의나 반성을 기울이지 않고 있다는 것이다. 이는 우리가 대체로 변화를 완만한 직선의 선형적 방식으로 생각하기 때문이다. 사실 인류 역사 대부분의 기간 동안 사람들은 자신의 일생 동안 세계에 급진적 변화가 일어나고 있음을 느낄 수 없었다. 최근 몇십 년 동안 일어난 변화는 사실상 인류의 출현 이래 수만 년 동안 일어났던 변화보다 훨씬 더 큰 규모의 변화다. 다시 말해 급변하는 시대를 살아가는 최근의 우리를 제외한 이전 시대의 인류는 일생 동안 세상의 변화를 거의 느끼지 못했다고 해도 과언이 아니다.

동시에 인류 역사를 반성적으로 되돌아보면, 기술의 변화나 혁신은 문화나 가치의 변화보다 훨씬 빠른 속도로 진행된다. 농경이나 문자의 출현은 물론이거니와 17세기 과학혁명이나 18세기 산업혁명이 의미하는 바가 무엇인지 정확하게 이해하고, 그에 따른 삶의 형태나 가치 규범이 자리 잡기까지는 짧게는 수십 년, 길게는 수 세기 이상의 시간이 소요되었다. 오늘날 우리가 사용하는 인터넷의 원조라 할 수 있는 아르파넷(ARPAnet)이 미 국방부 산하의 고등연구계획국(ARPA, Advanced Research Projects Agency)의 지원으로 처음 탄생한 것이 1969년의 일이다. 그로부터 불과 40여 년이 지난 지금, 인터넷이 야기한 생활상의 변화를 생각해 보라. 아르파넷이 처음 만들어졌을 때 인간의 삶이 이토록 급격하게 변화될 것이라 예측한 사람은 그리 많지 않았다.

문제는 향후 전개될 과학기술의 발전 양상이 지금까지의 변화보다 훨씬 더 빠른 속도로 진행될 것이며, 그 영향력도 이전과의 비교가 거의 불가능한 수준이라는 것이다. 그런데 인간 향상 기술은 단순히 공상과학소설 속 이야기가 아니라, 상당수가 현재 개발 중이거나 이미 실제로 적용되고 있다. 특히 고등연구계획국의 후신인 미국방위고등연구계획국(DARPA)의 지원이나 연계하에서 인간 향상 기술에 대한 연구 중 상당수가 진행되고 있다. 인공와우나 인공심장 같은 인공장기, 사지 절단 환자를 위한 프로스테시스 장비 외에도 알츠하이머나 기면증, 주의력결핍장애를 치료하기 위해 개발된 집중력 향상 약물, 단시간에 근육 양을 늘리기 위하여 운동선수들이 사용하는 스테로이드 약물 등이 대표적인 인간 향상 기술이라 할 수 있다.

특히 신체적 장애인을 돕기 위한 다양한 두뇌-컴퓨터 인터페이스 기술이 주목을 끈다. 현재 인공와우나 전자눈을 두뇌의 청각이나 시각 중추에 직접 연결함으로써 청각이나 시각 상실 환자들이 다시 보고 들을 수 있도록 하거나, 뇌파 신호를 읽어 내 외골격 특수 의복에 전송함으로써 사지 마비 환자가 정상적인 신체 활동을 할 수 있도록 하는 연구가 활발히 진행되고 있다. 많은 이들이 이러한 기술이 실용화되면 '장애인'이라는 범주 자체가 무의미해질 것이라 전망한다. 한편 다양한 동물실험에서 성공을 거둔 유전자 조작 배아를 인간에게 적용할 경우, 인지·신체적 능력이나 도덕성, 정서, 성격 등의 측면에서 일반적인 수준을 훨씬 능가하는 강화인간이 등장할 날도 얼마 남지 않았을지 모른다. 물론 이런 기술은 본래 신체적으로 질병이나 장애를 겪고 있는 사람들을 돕기 위해서나 군사적 목적으로 개발되기 시작했다. 하지만 일반 사람들이 자신의 정신적, 신체적 능력의 향상을 위해 이런 기술을 채택하기까지는 시간문제인 듯하다.

가장 충격적인 시나리오는 두뇌의 시냅스 구조를 스캔하여 그와 동일한 계산 구조(과정)를 전자장치에 구현함으로써 생물학적 두뇌의 작용을 컴퓨터로 전하는 업로딩 기술이 실현되는 것이다. 이런 기술을 옹호하는 학자들은 우리의 기억이나 가치, 태도, 감정적 성향이 정보적 패턴으로 보전되고, 업로딩 이전 단계와 이후 단계 사이에 인과적인 연속성이 있는 한 우리가 생존하는 것이라 생각한다. 동시에 이들은 업로드가 탈신체화나 경험의 빈곤화를 의미하지는 않는다고 주장한다. 영화 〈매트릭스〉가 보여주듯이 가상실재 기술이 발전하면 업로드 된 경험은 원리상 생물학적 인간의 그것과 거의 동일하며, 아바타나 서로게이트(Surrogate) 같은 로봇의 신체를 통하여 외부 세계와의 상호작용도 가능하다는 것이다. 만일 이것이 실현 가능하다면, 우리는 생물학적 노화를 겪을 필요가 없다. 또한 백업 복사본을 만들어 두고 만일의 경우에 리부팅할 수 있으므로 거의 영원히 살 수 있는 가능성이 열리게 된다. 매트릭스 안의 생활에서는 물리적인 음식이나 집, 교통수단 등을 필요로 하지 않으므로 보다 경제적인 삶을 영위할 수 있으며, 그것을 구현하는 컴퓨터의 속도에 따라 지금보다 훨씬 빠르게 생각할 것이고 하루의 경험도 훨씬 많아질 것이라 전망한다. 이때 우리는 정보의 패턴으로 존재하므로 빛의 속도로 이동할 수 있을지도 모른다.

이러한 인간 변형 기술이 현실화될 경우 야기될 정치, 사회, 문화적 변화와 그에 따라 우리의 가치관과 행동에 끼칠 영향은 과거 그 어떤 기술로 인한 것보다 훨씬 급진적일 것이다. 인간을 이해하는 개념적 범주를 포함하여 '인간됨'의 의미와 그에 근거한 도덕규범, 가치 등이 근본적인 변화를 겪게 될 것임은 자명하다. 서구에서는 전통적으로 타 생물에 대한 인간의 우월적 지위나 존엄성은 정신적 특성(이성)과 그에 따른 도덕성을 근거로 하였다. 그런데 첨단 기술로 인한 인간의 변형이나 향상 이후에도 이같은 이해는 여전히 타당하다고 여겨질까? 동양에는 자연이나 자연적 상태를 존중하려는 오랜 전통이 있다. 이 글을 읽는 독자 중에서도 인간 향상 기술을 이용하여 인간의 자연적 본성을 인위적으로 조작하는 데 어떤 도덕적 부당함이 있다고 생각하는 사람이 있을 것이다. 과연 그런 생각은 정당화될 수 있을까?

지금까지 인간 향상 기술에 대한 논의는 주로 과학자나 미래학자의 몫이었으며 철학적 반성의 대상은 아니었다. 그러나 최근 들어 포스트 휴먼 혹은 포스트휴머니즘 연구라는 이름하에 점점 더 많은 철학자가 이와 관련된 논의에 관심을 보이고 있으며, 이러한 기술이 현실화될 실질적 가능성(특히 특이점의 도래와 슈퍼 지능의 출현 가능성)을 이론적으로 검토하고 있다. 그러나 가장 중심적인 논의는 역시 윤리적, 도덕적 쟁점인 듯하다.

그런데 '확장된 마음' 논제는 이 문제에 대해 어떤 함축을 가지고 있을까? 인간 정신을 생명과 기술이 통합된 혼종적인 그 무엇으로 파악하려는 확장된 마음의 주장이 정당한 것이라면 자연에 의해 규정되는, 불변하는 인간의 보편적 본성 같은 것은 존재하지 않는다고 말할 수 있다. 그렇다면 이들이 주장하는 것처럼 인간의 본성 자체가 비생물학적 도구나 기술을 활용하는 확장성과 탄력성에 있다면, 원칙적으로 인간의 변형이나 향상에 반대할 이유는 없는 것 아닐까?

트랜스휴머니스트(Transhumanist)라 불리는 일군의 학자들이 기술을 통한 인간 향상의 가능성을 긍정하면서 그러한 입장을 대변하고 있다. 케빈 워릭(Kevin Warwick)은 『나는 왜 사이보그가 되었는가?』라는 책에서, "나는 인간으로 태어났다. 그러나 이는 단지 시간과 장소의 조건에 따르는 우연적 운명일 뿐이다. 나는 우리가 그것을 바꿀 힘이 있다고 믿는다."라고 선언했다. 옥스퍼드 대학의 인류미래연구소 소장인 닉 보스트롬(Nick Bostrom)도 현재의 인간 종은 궁극적으로 발전된 형태가 아니라 상대적으로 초기 단계에 있을 뿐이며, 인간 변형에 대한 선택은 도덕과는 무관한 자율적인 개인의 선택 문제일 뿐이라고 주장한다. 또 보스트롬은 트랜스휴머니즘은 전통적인 의미의 휴머니즘과 동일 선상에 위치하며, 인간과 개인의 가치나 선택을 존중하고 합리적 사고, 자유, 관용, 민주주의와 같은 전통적인 가치를 장려한다고 역설한다. 차이가 있다면, 트랜스휴머니즘은 어떤 존재가 될 수 있는지, 곧 잠재성에 초점을 맞추고 있을 뿐이라는 것이다. 그에 따르면, 인간을 가치 있게 만드는 것은 지금 우리의 표면적 모습이나 생물학적 상태가 아니라, 우리의 열망이나 이상, 경험, 삶의 지향 등이다. 따라서 과거 인류가 주어진 조건이나 외부 세계의 변화를 위해 합리적 기술을 이용했듯이, 이제 우리도 스스로의 향상과 더불어 지금의 '인간'을 넘어서기 위해 얼마든지 다양한 기술적 수단을 이용할 수 있다. 한 걸음 더 나아가 줄리앙 사부레스쿠(Jullian Savulescu)는 진화심리학 등의 경험적 연구를 통해 밝혀진 인간의 도덕적 능력의 한계를 감안한다면, 지구온난화나 테러, 빈곤과 같은 전 지구적 문제를 해결하고 인류의 절멸을 피하기 위해서 약물이나 유전공학을 이용한 인위적인 도덕적 능력 향상이 필요하다고 주장한다.

한편 인간생물학 등 근본적인 변형은 안 된다고 주장하는 반대 입장도 만만치 않다. 독일의 비판철학자 위르겐 하버마스(Jürgen Habermas), 『정의란 무엇인가?』로 친숙한 마이클 샌델(Michael Sandel), 『역사의 종말』로 유명한 프랜시스 후쿠야마(Francis Fukuyama) 등은 인간 본성의 변형을 야기하는 생의학적 개입의 금지를 주장한다. 하버마스는 아이를 선별해서 자질을 개선하는 유전학적 개입은 자율과 평등의 자유주의 원칙을 위반하며, 세대에 걸친 '자유롭고 평등한 개인 간 본연의 대칭적 관계'를 파괴시킴으로써 인간의 윤리적 자기 이해의 전제 조건을 변경시키는 결과를 낳을 것이라 경고한다. 샌델은 『인간의 조건』에 나타난 한나 아렌트(Hannah Arendt)의 생각을 받아들여서, 만들어지지 않고 태어난다는 사실로부터 주어지는 탄생의 우연성이 인간이 자유로운 행위를 할 수 있는 전제 조건이라 주장한다. 동등한 도덕적 존재로서의 자유는 우리 생명의 시작을 우리 스스로 통제할 수 없다는 시작의 우연성에 달려 있다는 것이다. 이는 선물로서 주어진 삶이라는 생각과 연결되는데, 인간의 능력과 성취가 주어진 선물이 아니라 유전자 선택 등을 통해 만든 것이라는 인식이 확산될 경우, 이는 우리가 딛고 서 있는 겸손과 책임 그리고 연대라는 도덕적 지평의 세 가지 개념을 훼손시키고 말 것이라 우려한다.

인간 향상의 윤리적 문제에 대한 철학적 논쟁은 이제 막 시작된 듯하

자신의 팔 신경과 연결된 사이보그 팔을 제어하는 케빈 워릭

다. 확장된 마음의 논제에서 보았듯이, 모든 기술은 어떤 의미에서 자연적인 인간 본성에 대한 향상으로 간주될 수 있다. 인간 향상을 찬성하는 입장에서는 인간 능력을 향상시키는 전통적인 방식과 새로운 기술 사이의 연속성을 강조한다. 심지어 이들은 우리가 삶의 일부로 당연하게 받아들이는 교육이나 훈련, 의복이나 신발, 심지어 커피가 주는 각성 효과까지도 인간 능력 향상의 범주에 포함될 수 있다고 주장한다. 인간 향상의 개념을 이렇게 확장하고 나면, 거기에서 도덕적이고 윤리적인 판단을 직접

적으로 이끌어 내기는 힘들어 보인다. 그러므로 인간 향상에 반대하는 입장을 원칙적으로 정당화하기 위해서는, 인간 능력을 향상시키는 전통적인 방식과 새로운 향상 기술 사이에 성립하는 근본적인 차이가 어떤 식으로든 입증될 필요가 있다.

특히 현재 시점에서 현실적으로 가장 문제가 되는 것은, 치료 목적으로 행하는 장기이식과 같은 의료적 개입과 새롭게 도래할 인간 향상 기술 사이에 근본적으로 어떤 차이가 있는가 하는 점이다. 현재 수준의 의료적 개입은 승인하면서도 원론적인 차원에서 인간 향상에 대해 포괄적으로 반대하기 위해서는, 모종의 차이에 대하여 임의적이지 않은 합리적 설명을 할 수 있어야 하며 아울러 그 차이의 도덕적 관련성이 입증되어야만 한다. 만약 그런 원칙적 구분이 가능하지 않다면, 인간 향상을 둘러싼 윤리적 판단은 개개의 사례별 수준에서 "어떤 능력이 어떤 방식으로 향상되는가?" "누가 거기에 접근 가능한가?" "누가 결정을 하는가?" 등의 질문과 함께 문화·사회·정치적 맥락의 다양한 변수를 함께 고려하면서 이루어질 수밖에 없다. 그러나 이는 다른 한편으로 근본적인 규범 수준에서 인간 향상을 위한 개입 그 자체가 특별히 문제 될 것은 없다는 일종의 '향상의 정상화(normalization of enhancement)'를 수용하는 것이 된다. 이 경우 개별 사례에 대한 도덕적 판단의 정당화에 대한 입증 책임은 언제나 향상에 반대하는 입장이 져야 한다.

참고문헌
- 『부자의 유전자 가난한 자의 유전자』, 프랜시스 후쿠야마, 송정화 역, 한국경제신문사, 2003
- 『인간이라는 자연의 미래』, 위르겐 하버마스, 장은주 역, 나남, 2003

- Natural-Born Cyborgs, Andy Clark, Oxford University Press, 2003(번역본 출간 예정)
- 『급진적 진화』, 조엘 가로, 임지원 역, 지식의숲, 2007
- 『특이점이 온다』, 레이 커즈와일, 김명남·장시형 역, 김영사, 2007
- 『푸른 요정을 찾아서』, 신상규, 프로네시스, 2008
- 『생명의 윤리를 말하다』, 마이클 샌델, 강명신 역, 동녘, 2010

이상헌(동국대학교 교양교육원 교수)

동국대학교 교양교육원 강의 전담 교수로 재직하고 있으며, 지식융합연구소 수석연구원으로 활동하고 있다. 가톨릭대학교 교양교육원 강의 전담 교수를 역임하였으며, 서강대학교 인문과학연구원과 철학연구소, 생명문화연구소 등에서 상임연구원을 지냈다. 서강대학교 대학원에서 칸트 철학에 대한 연구로 박사 학위를 받았다. 주요 논문으로 「인간 뇌의 신경과학적 향상은 윤리적으로 잘못인가?」「합성생물학의 윤리적 쟁점들」「프랜시스 베이컨의 자연의 수사학」「칸트 도덕철학의 관점에서 바라본 포스트 휴먼」 등이 있으며, 『과학이 세계관을 바꾼다』『현대 과학의 쟁점』『생명의 위기』『대학생을 위한 과학 글쓰기』『기술의 대융합』 등의 공저에 참여하였다. 또한 『임마누엘 칸트』『우리는 20세기에서 무엇을 배울 수 있는가』『악령이 출몰하는 세상』『생명이란 무엇인가 그 후 50년』(공역) 『서양철학사』(공역) 『탄생에서 죽음까지』(공역) 등을 번역하였다.

3장 로봇 윤리

왜 로봇 윤리에 관심을 갖는가?

〈마징가 Z〉〈짱가〉〈정의의 캐산〉〈아톰〉……. 내가 어렸을 때 즐겨 보았던 텔레비전 만화영화들이다. 특히 〈로보트 태권V〉는 극장판 만화영화지만 텔레비전으로 보았던 기억이 난다. 모두 로봇의 활약상을 담은 만화영화다. 그러고 보면 나의 어린 시절은 로봇 만화의 전성시대였던 듯하다. 그래서일까? 로봇 장난감 하나 가져 본 적이 없는데도 내게 로봇은 낯선 존재가 아니었다. 오히려 동경의 대상이었다. 기계 몸을 얻기 위해 우주를 여행하는 철이에게 감정이 이입되었던 것일까?

철학을 전공하던 대학 시절 나의 관심은 온통 형이상학적인 문제들에 집중되어 있었다. 존재와 존재자, 세계의 시초, 신의 존재, 제논의 역설, 물

자체 등이 나의 지적 호기심을 자극했으며, 플라톤, 아리스토텔레스, 아퀴나스, 데카르트, 칸트, 헤겔 등이 나를 유혹하는 철학자들이었다. 철학, 특히 형이상학은 내게 학문 중의 학문이었으며, 과학은 자연학 내지는 자연철학에 불과하였다.

석사 학위 과정을 마치고 군대를 다녀와서 다시 공부를 시작해야 했지만, 불가피한 사정으로 학업을 계속할 수 없었다. 나는 호기심 반, 도피하는 마음 반으로 잡지사에 취직을 했다. 바로 월간 〈정보기술〉이었다. 그때가 1994년 봄이었다. 정보기술이라는 말이 지금처럼 익숙하지 않던 시절이었다. 서점에서 처음 그 잡지를 접했을 때 학술지 못지않은 무게감을 느꼈고, 선뜻 면접을 보러 갔었다. 그곳에서 나는 최첨단의 과학기술을 접할 수 있었고, 운 좋게도 훌륭한 스승을 만났다. 그분과의 지속된 인연 속에서 나는 정보기술은 물론이고 인지과학, 생명공학, 로봇공학, 나노기술, 신경과학 등 다양한 분야의 첨단 기술에 대한 적응력을 높였고, 깊지는 않지만 나름대로 지식을 쌓을 수 있었다.

처음 몇 년간은 충격의 연속이었다. 개념의 숲을 헤매던 철학도에게 첨단 과학기술의 성과는 놀라움 그 자체였으며, 과학기술자의 낙관적 예견은 곧 실현될 것만 같았다. 우여곡절 끝에 다시 공부를 시작했을 때, 동료들에게 나는 과학주의자로 보였을지 모른다. 그들은 칸트 철학을 전공한 나에게서 칸트보다 과학의 이미지를 떠올렸다. 나 역시 철학도들 사이에서 과학을 옹호하는 역할을 마다하지 않았다.

학교로 돌아간 나는 얼마 지나지 않아 철학적 태도를 되찾았다. 아마 첨단 과학기술에 대한 낯섦이 사라진 뒤에 찾아온 현상이 아닐까 생각한다. 철학은 물음에서 시작해서 그에 대한 답을 찾는 과정이다. 그동안 새롭게 접한 첨단 과학기술에 대해서도 가능한 의문을 제기하고, 그 의문에 대한 답을 구하려고 노력했다. 그 과정에서 나는 첨단 과학기술의 윤리적 문제에 대해 고심하기 시작했다.

어린 시절에는 흥미진진한 스토리의 애니메이션으로, 나중에는 놀라운 현실적 성과와 낙관적 미래 전망으로, 그리고 마침내 철학적, 윤리적 문제를 중심으로 로봇과의 만남을 이어 가고 있다. 생김새나 능력 면에서 인간과 비슷한 인공지능 로봇, 인간을 능가하는 슈퍼 로봇은 지구상 가장 우월한 존재로서 인간이 누려 온 지위를 위협할 뿐만 아니라 인간 존재의 자랑이었던 철학적 물음을, 완전히 새로운 답을 품고 있는 듯한 모습으로 다시 제기한다. 우리 생활 속으로 성큼 다가온 다양한 로봇은 인간 사이의 관계, 인간과 기술의 관계, 인간과 로봇의 관계에 관한 윤리적 질문을 떠올리게 한다.

로봇 윤리, 어떻게 이해해야 하는가?

지난 세기 말의 몇 가지 획기적인 사건으로 인해 사람들이 생명공학을 윤리적 잣대로 평가하는 데 꽤 익숙해진 듯하다. 하지만 로봇공학이나 로봇에 윤리적 잣대를 들이대는 것에 대해서는 아직 생소하게 느낄 것이다. 대중에게 로봇은 아직까지 흥미와 판타지의 대상이지 윤리적 고려의 대상이 아닐 테니 말이다. 그럼에도 로봇과 윤리를 연관 짓는다면, 십중팔구는 아이작 아시모프(Issac Asimov)의 '로봇공학 3원칙(three laws of robotics)'을 먼저 떠올릴 것이다. 이 원칙은 1942년 아시모프가 단편 「위험에 빠진 로봇(Runaround)」에서 처음 언급한 로봇의 규범이다.

원칙1. 로봇은 인간에게 해를 입히는 행동을 하거나, 인간이 해를 입는 상황에서 아무런 행동도 하지 않아서는 안 된다.

원칙2. 로봇은 인간이 내리는 명령에 복종해야 한다. 단 이런 명령이 '원칙1'에 위배될 때는 예외로 한다.

원칙3. 로봇은 자신의 존재를 보호해야 한다. 단 자신을 보호하는 것이 '원칙1', '원칙2'에 위배될 때는 예외로 한다.

아시모프의 로봇공학 3원칙은 공상과학소설(SF) 작가를 비롯한 많은 사람에게 로봇 윤리의 가이드라인처럼 여겨져 왔지만, 이 원칙의 한계에 대해서는 아시모프 자신이 더 잘 알고 있었던 것 같다. 아시모프는 이 원칙이 제대로 작동하지 않는 예외적 상황들을 그의 소설에서 그려 보려 했고, 1985년 작품『로봇과 제국(Robots and Empire)』에서는 기존 3원칙의 결함을 보완하기 위해 최상의 로봇공학 원칙인 네 번째 원칙을 추가하였다. 아시모프는 기존의 3원칙에 이른바 '원칙0'을 추가하고, '원칙0'이 모든 원칙에 우선한다는 내용을 포함시켰다.

원칙0. 로봇은 인간성(humanity)에 해를 입히는 행동을 하거나, 인간성이 해를 입는 상황에서 아무런 행동도 하지 않아서는 안 된다.

그런데 아시모프의 로봇공학 원칙의 진짜 문제점은 이들 원칙의 불완전성 내지는 불충분성이 아닌 다른 곳에 있다. 아시모프의 로봇공학 원칙은 SF 속에서 탄생한 것이다. SF에서 언급된 것이라고 해서 폄하하려는 것이 아니라, SF에서만 언급된 것이라는 점을 지적하려는 것이다. 아시모프의 로봇공학 원칙은 로봇공학자와 철학자, 사회학자, 법학자 등 여러 전문가가 면밀히 검토한 적이 없는, 단지 SF에 나온 내용일 뿐이다.

로봇공학의 원칙을 논의하기 위해서는 먼저 로봇에 대한 정의가 필요하다. 로봇에 대한 정의는 로봇공학의 발전 양상에 따라 차이가 있을 수 있지만, 원칙이 구속력을 갖기 위해서는 우선 현재 시점에서 최적의 정의를 이끌어 내야 한다. SF 속 로봇들은 거의 모든 면에서 인간에 버금가는 역량을 보여 주며, 어떤 측면에서는 인간을 월등하게 능가한다. 이 점에서 아시모프의 로봇공학 원칙은 아직 해결되지 않은 이론적 쟁점을 그냥 가정하고 있다. 다시 말해, 인간처럼 생각하고 판단하고, 심지어 느낄 수도 있는 로봇이 가능하다는 가정 위에 원칙을 세운 것이다. 지극히 낙관적인 공학자들은 미래에 컴퓨터의 성능이 지금보다 월등하게 향상된다면, 인간의 뇌를 흉내 낼 수 있으며 심지어는 인간의 뇌를 능가하는 인공뇌를 만들 수 있을 것이라 믿는다. 하지만 이런 믿음이 실현 가능한 것인지는 아직 미지수이며, 인간의 지적 능력에 관한 것이라면 몰라도 인간의 능력 전반에 관한 것이라면 현재로서는 실현될 수 없는 종류의 믿음일 가능성이 더 크다.

로봇을 소재로 한 아시모프의 SF 단편집 『나는 로봇이다』의 표지. 로봇 3원칙이 처음 언급된 「위험에 빠진 로봇」의 내용이 그려져 있다.

SF적 가정 위에서 아시모프는 로봇이 지켜야 하는 윤리적 규칙으로 로봇공학 4원칙을 만들었다. 물리적으로 인간에게 위협적인 능력을 지닌 로봇이 지능적으로 추론하고 자율적으로 의사 결정할 수 있는 존재라고 가정했기 때문에, 로봇의 행동을 제어할 수 있는 윤리적 규범이 있어야 한다고 생각했던 것이다. 하지만 현존하는 최첨단 로봇이나 가까운 미래에 등장할 고사양의 로봇이라 해도 아시모프의 로봇에 비하면 매우 멍청한 존재일 것이다. 현재도 자율 로봇이라는 말을 사용하지만, 이는 인간의 직접적 제어가 줄어든다는 것을 의미하는 것이지 로봇이 인간의 제어 없이 마치 인간처럼 완전히 자유롭게 판단하고 행동할 수 있다는 것을 의미하지는 않는다.

SF는 대중이 로봇을 규제하는 규범에 관심을 가지도록 하였지만, 한편으로 로봇 윤리에 대한 잘못된 이해를 대중에게 심어 주는 해악도 가져왔다. 로봇 윤리(roboethics)는 세 가지 개념으로 이해할 수 있다. 하나는 로봇공학의 윤리라는 뜻이다. 로봇의 설계와 제조, 판매, 사용에 관한 윤리적 규범을 의미한다. 이는 로봇공학자의 윤리, 로봇 제조업체의 기업 윤리, 로봇 사용자의 윤리 등을 포함한다. 또 하나는 로봇이 지키도록 해야 하는 로봇의 행동 규범으로서의 로봇의 윤리이다. 상당한 자율성을 갖춘 로봇이 있다면 그런 로봇에 프로그램 되는, 로봇 행동 가이드라인으로서 기능하는 로봇 윤리다. 물론 이 윤리 규범은 인간이 작성해 부과한다. 세 번째는 인간의 윤리에 상응하는 개념으로서의 로봇의 윤리다. 인간과 같은 자율성을 획득한 미래의 로봇들은 그들의 조건과 상황에 맞는 윤리적 규범을 스스로 만들어 낼지도 모른다. 아시모프의 로봇공학 4원칙은 두 번째 의미의 로봇 윤리에 해당한다. 하지만 스스로 의사 결정을 하며 자율적으로 행동하는 로봇이 먼 미래에 등장할 존재라는 점을 감안한다면, 아시모프식의 로봇 윤리는 아직 현실성이 부족하다.

SF 속 로봇은 아니지만 다양한 형태의 로봇이 우리 삶에 더욱 깊숙이 다가와 있으며, 가까운 장래에 로봇이 우리 실생활 곳곳에 파고들 것임은 자명해 보인다. 로봇이 가정과 병원, 학교, 전쟁터 등에서 인간과 더불어 활동하게 될 날이 머지않았다. 물론 이런 로봇은 아시모프의 지능 로봇과는 거리가 멀다. 따라서 로봇의 개발과 설계, 제작, 유통, 이용, 배치 등에 관련된 규범적 논의가 필요하다. 이런 논의는 위에서 밝힌 세 가지 로봇 윤리 가운데 첫 번째에 해당된다.

로봇 윤리, 무엇을 다루어야 하는가?

인간에게 해를 입히지 말고 인간의 명령에 복종하라는 로봇에 대한 요구보다는 로봇 제품의 안정성, 로봇으로 인해 발생한 피해에 대한 책임, 로봇의 오용을 막는 조치 등이 현재 우리가 시급하게 논의해야 할 윤리적 쟁점이다. 아시모프식의 로봇의 윤리가 아니라, 로봇공학자의 윤리, 로봇 설계자와 제조자의 윤리, 판매자와 사용자의 윤리에 대한 논의가 본격적으로 진행되어야 한다. 이런 인식 아래 로빈 머피(Robin R. Murphy)와 데이비드 우즈(David D. Woods)의 '책임 있는 로봇공학의 대안적 3원칙'이 제시되었다. 예컨대 아시모프의 '원칙1' 대신에 "인간은 안전성과 윤리에 관한 최상의 법률적 및 전문적 표준에 부합하는 인간-로봇 작업 시스템 없이 로봇을 배치해서는 안 된다."는 대안적 원칙을 제시한다.

2010년 영국의 공학자들과 인문학자들이 만나 로봇 및 로봇 연구의 윤리적, 법률적, 사회적 함의(ELSI)에 대해 논의한 성과는 이런 맥락에서 시사하는 바가 크다. 영국의 공학·물리과학연구위원회(EPSRC)와 인문예술연구위원회(AHRC)는 공동의 노력으로 로봇공학자의 윤리 초안을 마련하였다. 이들은 현재의 로봇과 5년에서 10년 사이에 등장할 가능성이 있는 로봇만을 대상으로 삼아, '미래학적인 로봇 윤리(futuristic roboethics)'가 아니라 '현실적 로봇 윤리(realistic roboethics)'를 만들어 내려고 노력하였다. 다섯 개 항으로 구성된 로봇공학자의 윤리 초안은 로봇 윤리가 로봇이 아니라 인간을 규제하는 규범임을 분명히 밝혔다. 로봇을 도구 혹은 제품으로 규정하고 있으며, 인간만을 행위 및 책임의 주체로 인정하고 있다. 로봇과 관련된 문제에 대한 책임이 언제나 인간에게 있음을 명시하고, 그런 맥락에서 로봇에 대한 법률적 책임의 주체를 언제나 분명히 할 것을 요구하고 있다. 이것은 SF 속 아시모프의 로봇공학 4원칙을 공상에서 현실로 끌어냈다는 점에서 큰 진전을 이룬 것으로 평가된다.

현재 진행형으로 혹은 가까운 미래형으로 인간의 삶에 가장 크게 영향을 미칠 로봇과 관련하여 어떤 윤리적 문제가 있는지 몇 가지만 살펴봄으로써 현실적으로 다뤄야 할 로봇 윤리의 쟁점이 무엇인지 알아보자.

현대사회의 가족 해체 현상은 사회적, 개인적으로 다양한 문제를 야기하지만, 특히 고령자와 아이들에게

국내에서 개발된 보행 로봇 휴보

물리적, 정신적으로 중대한 문제를 발생시킨다. 여러 나라가 돌봄 로봇(caregiving robot)에 관심을 기울이고 이를 개발하기 위해 박차를 가하는 것은 가족 해체 현상의 가속화와 관련이 깊다. 돌봄 로봇은 개인이나 사회가 메우지 못하는 빈 공간을 채워 주는 주요 수단이 될 것이다. 머지않은 미래에 로봇은 노인이나 환자에게 약을 전달하거나 심부름을 하고, 아이와 놀아 주고, 말동무가 되어 주고, 애완동물이 되기도 하고, 아이의 선생님이 되는 등 다양한 역할을 수행하게 될 것이다.

게코(Gecko) 시스템즈 인터내셔널 사의 '케어봇(CareBot)'은 고령자의 필요에 맞춰 호흡, 체온, 심박 수 등의 신체적 신호를 측정할 수 있는 센서를 지니고 있으며, 구두로 명령을 주고받거나 시간에 맞춰 약을 챙기기도 하고, 영상 감시 기능까지 갖추고 있다. KIST 인지로봇센터의 유범재 박사 팀이 공개한 '마루-Z'는 가사도우미 로봇으로, 전자레인지를 조작하고 토스트와 음료를 주인에게 가져다줄 수 있다. 일본 산업기술종합연구소(AIST)에서 개발한 하프물범 로봇 '파로(Paro)'는 치료용 로봇이다. 이름을 부르면 쳐다보거나 쓰다듬으면 소리를 내는 등 살아 있는 애완동물 못지않게 사용자와 정서적 교감을 나눌 수 있다. 이런 애완용 로봇은 활동력이 떨어져 애완동물을 돌보기 힘든 노인들에게 반려동물을 대신하기 적합한 존재로 떠오를 가능성이 크다. '파페로(Papero)'라 불리는 보모 로봇은 눈에 달린 카메라를 통해 아이의 일거수일투족을 영상으로 담아 보호자의 컴퓨터나 휴대전화로 송신해 준다.

이런 돌봄 로봇과 관련해 고려해야 할 윤리적 문제로 어떤 것이 있을까? 가장 먼저 프라이버시 문제가 떠오른다. 영상 녹화 기능을 이용해 노인이나 아이의 사적 정보를 수집하고 기록하기 때문에 정보의 적절한 처리 및 관리 규준이 반드시 필요하다. 아마도 생체 측정 자료나 의료 자료

후쿠시마 원전 사고 피해 노인과 하프물범 로봇 파로

관리에 준하는 규준이 적용되어야 하지 않을까 싶다. 아이를 돌보는 로봇의 경우에는 로봇의 이용에 관한 세부적 규정이 필요할 것이다. 장난감이나 스포츠 시설, 의료 장비 등에는 사용에 있어 몇 가지 제한 규정이 적용된다. 예컨대 "이 장난감은 8세 미만의 아동은 사용을 삼갈 것을 권장한다." "이 풀에는 신장 120cm 이하의 아동은 들어갈 수 없다." "이 사우나기는 두 시간 이상 지속적으로 사용해서는 안 된다." 등의 제한 사항을 생활 속에서 쉽게 발견할 수 있다. 아마 보모 로봇이나 아동용 애완 로봇 등에도 이와 유사한 제한 규정을 만들어야 하지 않을까 한다.

보모 로봇을 활용할 때, 특히 만 5세 미만의 아이에 대해서는 각별한 주의가 필요하다. 로봇은 아이를 돌보는 데 있어 어디까지나 부수적 수단이어야 한다. 보호자가 아닌 보모 로봇이 일차적으로 아이를 돌보는 역할을 수행할 때 아이에게 심리적 문제가 생길 가능성을 배제할 수 없다. 만 5세 미만의 아이는 로봇에 대해 정서적 유착을 형성할 가능성이 매우 커서, 장차 아이의 정서 발달에 심각한 영향을 미칠 수 있다고 한다.

성인인 노인의 경우에도 로봇을 활용하는 데 있어 주의가 필요하다. 노인은 로봇과 친숙해지면 나중에는 그것이 로봇이라는 사실을 잊고 인격적 관계를 형성할 수 있는 존재로 착각하기 쉽기 때문이다. 항상 돌봄 로봇이 로봇임을 분명히 하는 과정이 필요하다. 그렇게 하지 않는다면 노인과 로봇과의 상호작용이 일종의 속임수 같은 성격을 띨 수 있다고 주장하는 전문가가 많다.

아마 이 외에도 돌봄 로봇이 우리의 삶에 동반하게 될 때 고려해야 할 사항이 더 있을 것이다. 이렇게 다양한 문제에 대해 각 분야의 전문가들이 광범위하게 논의하는 과정이 선행되지 않으면 혁신적 기술인 로봇공학은 혜택보다 큰 대가를 우리에게 요구할지도 모른다. 새로운 기술의 등장은 언제나 사회적, 문화적, 경제적, 정책적 변화를 요구할 것이며, 이로 인해 인간의 삶의 양식은 변화될 것이다. 새로운 기술의 위용이 크면 클수록 이런 예상은 빗나가지 않을 것이다. 그렇기 때문에 로봇공학과 같은 신생 기술에 대한 윤리적 고려는 반드시 필요하다. 그중에서도 군사용 로봇에 관한 문제는 시급히 논의되어야 할 내용인데, 2010년 영국에서 작성된 로봇공학자의 윤리 초안에서 빠져 있다는 사실은 심히 유감스럽다.

우리는 왜 로봇 윤리에 관심을 가져야 하는가?

이제 전투는 인간과 로봇이 공동으로 수행하는 것으로 바뀌어 가고 있다. 현재 미군은 1만 7천 대 이상의 군사용 로봇을 보유하고 있다. 아직 초보적인 단계이긴 하지만 로봇 병사는 조작자가 시키는 일은 무엇이든 수행하고, 인간 병사가 할 수 없는 일도 척척 해 낼 것이다. 더욱이 로봇은 두려움을 모르며 아무런 거리낌 없이 살상을 한다. 이런 이유로 로봇은 훌륭한 전투 장비 혹은 요원으로 기대를 모은다. 하지만 로봇이 인간을 죽이는 상황을 어떻게 이해해야 할까? 물론 아시모프의 로봇공학 4원칙은 군사용 로봇에 관해서는 무용지물이다. 전투 상황에서 로봇을 사용하는 것은 군인이 무기를 사용하는 것과 다름없는 것이라고 변명할지 모르지만, 과연 자율형 로봇이 군인과 민간인을 잘 구분해 낼 수 있을까? 원격 제어 방식의 로봇은 어떤가. 로봇은 전장에서 전투를 하고, 인간은 안전한 지역의 조작실에서 전투 로봇을 조종해 생명을 살상하는 상황을 상상해 보자. 로봇은 배제하고, 로봇을 조종하는 인간에게서 인간에 대한 연민이나 동정의 감정을 찾을 수 있을까? 스타크래프트 같은 전략 시뮬레이션 게임에 익숙한 젊은 병사는 로봇의 눈을 통해 전달된 영상 속의 인간들을 게임 속에 등장하는 몬스터나 캐릭터 정도로 이해하지는 않을까? 원격 제어 방식의 전투 로봇의 경우 매개 문제(mediation problem)를 야기한다. 전투 로봇을 조종하는 인간 병사의 의사 결정은 로봇에 장착된 장비가 보내 오는 제한된 정보와 컴퓨터의 진단을 토대로 이루어지기 때문이다.

전쟁 혹은 그에 준하는 목적으로 로봇을 활용할 경우, 기대되는 이득이 막대하기 때문에 미국을 필두로 군사용 로봇에 대한 연구가 빠른 진전을 보이고 있다. 미 국방부 산하의 국방위고등연구계획국(DARPA)에서 추진한 무인 자동차 경주 대회는 2007년 도시 주행을 목표로 하였다. 시가지 경주(Urban Challenge)에서 본선에 오른 열한 대의 무인 자동차가 시가지에서 2.8마일(약 4.5Km)을 무인 운행하는 데 성공했다. 운행 중에 단 한 건의 접촉 사고만 일어났다. 2004년에 개최된 첫 번째 경주(Grand Challenge)에서는 사막에서 실시되었음에도 불구하고, 완주한 무인 자동차가 단 한 대도 없었다는 점을 상기할 때 매우 놀라운 발전 속도다. 활용도에 대한 기대가 큰 만큼 군용 로봇은 또 다른 형태의 군비 경쟁을 불러올 가능성이 크다.

혁신적인 과학기술은

영화 〈터미네이터〉의 한 장면. 미래의 군사용 로봇을 상상해 볼 수 있다.

언제나 혜택과 더불어 새로운 문제 상황을 함께 가져온다. 이에 대해 적절히 대응하지 못하면 새로운 과학기술은 사회에 도움이 되기 어렵다. 때문에 해외에서는 로봇에 관한 윤리적 문제점에 대한 검토가 진지하게 이루어지고 있다. 우리나라에서도 몇 년 전부터 로봇헌장을 제정하기 위해 노력하고 있는 것으로 안다. 이를 계기로 국내에서도 로봇 연구와 활용에 대한 윤리적 논의가 좀 더 활발해지길 기대해 본다.

참고문헌

- "Children, the Elderly, and Interactive Robots", Amanda Sharkey & Noel Sharkey, IEEE Robotics & Automation Magazine, 2011, pp.32-38.
- "Socially Assistive Robotics", David Fell-Seifer & Maja J. Mataric, IEEE Robotics & Automation Magazine, 2011, pp.24-31.
- "The role of ethics in science and engineering", Deborah G. Johnson, Trends in Biotechnology, 2010, pp.589-590.
- "The Growing Gap Between Emerging Technologies and the Law", Gary E. Marchant, The Growing Gap Between Emerging Technologies and Legal-Ethical Oversight, ed. by Gary E Marchant eal., Spring 2011, pp.19-33.
- Robot, Hans Moravec, Oxford University Press, 1999.
- "Why we need better ethics for emerging technologies", James H. Moor, Ethics and Information Technology, 2005, pp.111-119.
- "Additional elements on the use of robots for childcare", Javier Ruiz-del-Solar, Interaction Studies, 2010, pp.253-256.
- "Ethical Challenges of Emerging Technologies", Joseph R. Herkert, The Growing Gap Between Emerging Technologies and Legal-Ethical Oversight, ed. by Gary E Marchant et. al., Spring 2011, pp.35-44.
- "The Ethical Frontiers of Robotics", Noel Sharkey, Science 19 December 2008: Vol. 322 no. 5909, pp. 1800-1801.
- "Beyond Asimov: The Three Laws of Responsible Robotics", Robin R. Murphy & David D. Woods, IEEE Intelligent System 2009. "Asimov's "three laws of robotics "and machine metaethics", Susan Leigh Anderson, AI & Soc. 22, 2008, pp.477-493.

4부

종교학자에게 과학기술은 무엇인가

조군호(역삼동성당 주임신부, 신학박사)

교의신학을 전공했다. 「판넨베르크의 계시 이해」로 석사 학위를 받았으며, "종교간 평화 없이 세계 평화 없다."는 말로 유명한 신학자 한스 큉에 공감해 「한스 큉의 신관(神觀) 연구」로 박사 학위를 받았다. 교회와 성당, 사찰이 함께 바자회를 열어 화합의 장을 이루는 '수유리 모델'의 단초를 제공하는 등 종교와 문화의 소통에 남다른 관심을 가져 왔다. 서울대교구 교육국장과 관리국장 등을 역임했으며, 전곡성당, 수유1동성당, 전농동성당, 논현동성당, 압구정동성당을 거쳐 지금은 역삼동성당 주임 신부로 있다.

1장 신학 연구에 있어서의 과학

신앙의 이성적 타탕성 추구

가톨릭 사제로 생활하면서 언제부터인가 의문점 내지 아쉬움이 생겨났다. 신앙과 이성, 신앙심과 합리성 사이에 언제나 거리를 느꼈기 때문이다. 신자들에게 무조건 믿어야 한다고 말하는 것이 최선인 것인가? 아울러 나 자신도 이성적 의문을 중단하고 그렇게 믿는 것 말고는 다른 방법이 없는 것인가?

조금이나마 해갈할 수 있을까 하는 기대로 때늦은 나이에도 불구하고 본격적으로 신학이란 학문에 다시 정진하게 되었다. 공부의 주제 역시 신앙의 핵심 문제인 신의 문제가 주가 되었다. 그것은 물질문명과 과학이 극도로 발달하여 이제는 신의 간섭이 필요하지 않은 듯한, 그래서 신앙생활도 점점 쇠락해 갈 것으로 보이는 현 시대에 가장 중요하다고 여겨졌기 때문이다. 하느님이 무의미한 개념으로 전락하고 일상생활에서 인간에게 신이 불필요한 존재가 되어 가는 현실에서 교회와 신학은 무엇을 어떻게 해야 하는가? 신이란 도대체 어떠한 존재인가? 신은 정말 존재하는가? 인간이 신을 믿는다는 것은 무엇을 말하는가? 신앙이란 무엇을 말하는가? 그리스도 신앙을 둘러싼 이러한 근본 문제들을 조명함으로써 보다 깊이 분석해 새롭게 해명해야 한다는 문제의식으로 공부에 임했다.

근대의 변화에 대한 깨달음

신학 공부를 시작하면서 지도 교수의 안내를 받아 자료를 수집하고 신학자들의 여러 저서를 살펴보았다. 그러다 내가 추구하는 신의 문제를 다룬 저서를 접하게 되었다. 바로 독일의 저명한 신학자 한스 큉 신부의 『신은 존재하는가?(Existiert Gott?)』였다. 이 책을 읽으면서 이미 근대 사상가들에 의해 치열한 사유의 흐름이 있어 온 문제임을 알게 되었다.

수학자이자 기하학자인 르네 데카르트는 합리성을 바탕으로 신의 문제에 접근하였다. 같은 수학자인 블레즈 파스칼은 실존적인 관점에서 신의 문제를 바라보았다. 한 세기 뒤의 헤겔은 변증법을 바탕으로 한 관념론으로 신을 절대정신으로 이해하였다. 그러나 헤겔의 제자이기도 했던 루트비히 포이어바흐는 관념론에 입각한 헤겔의 신의 존재를 인간의 투사물의 결과로 간주하여 무신론적 사유를 전개하였다. 즉 신의 본성은 인간 정신의 외적인 투사로 형성된 인류의 본성이라는 것이다. 카를 마르크스는 유물론을 바탕으로 하는 사회정치적 무신론을 전개하였다. 또한 지그문트 프로이트는 자신의 무의식을 탐구하는 정신과학을 통한 정신분석학적 무신론을 주창하고 나섰다. 여기서 프로이트는 종교의 기원과 본질에 대한 문제를 모두 정신분석학적 심리 해설로 환원시킨다. 포이어바흐가 인간을 예찬하는 긍정적인 인간상에서부터 신의 투사이론을 주장했다면, 프로이트는 무력하고 콤플렉스에 둘러싸인 부정적 인간상에서부터 신의 투사이론을 주장했다고 볼 수 있다. 이제 이들의 뒤를 이어 그 유명한 프리드리히 니체가 등장하여 신은 죽었다는 선언을 바탕으로 무신론을 넘어 허무주의에 닿게 되었다.

> 데카르트 : 신 – 코지토(cogito) – 사고의 대상
> 파스칼 : 신 – 크레도(credo) – 믿음의 대상

근대에서 현대에 이르기까지 치열하게 전개된 신의 존재 문제를 전제한 가운데 이제 신앙의 문제가 오늘날 새로운 신학적 과제로 대두되었다. 그래서 한스 큉은 "신은 존재하는가?" 하는 문제를 다시 신학적 화두로 마주한 것이다.

그런데 근대의 변화는 이러한 사상적 측면에서만 이루어진 것이 아니다. 자연과학으로 인한 변화도 중요한 비중을 차지한다. 이제 신학은 천문학과 생물학의 눈부신 발전을 통해 근대인의 세계관이 현저하게 바뀌었음을 전제해야 한다. 자연과학의 발전으로 인간의 세계관이 어떻게 바뀌었는가는 매우 흥미로운 주제다. 이를 살펴봄으로써 신학과 과학이 어떠한 관계에 있는가도 함께 정리할 수 있을 것이다.

천문학과 생물학의 발달로 인한 인간 인식의 변화

한때 그리스도 신앙인 가운데에는 남자의 갈빗대 수는 여자보다 하나가 적을 것이라고 믿는 이도 있었다. 1543년 현대 해부학의 창시자인 안드레아스 베살리우스가 남자와 여자가 똑같은 수의 갈빗대를 가지고 있다고 대담하게 주장을 펴자 그리스도 신자들은 그를 두고 성경을 기만하는 사람이라고 공박했다. 성경에 뭐라고 쓰였든 남녀의 갈빗대 수는 그의 지적대로 한쪽에 열두 개씩 똑같이 좌우 스물네 개임에 틀림없다. 아담이 배꼽도 없고 갈빗대도 하나 모자랐지만, 후손에게는 유전되지 않은 모양인지도 모르겠다. 그런데 어느 정형외과 의사에 의하면 지금도 남자의 갈빗대 숫자가 여자보다 하나 적지 않느냐고 물어 오는 사람들이 있다고 한다.

그저 우스운 이야기로 들릴 수도 있겠지만, 이는 근본적인 문제를 암시하고 있다. 근대 세계를 지나온 현대의 그리스도 신앙인들에게 종교와 과학, 또는 신학과 과학은 어떠한 관계가 있는 것인지 하는 문제가 제기되기 때문이다. 실상 현실에서 신앙은 과학과 관계가 없는 것으로 생각하고 신앙만을 우선시하는 사람들이 있을 수 있다. 정반대로 종교는 과학과 반대되는 것으로 여겨 신앙을 비이성적으로 바라보며 종교를 거부하는 사람도 있을 수 있다. 그러나 양쪽 모두 바람직한 입장이나 태도라고 보기 어렵다. 보다 근본적으로 신학과 과학의 관계와 신앙의 의미를 명료하게 파악하고 이해하는 작업이 선행되어야 한다. 이러한 문제의식에서 관심을 갖게 된 신학자 큉은 이미 천문학과 생물학의 발달로 인한 문제들을 정직하게 성찰하며 논의를 개진하였다. 그러면 그 논의를 약술한 다음에 신학과 과학의 쟁점을 정리해 보고자 한다.

알브레히트 뒤러, 〈아담과 하와〉
성경에 최초의 인간 아담의 갈빗대 하나를 빼어 내 반려자 하와를 만들었다고 기록되어 있다.

무엇보다도 오늘날 우리가 살아가는 세상과 시대가 과거와는 무척 다르다. 근대로 오면서 물리적 세계에 대한 탐색과 지식으로 인한 세계의 변화에 주목해야 한다. 니콜라우스 코페르니쿠스, 갈릴레오 갈릴레이, 아이작 뉴턴을 통한 천문학의 발전과 찰스 다윈과 그 제자들에 의한 생물학의 발전은 자연과학의 혁명을 이룩한 동시에 엄청난 세계의 변화를 초래하였다. 따라서 이러한 혁명을 통한 세계의 변화를 전제로 오늘날 종교와 신앙적 진리들이 새롭게 이해되고 또한 진술되어야 한다.

　플라톤으로부터 코페르니쿠스 이전까지 서구 사상의 세계관은 천동설이 지배적이었다. 그러나 중세 말에 기존의 세계관에 대한 의혹이 현저하게 일어났다. 우선 코페르니쿠스가 전통적인 프톨레마이오스의 지구 중심적 우주 체계 대신에 태양 중심적 우주 체계(지동설)을 제시하였다. '코페르니쿠스 전환'이라고 불리는 이 사건은 물리학사에 있어 패러다임의 전환일 뿐만 아니라, 근대인의 우주관과 형이상학에 커다란 영향을 미쳤다. 근대 자연과학의 창시자라 불리는 갈릴레이는 코페르니쿠스가 순이론적인 가설로서 제시한 새로운 우주 모델을 망원경을 이용한 천문학적 관찰로 확증하였다. 또한 대략 두 세대 뒤에 뉴턴은 중력의 법칙과 자신의 저서 『자연철학의 수학적 원리』의 내용을 바탕으로 확실하게 제시함으로써 새로운 우주 체계를 부정할 수 없도록 코페르니쿠스적 혁명을 마무리하였다. 이렇게 코페르니쿠스에서 갈릴레이를 거쳐 뉴턴에 이르는 시기를 자연과학을 통한 인간 의식의 혁명기로 간주할 수 있다. 이렇게 천문학은 우주라는 공간에 대한 인간의 인식을 확대시킴으로써 세계관의 변혁을 초래하였다.

　마찬가지로 생물학의 발전은 인간으로 하여금 세계를 역사적인 지평에서 바라보는 시각을 제공하였다. 덕분에 인간은 자연을 시각적인 차원에서 이해하는 새로운 전망을 갖게 되었다. 다윈은 천문학 분야의 코페르니쿠스처럼 생물학 분야에서 대혁명을 일으킨 장본인으로 거명된다.

다윈의 학술적 이론을 담고 있는 대표적 서술은 두 가지로 볼 수 있다. 첫째는 『종의 기원』으로 이 책은 주로 동물과 식물의 종의 생성과 변화에 대한 관찰을 담고 있다. 둘째는 『인류의 조상과 성과 관련된 선택』으로 여기서는 인간의 생성과 변화에 관한 내용까지 수록하고 있다. 다윈이 이 저서들을 통해 내세우는 주장은 다섯 가지로 요약된다. 첫째, 동물과 식물의 종(種)은 변할 수 있다. 둘째, 종들 사이의 유사성과 종들의 변이는 관찰이 가능하다. 셋째, 생존 경쟁은 자연의 원리이다. 넷째, 수백만 년에 이르는 자연의 거대한 진화의 역사는 미리 설정된 목표나 목적이 없이 우연적이고 기계적인 법칙을 따라왔다. 다섯째, 인간 역시 신체 구조와 배아(胚芽) 발달에 있어서 변이가 가능하며, 더 오래되고 더 열등한 생명 형태로부터 내려왔을 수 있으나 인간은 그 모든 것들보다 생존 경쟁의 시험을 잘 견뎌 냈다.

이러한 다윈의 진화론으로 인해 역사는 사실적으로 자연을 대하는 인간의 시야에 들어오게 되었다. 따라서 상승적인 진화 곧 진보의 역사 안에서 자연의 법칙으로 드러나게 되었고 이로 말미암아 중세적 세계상의 잔재가 무너지게 되었다. 이제는 불변적이며 고정적이고 위계적인 세계 질서를 거론할 수 없게 되었다. 생명체와 인간의 기원을 설명하기 위해 구태여 '하느님이라는 가설(Hypothese Gott)'[1]이 필요 없게 되었다. 한마디로 이제껏 '하느님의 모상(Imago Dei)'으로 불리던 인간이 동물의 모상으로 전락

---

1   '하느님이라는 가설'이라는 표현은 근대 이후 신에 관한 무신론적 사유를 거론하는 자리에는 거의 언제나 차용되다시피 하였다. 이 표현을 실제로 처음 사용한 인물은 천문학자 라플라스로 알려져 있다.

하게 되었다.

신학과 과학의 관계

천문학과 생물학의 발전으로 인한 인간 인식의 변화는 과연 그리스도교 종교와 신앙을 대상으로 하는 신학에 어떤 문제를 제기하는가? 신학은 이러한 도전을 어떻게 마주하는가? 이러한 총체적이며 구도적인 논의를 정리할 때가 되었다.

핵심적인 질문은 이렇게 정리할 수 있다. 우주학 시대에 그리고 생물학 시대에 여전히 사람들이 그리스도교 신학이 바라보는 창조주 하느님을 믿을 수 있는 것인가. 이에 대한 답변은 이러하다. 우주학자도 생물학자도 실존적인 양자택일 앞에 서 있다. 우주와 생명 그리고 인간의 궁극적 기원, 기반, 목적에 대해 "아니오."라고 말할 수 있다. 그러면 역사와 존재, 그 모든 것이 의미가 없는 것임을 인정해야 하고, 우주와 생명계 안에 버려진 인간의 고독을 견뎌 내야 한다. 반대로 궁극적 근원, 기반, 목적에 대해 "예."라고 답할 수 있다. 그러면 역사와 존재, 그 모든 것이 의미 있음을 전제할 수 있다. 요컨대 존재의 비밀에 대한 물음, 곧 "왜 무가 아니라 무엇인가가 존재하는가?"에 대해 대답할 수 있을 것이다. 무슨 이유로 우주학자도 생물학자도 실존적인 양자택일 앞에 서 있다고 하는 것인가. 자연과학이 하느님의 존재 유무를 증명하지 못하듯, 마찬가지로 인간에게 하느님에 대한 신앙이 필요 없다고 주장할 수 없기 때문이다. 여기에서 궁극적 목적, 의미, 가치의 문제는 '과학 저편의' 긍정이 관건이 된다는 사실이 분명해진다.

때문에 나는 한 사람의 신학자로서 종교와 과학의 영역과 역할을 올바르게 이해할 필요가 있다고 생각한다. 과학은 우주가 어떻게 생겨났는가, 생명체는 어떻게 발생했는가와 같이 어떻게(How)에 대한 답을 겨냥하고 대상으로 삼는 학문이다. 즉 세계 내의 법칙과 원리를 밝혀내고자 한다. 반면에 신학은 사람은 무엇을 위해 살아야 하는가, 나는 왜 살고 있는가, 인생은 과연 의미 있는 것인가와 같이 무엇(What)과 왜(Why)에 집중한다. 즉 세계와 인간의 궁극적 목적이나 의미, 그리고 가치를 추구하는 학문인 것이다.

따라서 우주학자와 생물학자를 포함한 모든 과학자가 스스로 인간임을 고백하는 한, 우주의 체계가 어떠하든지, 생명체의 발생이 어떠하든지를 넘어 우주와 생명의 궁극적 근원, 의미, 목적을 묻는 인간의 실존적 물음 앞에 설 수밖에 없다. 이 모든 것은 어디서 생겨났고 무엇을 위해 존재하는 것인가. 이러한 근원적 물음은 자연과학적으로는 대답할 수 없는 것이다. 실존적 결단을 요구하기 때문이다. 다시 말해 오늘의 천문학의 과학적 지식이 전해 주는 우주의 역사와 현상이나 생물학적 지식이 전해 주는 생명체의 역사와 진화 과정이 궁극적으로 근거 없음, 의미 없음을 선택할 수 있다. 아니면 반대로 궁극적으로 근원이 있음, 의미 있음을 선택할 수도 있다. 그런데 오직 궁극적 근원, 의미에 대한 신앙 안에서의 긍정만이 우주의 역사와 현상, 생명체의 역사와 진화 과정에 대한 궁극적 기원과 의미를 묻는 질문에 답변할 수 있다. 동시에 인간에게 궁극적 확실성과 안정감을 제공할 수 있다.

여기서 신학과 과학을 뛰어넘는 신앙의 세계가 열린다. 창조주 하느님을 믿는 그리스도교의 하느님 신앙을 말한다. 그리고 우주와 세계의 창조주를 믿는다는 것은 이성적 신뢰이기도 하다. 이러한 신뢰 안에서 인간과 세계의 궁극적 근원이 설명될 수 있다. 인간과 세계가 허무에서 허무로 뜻없이 내던져져 있지 않음을 말하게 된다. 오히려 인간과 세계는 전체로서 의미가 충만하고 고귀하다는 것을 긍정하게 된다. 혼돈이 아니라 놀라운 질서이자 조화라는 것을 긍정하게 된다. 왜냐하면 인간과 세계는 자신의 긍정적 근원이요 창조주이신 하느님 안에 과연 처음이자 마지막으로 절대적인 안전을 소유하고 있기 때문이다.

그리고 이러한 결단은 이성적 신뢰의 문제로 연결되는 것이다. 물론 중요한 사실은 누구도, 그 어떤 것도 나에게 이러한 신앙을 강요하지 않는다는 것이다. 나는 온전한 자유 안에서 신앙을 결단할 수 있다. 그런데 내가 결단한다면, 이 신앙은 세상 안에서의 나의 태도를 변화시키고 이 세상과 나의 관계를 바꾸어 놓는다. 신앙은 나로 하여금 뒤틀리고 모순된 현실 세계에 대해서도 근본적인 신뢰를 가지도록 이끌며 하느님에 대한 신뢰를 구체화한다는 것이다.

지금까지 한 사람의 사제로서 그리고 신학자로서 오늘의 신앙을 위한 신앙과 이성의 문제, 신학과 과학의 문제를 염두에 두고 신학 연구에 있어서의 과학이라는 주제를 논하였다. 또한 큰 틀의 주제 안에 실질적 화두는 합리적인 신앙의 문제였다. 여기서 신학과 과학은 합리적 신앙을 위한 쌍두마차라 할 수 있다. 신학과 과학은 상호 의존적이며 협력적 관계라고 보아야 한다. 때문에 현대인들을 위한 그리스도 신앙의 문제는 언제나 신학과 과학 양자의 정직하고 올바른 지평 융합의 터전 위에서 개진되어 나가야만 할 것임을 지적할 수 있다. 그렇다고 신학과 과학의 지평 융합이라는 것이 자연과학적 지식과 종교적 고백을 뒤섞어 버리자는 것은 결코 아니다. 신학이 과학을 배제할 때는 비이성적 맹신으로 기울어지기 십상임을 인정해야 한다. 마찬가지로 과학이 신학을 배제할 때는 기계적 합리주의에 머무르게 되며 인간의 궁극적 문제들이 도외시된다는 것을 인정해야 한다. 이 점에서 신학과 과학의 올바른 지평 융합이 얼마나 중요한 문제인지, 얼마나 절실한 문제인지 잘 드러난다. 때문에 인간의 실존적 문제는 결국 결단의 문제로 이어지며 그러한 결단은 이성적 신뢰의 문제로 귀결된다고 결론지을 수 있겠다.

참고문헌

- 『예수는 없다』, 오강남, 현암사, 2007.
- 『현대인을 위한 사도신경 해설, 믿나이다』, 한스 큉, 이종한 역, 분도출판사, 2005.

신승환(가톨릭대학교 철학과 교수)

가톨릭대학교 신학과를 졸업한 뒤, 독일 뮌헨 대학과 레겐스부르크 대학에서 철학과 신학을 공부했다. 현재 가톨릭대학교 철학과에 재직하면서, 한국하이데거학회 등 현대 철학에 관련된 여러 학회 활동을 하고 있다. 『우리말 철학사전』 출간과 '우리 학문하기' 프로젝트 등 현재 우리에게 필요한 철학적 작업에 매진한 바 있다. 근대성 비판과 이를 극복할 사유로서 탈근대성에 대해 연구하고 있으며, 이 책에서 언급한 생명에 대한 자연과학적이며 철학적 이해를 바탕으로 한 생명학 작업은 이런 연구의 구체적 모습 가운데 하나다. 저서로는 『지금 여기의 인문학』 『포스트모더니즘에 대한 성찰』 『문화예술 교육의 철학적 지평』 『생명과학과 생명윤리 : 철학적 성찰』이 있다. 함께 쓴 책으로는 『생명공학과 가톨릭 윤리』 『근대의 끝에서 다시 읽는 문화』 등이 있다.

새로운 정신의 탄생

"나는 누구인가?"라는 물음은 어쩌면 인간에게는 가장 오래된 숙제 가운데 하나일 것이다. 이 질문은 나이가 들면서 다른 모습으로 드러나기도 하고 또 어느 순간 잊어버리기도 하지만, 인간이라면 누구나 변함없이 마주하게 되는 근본적인 물음임에는 틀림이 없다. 어쩌면 인간이 인간이 되는 순간은 "나는 누구인가?"라는 질문을 하면서부터라 해도 과언이 아닐 것이다. 동물은 결코 이런 질문을 하지 않는다. 이는 나의 삶과 존재, 역사와 미래에 대한 질문으로, 나아가 내가 살아가는 세계와 현상, 다른 사람에 대한 물음으로 확장하는 출발점이자 근거가 된다.

이런 관점에서 생각해 보면 학문과 예술, 철학이란 이 물음에 담긴 절박함에 나름대로의 대답을 찾으면서 시작되었으며, 그에 따른 질문과 대답의 역사가 곧 인류의 역사라 말해도 지나치지 않을 것이다. 철학적으로 살펴본다면, 인간이란 자신에 대해 질문하는 가운데 존재하며 그에 대한 이해에서 우리가 지닌 존재 의미가 형성된다. 결국 모든 문화와 문명, 철학을 비롯한 학문과 예술은 존재에 대한 인간의 질문과 해답을 찾으려는 노력에서 시작되었다. 과학과 기술 역시 이런 질문에서 비롯되었으며, 인간다운 삶을 찾는 과정에서 생겨났다고 말할 수 있다. 아리스토텔레스의 말처럼 "인간은 본성적으로 알기를 원한다". 나와 너에 대해서, 자연 세계와 인간의 문화에 대해서, 사물과 동물, 사건에 대해서 알기를 원하며, 이를 통해 자신의 존재를 확인하고 싶어 한다. 앎을 향한 노력은 인간이 존재하기에 가능한 것이다. 또한 그것은 우리가 안고 있는 근본적인 한계와 모순, 죽음으로 끝날 수밖에 없는 인간 존재의 불가피한 조건에서 비롯된 것이기도 하다.

에른스트 마이어

오늘날 과학, 특히 신다윈주의 이후의 생명과학은 인간을 이해하는 데 결정적인 지식을 제공한다. 그 방대한 지식과 그에 따른 진리에 대한 주장은 실로 엄청난 힘과 설득력을 지닌다. 진화생물학과 진화심리학의 연구 결과에 근거하여 인간에 대한 이해는 물론, 거의 모든 학문 분야와 문화 및 사회 체계를 설득력 있게 설명하게 될 것이다.

여기서 중요한 것은 생명과학을 통한 지식과 학적 체계를 어떻게 이해하느냐 하는 문제다. 현대 신다윈주의 생물학에 결정적으로 영향을 미친 마이어(Ernst Mayr)는 생물학에 있어서는 현상에서 발견한 법칙이 아니라, 이해하고 설명하는 개념이 문제가 된다고 했다. 생명과학의 연구 업적과 지식이 아니라, 이해하고 해석하는 학적 체계와 개념이 관건이란 의미다. 이 글에서는 인간을 이해하고 존재의 도약을 이룩한 새로운 계기를 생명과학 연구와 이에 대한 철학적 반성을 통해 설명해 보고자 한다. 이를 위해 먼저 철학과 학문의 발전과 변화를 살펴보아야 할 것이다.

인류의 역사를 되돌아보면 이런 질문에 대해 처음으로 해답을 시도한 흔적을 신화(mythos)에서 찾아볼 수 있다. 신화는 우리가 당면하는 근본적 질문에 대해 초월적 힘과 존재를 끌어들여 설명하고자 한다. 사계절의 변화를 비롯한 자연현상과 그로 인한 재해, 곧 폭우나 번개, 화산, 지진 같은 자연의 위력적인 모습은 우리 조상들이 결코 외면할 수 없는, 생존과 직결된 사건이었다. 그렇기에 자연을 이해하고 그 엄청난 힘을 이용하거나 극복할 수 있는 능력이 무엇보다 중요했다. 인간은 이렇게 자연현상과 그 사건을 이해하고 설명하고자 하는 근본적인 욕망을 지닌다. 그와 함께 자연을 넘어서는 역사적 사건이나 존재의 문제, 예를 들어 태어나고 죽어가는 것, 벗어날 수 없는 운명이나 사람 사이의 관계, 인간의 실존

적 한계 등에 대해서도 그 원인을 이해하고 싶어 한다. 신화와 신화적 세계관은 이런 배경에서 자연스럽게 생겨났을 것이다. 모든 민족과 국가, 공동체는 그들만의 역사와 함께 자연과 세계, 인간에 대한 이해와 해석을 담은 신화를 가진다. 신화는 문명의 싹이 트던 그 시기에 이러한 근본적 질문에 대해 나름대로 이해하고 해석하려던 시도였으며, 그것을 이야기로 풀어 놓은 귀중한 기록인 것이다.

하지만 신화적 세계관은 근대에 이르러 의문시되기에 이른다. 근대인의 눈에 신화는 사실적 정확성이나 합리성이 현저히 결여된, 한낱 소설적 창작에 지나지 않는 것으로 비춰졌다. 사실과 부합하지 않는 요소로 점철된 신화 속 이야기는 역사와 경험을 공유하지 않은 이들에게는 결코 설득력 있게 들리지 않는다. 그들에게 사실을 말하지 않고 의미를 해석하는 신화

코페르니쿠스, 케플러, 베이컨, 갈릴레이(왼쪽부터)

는 재미있지만 기괴한 이야기에 불과할 뿐이다.

　이런 한계와 모호함을 넘어, 인간의 근본적 물음과 그에 대한 자신들의 이해를 체계적이며 합리적으로 설명하려는 시도가 생겨났다. 이는 인간의 내적인 능력, 즉 생각하고 설명하는 지적 능력으로써 신화적 세계관을 대체하려는 노력이다. 역사적으로 보면 기원전 6~7세기경에 이런 시도가 분명하게 나타난다. 이러한 지성적 작업을 일컬어 철학이라 칭한다. 물론 철학이란 말이 동아시아 세계에서는 명시적으로 쓰이지 않았지만, 학문이란 말로 이러한 노력을 표현해 왔기에 같은 맥락에서 이해할 수 있다. 지식과 학문은 문화적 경험과 역사를 거치면서 변화하고 발전해 왔다. 인간의 이해와 이를 체계화한 학문은 역사적 결과물이다.

　고대와 중세를 거치면서 지적 노력은 새롭게 변화한다. 수학적 세계관을 바탕으로 자연현상을 객관적이며 명확하게 설명하려는 체계적인 시도가 나타난 것이다. 이 시대를 '새로운 시간'이란 뜻에서 근대(modern)라 부른다. 학문을 비롯한 인간의 이해 체계 일반과 그에 따른 세계의 체제가 새롭게 형성된 시대이기 때문이다. 예를 들어 근대 초기의 몇몇 자연철학자는 중세부터 전해 오던 "자연이란 책을 읽는다."는 도식을 달리 해석했다. 이 말은 원래 자연에 담겨 있는 창조의 의미나 창조주의 신비를 해석하는 작업을 의미한다. 그러나 플라톤적 철학에 근거하여 수학적이며 합리적으로 세계를 설명하려 했던 이들은 이 도식을 자연에 내재한 법칙을 밝혀내는 작업으로 이해했다. 케플러, 코페르니쿠스, 갈릴레이 등이 대표적이다. 그중에서도 이런 현상을 가장 잘 보여 주는 사람은 아마도 영국의 철학자 베이컨일 것이다. 그는 새로운 학문을 전개하려는 의욕에 가득 차『신기관(Novum Organum)』을 집필한다. 여기서 그는 인간이 지적인 능력으로 자연을 설명함으로써 자연을 정복하고 지배하는 힘을 지닌다고 말한다. 이는 근대의 시대정신을 보여 주는 상징적 표현이다.

근대에 이르러 자연에 대한 생각은 달라진다. 자연에는 설명하기 힘든 초월적 원리와 힘이 있다는 입장에서 인간이 자연의 원리를 발견함으로써 자연을 정복하고 지배할 수 있다는 입장에 서게 된다. 자연의 일부로 그 안에 종속된 존재였던 인간이 자연을 관찰하고 그 원리를 이해함으로써 주인으로 자리하게 되었다. 더 이상 인간의 능력을 넘어서는 초자연적 세계는 존재하지 않는다. 인간은 스스로의 능력으로 자연을 벗어나 존재의 주인으로 탈바꿈하게 된 것이다. 이러한 인간의 능력이 곧 이성이며, 그에 근거한 학문적 체계가 과학이었다. 학문으로서의 과학은 이 시대에 체계화되었다. 이제 인간은 이성을 실현하는 계몽의 원리로 실증적 과학을 정립하게 되었으며, 역사를 통해 무한히 진보하는 세계를 만들어 가게 된 것이다.

자연을 관찰하여 그 안에서 지식을 찾는 과학으로 체계화된 학문이 그 의미를 이해하고 해명하려는 철학적 학문을 대신하게 된다. 과학적 원리를 응용한 기술 문명은 인간 세계와 역사를 바꾸어 놓았다. 이제 철학은 과학의 원리를 설명하거나 언어에 내재한 논리를 설명하는 학문, 또는 실증적 세계관을 뒷받침하는 학적 체계 정도로 존재한다. 아니면 인간의 내적 문제를 해명하거나 문화와 세계를 설명한다. 신화를 비롯한 비이성적 세계관, 비합리적 체계는 사라지거나 상상력을 자극하는 영역이나 예술의 영역으로 국한되기에 이르렀다. 근대의 세계는 실로 자연과학의 개선 행진곡이 울려 퍼지는 신세계로 재현되었다. 여기에 자연을 욕망의 대상으로, 인간의 삶을 위한 수단으로 소유하려는 자본주의 사회가 성립되면서 근대의 세계관이 완성된다. 현대는 이러한 근대성이 체계화되고 완성에 이른 시대다.

후기 근대의 시기에 이르러 근대의 한계와 모순을 지적하면서 이를 벗어나야 한다는 소리가 끊임없이 들려온다. 과학기술주의와 자본주의의 한계를 극복해야 한다고들 말한다. 성찰적 지식과 이해의 세계가 사라진다는 경고의 목소리가 점점 더 커진다. 사물화된 세계에서 사물화될 수 없는 영역에 대한 이야기들이 그치지 않는다. 과학기술주의의 문화와 자본주의로 체계화된 세계에서 소외되고 왜곡되는 존재의 영역에 대한 목소리가 여전히 들려온다. 아니 오히려 시간이 갈수록 그 소리가 높아진다.

인간은 과연 과학과 기술 문명 속에서 완성에 이를 수 있는 것인가. 사물화되거나 과학적으로 설명할 수 없는 영역이 인간에게 존재하지 않는가. 내적인 의미와 다가올 시간의 영역, 설명 불가능한 실존적 영역에 대해서는 어떻게 이해해야 하는 것인가. 존재와 초월이란 말로 재현되는 알 수 없고 말할 수 없지만 분명히 존재하는, 끊임없이 들려오는 깊은 내면의 소리는 무엇이란 말인가. 끝없는 갈망 속에서 과거와 비교할 수 없을 만큼 가졌지만 더 소유하고 싶어 하는 이 어두운 욕망을 어찌해야 하는가. 죽음과 어둠, 악과 무지, 폭력과 야만은 여전히 인간의 세계적 승리를 비웃는다. 우리에게 존재의 전환은 불가능한가. 인간에게 새로운 전환은 어떻게 가능한 것인가.

근대에 이르러 완성의 단계에 이른 전통적인 철학에 따르면, 인간은 이성적 존재다. 역사에서 보듯이 인간은 이성으로 자연을 정복하고 소유함으로써 존재의 주인이 되었다. 칸트와 헤겔에서, 그리고 철학을 체계화한 문화와 세계, 자연과학과 기술 문명은 이 사실을 여실히 보여 준다. 근대 철학의 시작으로 간주되는 데카르트는 인간을 생각하는 실체와 연장할 수 있는 실체가 결합된 존재로 파악했다. 생각하는 실체란 물질적 요소를 뛰어넘는 정신이나 영혼과 같은 신적인 요소다. 이에 비해 물질적 실체는 연장시켜 외적 공간을 채울 수 있는 것의 근본적 요소를 말한다. 동물을 비롯한 사물은 오직 물질적 실체로 이루어져 있지만, 사람과 신적 존재는 정신이란 실체를 소유한다.

이런 생각은 고대 그리스 철학부터 이어져 오던 유럽 철학의 인간 이해를 결정적으로 표현한 것이다. 몸에 대한 정신의 우위는 물론, 자연 사물과 초자연적 세계를 구분하고 초자연적 세계를 우위에 두는 이분법적 사고는 인간의 본성에 호소하는 경향이 매우 강하다. 이러한 철학적 흐름은 현대의 생명과학과 마주하면서 심각한 비판에 직면하게 된다. 과연 인간은 영혼과 육신으로 이루어진 존재일까 아니면 진화생물학에서 말하듯이 육체로 이루어진 존재로서 정신적 현상이 이에 덧붙여 나타나는 것일까.

그도 아니면 육체적 진화와는 별개로 영혼이 존재하는가. 여기서 문제가 되는 것은 무엇보다도 인간에 대한 이해에 기반을 두는 학문적 체계, 곧 진화생물학으로 대표되는 자연과학이다.

분명히 말할 수 있는 것은 진화생물학의 업적을 제외하고서는 인간을 이해하려는 어떠한 학문도 의미를 갖지 못한다는 사실이다. 1859년 다윈의 진화설과 오늘날 신다윈주의에 근거한 진화생물학은 인간에 대한 이해가 결정적인 토대로 작용한다. 진화설 이후의 학문은 어떤 경우라도 그 이전의 학문과 같을 수 없다. 마치 진화설이 없었던 듯이 연구를 이어 가는 철학과 신학을 비롯해 어떠한 인문학적 진리 주장도 타당성을 획득하지 못한다. 이는 예술과 사회 체계에서도 마찬가지다. 인간은 마침내 자신이 자연 속에서 역사적 과정을 거쳐 형성된 존재라는 사실을 절실하게 느끼게 되었다. 이러한 역사성과 자연적 요소를 배제한 채 인간은 결코 타당한 자기 이해에 이를 수 없을 것이다.

그런데 문제는 진화생물학적 업적만으로는 결코 타당하거나 의미 있는 인간 이해를 얻을 수 없다는 데 있다. 이는 얼핏 매우 이율배반적으로 보인다. 이를 해결하기 위해서는 새로운 사유가 필요하다. 오늘날 철학에서는 근대의 학적 체계와 근대적 세계를 극복하는 일이 가장 중요한 과제일 것이다. 이 작업은 진화생물학의 학적 결과를 진지하게 수용하면서도, 이를 올바르게 성찰하고 해석하는 사유에서 시작될 것이다. 이것은 단지 진화생물학을 반성하고 해명하는 어떤 생물학의 철학일 수는 없다. 오히려 이러한 작업은 진화생물학과 상호작용하면서 새롭게 인간을 이해하는 생각의 체계로 이루어질 것이다. 이를 위해 우리는 근대가 발견했던 인간과 세계에 대한 정당함을 수용하면서도 그 한계를 극복할 수 있는 새로운 정신과 사유의 체계를 필요로 하는 것이다.

　새로운 사유를 위해서는 무엇보다 먼저 인간이 이성적 존재 이상이라는 사실을 진지하게 받아들여야 한다. 인간은 몸을 지녔기에 세계와 거기서 생겨나는 여러 조건과 한계 상황, 생물학적 차원을 떠나서는 생존하지 못한다. 그럼에도 인간은 그런 차원을 넘어 존재한다. 이 둘은 대립되는 조건이 아니라 상호작용하면서 함께 이루어진다. 그러기에 이를 이해하고 수용할 새로운 생각의 지평이 필요해지는 것이다. 인간은 이성을 지녔지만 이성은 결코 신체적 차원에서 비롯되는 감정이나 마음을 떠나 작용하지 않는다.
　인간은 생물학적 층위에 존재하면서 그 이상의 세계와 가치를 필요로 한다. 이것 없이 인간은 인간일 수가 없다고 말한다. 그러기에 이성을 넘어 감성과 영성, 초월성이 상호작용하는 존재적 특성에 대한 이해와 해명이 반드시 필요하다. 인간은 초월을 지향하지만, 그것은 인간 바깥의 어떤 미지의 세계에서 주어지는 것은 아니다. 오히려 그것은 철저히 인간의 내면에서 이루어지는 내재적인 것이다. 내재하면서 초월하는 존재를 타당하게 받아들일 수 있는 생각의 틀은 무엇일까. 객체적 사물과 생물학적 영역을 올바르게 수용하면서도 이를 넘어 그 의미를 이해하고 새롭게 통합할 수 있는 정신적 노력, 사유의 새로움이 요구된다.
　새로운 사유를 위한 두 번째 요건은 시간성이다. 진화론에서는 물론 현대 철학에서도 시간적 요소를 떠나서는 인간을 이해하거나 진리를 주장하는 학적 작업을 정당하게 수행할 수 없다고 말한다. 인간은 현재에 자리하지만 과거를 재해석하면서 미래를 지향하는 존재다. 이렇게 재해석하면서 지향하는 특성이 현재에서 상호작용하면서 인간으로서 우리 자신의 이해 체계 전체를 형성한다. 이러한 이해의 체계가 형성되는 시간과 공간의 지평을 '현재화(現在化)'로 개념 지을 수 있다. 인간은 언제나 이러한 현재화의 지평에 존재한다. 인간은 이 지평을 떠나 존재하지 않는다.

인류의 역사는 자신의 존재를 이해하고 해석해 온 과정 자체라고 할 수 있다. 인간은 이렇게 이해하고 해석하면서 존재한다. 여기에 과학을 비롯한 학문 일반, 진화생물학을 비롯한 생명과학의 타당한 연구 업적을 진지하게 수용하면서 인간이 지닌 생명성이란 특성에 따라 자신의 존재를 새롭게 이해할 때 우리는 새로운 삶의 지평을 볼 수 있을 것이다. 그것을 위한 인간의 사유 작업, 참됨과 올바름을 찾는 기나긴 노력이 마침내 우리에게 새로운 세계와 새로운 존재를 열어 보일 것이다. 이러한 작업을 통해 인간은 자연적 세계에서 비롯된 기본 조건과 함께 이를 초월적으로 극복할 계기를 얻게 된다. 이 두 차원이 상호작용하는 가운데 인간은 인간으로 존재하게 된다. 인간은 자신의 한계를 수용하면서도 이를 넘어서는 새로운 존재로 거듭나게 될 것이다. 우리는 지금 그 길 위에 있다. 그 길에 초대 받은 것이다. 초대에 진지하게 응할 때 우리는 새로운 삶의 지평으로 옮겨 갈 것이며 존재의 도약을 체험할 것이다.

윤성식(고려대학교 행정학과 교수)

고려대학교 행정학과를 졸업하고 오하이오 주립대학에서 경제학을 공부했다. 일리노이 대학(어바나 샴페인)에서 회계학 석사 학위를, 버클리 대학에서 경영학 박사 학위를 받았다. 동국대학교에서 불교학 석·박사 과정을 마쳤다. 텍사스 대학 경영대학원 교수, 정부혁신지방분권위원장을 역임했으며 현재 고려대학교 행정학과 교수로 재직 중이다.

3장 불교와 과학

일반적으로 종교와 과학의 연결은 낯설다. 그러나 불교는 그렇지 않다. 아인슈타인은 불교를 과학과 조화를 이룰 수 있는 종교로 보았다. 그는 과학의 진짜 아버지는 석가모니 부처라고 했다. 불교는 과학에 도움을 줄 수도 있고 과학으로부터 도움을 받을 수도 있다.

석가모니는 제자들에게 부처의 말이라고 무조건 믿어서는 안 되고 스스로 생각해 보아 타당할 때 믿으라고 했다. 매우 과학적인 태도다. 과학의 검증 가능성을 연상하게 한다. 불교에서는 창조주나 신을 상정하지 않는다. 또한 우리를 창조하고 모든 것을 주재하는 절대자가 존재한다고 생각지 않는다. 모든 것이 신에 의해 만들어졌다고 믿는다면 과학과 조화를 이루기 어려울 것이다.

뇌과학과 불교

유식불교라는 영역이 있다. 인간의 심리를 연구하는 심리학과 비교될 만한 분야이다. 그래서 유식불교를 불교심리학이라고 부르기도 한다. 유식불교를 공부할 때 뇌과학의 도움을 많이 받았다. 뇌과학은 마치 유식불교로부터 영감을 받은 듯했다. 뇌과학자인 크리스토프 코흐는 자신의 저서에 다음과 같은 불교 우화를 인용한다.

> 세 명의 선승이 나부끼는 사원의 깃발을 본다. 첫 번째 수도승이 읊는다. '깃발이 움직이고 있구려.' 두 번째 수도승이 말한다. '아니오, 바람이 움직이고 있다오.' 마침내 세 번째 수도승이 선언한다. '움직이고 있는 것은 마음이라오.'

이는 불교를 설명할 때 자주 인용되는 구절이다. 불교에서는 깃발이 움직이는 것은 바람이 불어서가 아니라 깃발이 움직이고 있다고 마음이 인식하기 때문이라고 본다. 이것이 바로 유식불교의 관점이다. 세상의 모든 것은 오직 식(識)에 의해 만들어진다고 여긴다. 유식불교를 처음 접했을 때 이는 지나친 과장이라 생각했다. 어떻게 세상의 모든 것이 오직 의식, 무의식에만 의존할 수 있단 말인가.

이러한 의문은 뇌과학을 공부하면서 사라졌다. 뇌과학은 우리가 보는 세상이란 실제로 그런 것이 아니라 우리 뇌가 그렇게 인식하기 때문에 그렇게 보이는 것이라고 주장한다. 우리가 깃발이 움직인다고 마음에서 생각하기 때문에 깃발이 움직이는 것처럼 보인다는 관점과 일치한다. 실제로 깃발이 움직이지 않는데도 깃발이 움직인다고 착각하면 깃발이 움직이는 것처럼 보인다. 세상은 인식되는 것이다.

뇌과학 책에서 불서의 유명한 구절을 인용할 정도로 불교는 뇌과학에 많은 영감을 주고 있다. 물론 뇌과학도 불교에 많은 도움을 준다. 나는 뇌과학을 공부하면서 이전에는 이해할 수 없었던 불경의 구절을 상당 부분 이해할 수 있게 되었다. 예를 들어 유식불교에서는 인간의 잠재의식에 해당하는 잠세식의 존재를 주장한다. 현대 심리학에서 의식이라 하는 것은 불교에서 현세식이라 한다. 현세식과 잠세식에 대해 보다 깊이 이해하는 데 심리학의 도움이 컸다.

물리학과 불교

불교는 우연론을 거부한다. 다시 말해 세상만사가 우연에 의해 일어난다고 생각하지 않는다. 인과 연이 결합하여 결과를 낳는다고 본다. 인은 직접 원인에 해당되고 연은 간접 원인 혹은 조건에 해당된다. 인과 연이 결합하여 결과를 낳는다는 것이 인연법이다. 또한 불교는 숙명론을 거부한다. 인이 어떤 연을 만나느냐에 따라 결과가 달라지고 업이 소멸한다고 믿기 때문에 모든 것을 결정지어진 것으로 생각하는 숙명론이 성립할 리 없다. 우연론과 숙명론을 거부하는 것 역시 과학적 정신과 상통한다.

인연법에 대한 이해는 물리학의 인과율에 대한 이해로부터 도움을 받을 수 있을 것이다. 불교의 인연법은 과학이 지금처럼 발달하기 이전에 만들어진 것이다. 발달된 물리학이 불교의 인연법이 설명하지 못한 부분까지 설명해 줄 수 있을지도 모른다.

물리학에서는 물질의 구조를 이해하기 위해 물질을 쪼개고 또 쪼갠다. 불교에서 물질을 구성하는 매우 작은 단위로 '미진(微塵)'을 가정한다. 미진은 물질이라 할 수 없고, 크기도 없고 무게도 없는 극미(極微)라는 물질의 근원으로 구성되어 있다고 본다. 이러한 생각은 물리학의 원자, 분자,

미립자 이론과 매우 유사하다. 그러므로 입자물리학, 양자물리학의 이론이 불교의 물질세계에 대한 관념적인 입장을 실제적으로 이해하는 한 가지 방편이 되어 줄 수 있다.

불확실성과 불교

이 세상에 확실한 것이 하나도 없다. 모든 것은 변하며 일시적이다. 불교는 절대불변의 진리를 인정하지 않는다. 이분법과 흑백논리를 거부한다. 이러한 관점은 현대 과학의 입장과 상통한다. 물리학의 불확정성의 원리를 처음 접했을 때 불교에서 말하는 불확실성과 주관에 대한 입장을 더 깊이 이해하게 되었다. 하이젠베르크(Werner Karl Heisenberg)의 불확정성의 원리는 결정론을 부인한다. 때문에 불확정성의 원리를 접하는 순간 불교가 말하는 내용이 보다 명확해졌다.

불교가 개방성, 유연성을 강조하는 것은 모든 것이 변한다고 생각하는 관점 때문이다. 변화무쌍한 세계에서는 개방적이고 유연해야 세상의 변화에 잘 대처할 수 있다. 이러한 태도는 특히 생물학에서 강조된다. 유기체의 세상에서는 진화적 관점이 중요하다는 것인데 진화적 관점은 불교와 상통한다.

상호의존성과 불교

세상의 모든 존재와 현상은 독자적인 실체가 없으며 여러 가지 요소로 임시적으로 구성되어 있는 것에 불과하다는 것이 불교의 연기(緣起) 사상이다. 개별적인 실체가 없다고 보지만 그렇다고 실체의 존재성까지 부인하지는 않는다. 다만 다른 요소와 명백하게 구별되는 독립된 실체라는 것도, 영원히 변하지 않는 불변의 실체라는 것도 없다고 생각한다.

오늘날 과학은 세상의 모든 현상이 놀랄 만큼 상호 의존적이어서 서로 구별이 어렵다는 것을 발견해 내고 있다. 물론 과학의 세계에서도 불변적인 것을 인정하지 않는다. 우리는 보통 과학은 객관적인 학문이라 생각하지만, 과학의 세계에서도 주관이 개입된다. 모든 과학적 이론은 새로운 이론으로 대체되기 전에 잠정적으로 수용되는 이론에 불과하다. 100퍼센트 확실성에 의해 입증되는 이론은 없다. 통계를 통해 가설 검증을 통과하는 이론이 있을 뿐이다. 불교의 연기 사상을 이해하기 위해서는 과학에 대한 공부, 특히 과학철학에 대한 이해가 필연적이다.

자연과 불교

불교는 인간, 생물, 무생물을 모두 하나로 본다. 자연과 인간을 구분할 수 없다. 불교를 친환경적이라 느낀다면 바로 이러한 관점 때문일 것이다. 불교의 생명 존중 사상은 이 자연과의 관계에서 유래한다. 오래전부터 불교에서는 우리의 눈에 보이지 않는 수많은 생명체가 있기 때문에 환경을 오염시켜서는 안 된다고 해 왔는데, 오늘날 과학의 힘으로 눈에 보이지 않는 미생물을 발견해 냈다.

출가자들은 4월부터 7월까지 3개월 동안 외출하지 않고 실내에서 수행에 전념하는 하안거(夏安居)를 한다. 불교의 발상지 인도의 여름은 우기이다. 우기에는 생물이 가장 왕성하게 번식하기 때문에, 만약 이때 사람들이 밖에서 활동하게 되면 자신도 모르게 생물체를 밟아 죽이게 되므로 외출하지 않고 실내에서 수행을 했던 것이다. 또 우기에는 비가 많이 오기 때문에 실내에서 머무는 것이 좋은 까닭이기도 하다.

오늘날 환경생태학은 불교적 관점이 얼마나 지혜로운가를 증명한다. 많은 동식물은 서로에게 이익을 주고받으며 밀접하게 연계되어 있어 각각 구분해서 파악할 수 없다. 환경학의 도움으로 과학적 근거 없이 전해 내려오던 불교의 교리들이 이론적 근거를 확보하게 되었다.

지금까지 과학과 불교의 연관성을 살펴보았다. 과학과 불교는 서로 도움을 주고받을 수 있다. 석가모니 부처님 이후 2500년 동안 불교는 수많은 수행자와 신도들의 노력으로 오늘날의 모습을 갖추었다. 불교는 철학이기도 하지만 과학이기도 하다. 그런 불교에서 현대 과학이 영감과 아이디어를 얻을 수 있음은 물론이다.

흔히 불가에서는 불교 경전의 설법만으로는 완전하지 않다고 한다. 경전은 달이 아니라 달을 가리키는 손가락에 불과하기 때문에 손가락이 아닌 달을 보아야 한다는 것이다. 언어로 표현하는 것에는 한계가 있기 때문에 경전의 내용은 불완전한 언어로 설명된 깨달음의 도구에 불과하다. 그래서 깨달음에 도달하면 경전을 버리라고 한다. 깨달음이라는 저쪽 언덕에 도착하면 뗏목에 불과한 경전은 더 이상 필요하지 않다. 이미 언덕에 도착했는데 뗏목을 머리에 지고 다닐 수는 없는 노릇이라는 것이다.

만약 경전에 서로 모순되는 내용이 있거나 부족한 내용이 있다 해도 놀랄 일은 아니다. 경전은 불완전한 수단에 불과하기 때문에 경전의 내용을 전부 진리라고 믿을 필요도, 문자 그대로 수용하라고 강요할 수도 없다. 마치 새로운 이론에 의해 과거의 이론이 대체되듯이 경전도 시대와 환경의 변화에 따라 끊임없이 재해석되어야 한다. 같은 맥락에서 경전의 내용과 과학적 내용이 상충한다 해도 유연하게 접근할 필요가 있다. 대체로 과학적 발견이 경전의 부족함을 메꾸어 준다.

21세기에는 20세기보다 더욱 눈부신 과학의 발전을 목격하게 될 것이다. 과학이 발전할수록 불교에 대한 이해도 깊어질 것이다. 이는 불교의

용연사 석가모니불도

전파에도 도움이 될 것이다. 종교와 과학을 별개로 생각하지 않고 물리학과 불교를 관계 지어 본다면 불교에 대한 인식이 달라질 것이다. 뇌과학과 불교의 관계를 알게 된다면 불교를 새롭게 평가하게 될 것이다. 과학은 불교에서 언어의 한계로 인하여 충분히 설명하지 못한 현상을 더욱 명쾌하게 설명해 줄 수 있고, 미처 언급하지 못한 내용을 새롭게 보완해 줄 수 있다.

불교와 과학은 서로 동반자가 될 수 있다. 과학은 2500년 동안 불교가 이룩해 놓은 성과를 통해 과학적 영감과 아이디어를 얻을 수 있고, 불교는 발전된 과학을 통해 그동안 해결하지 못한 미진한 영역에 대한 이해를 높일 수 있다. 불교는 철학, 역사, 문학, 과학이 어우러진 종교다. 불교 자체가 이미 학문의 융합을 내포하고 있는 것이다. 그러나 불교에 포함된 과학은 엄격한 방법에 의한 것이 아니라 명상과 통찰을 통해 얻는 것일 따름이다. 따라서 과학적 방법에 의해 새롭게 재구성될 필요가 있다. 그렇게 된다면 불교는 현대 과학과 더욱 자연스럽게 융합될 것이다. 이 융합은 우리 인간에게 전무후무한 이득을 제공할 것이라 확신한다. 현대 과학이 불교의 중생 구제, 자이이타(自利利他), 자비, 불국정토(佛國淨土) 사상과 결합하면 인류를 위해 윤리적인 공헌을 할 것이 분명하기 때문이다. 과학의 발전에 의해 보강된 불교는 인간의 깨달음을 위해 더욱 효과적인 역할을 할 수 있다.

참고문헌

- 『의식의 탐구』, 크리스토프 코흐, 김미선 역, 시그마프레스, 2006.

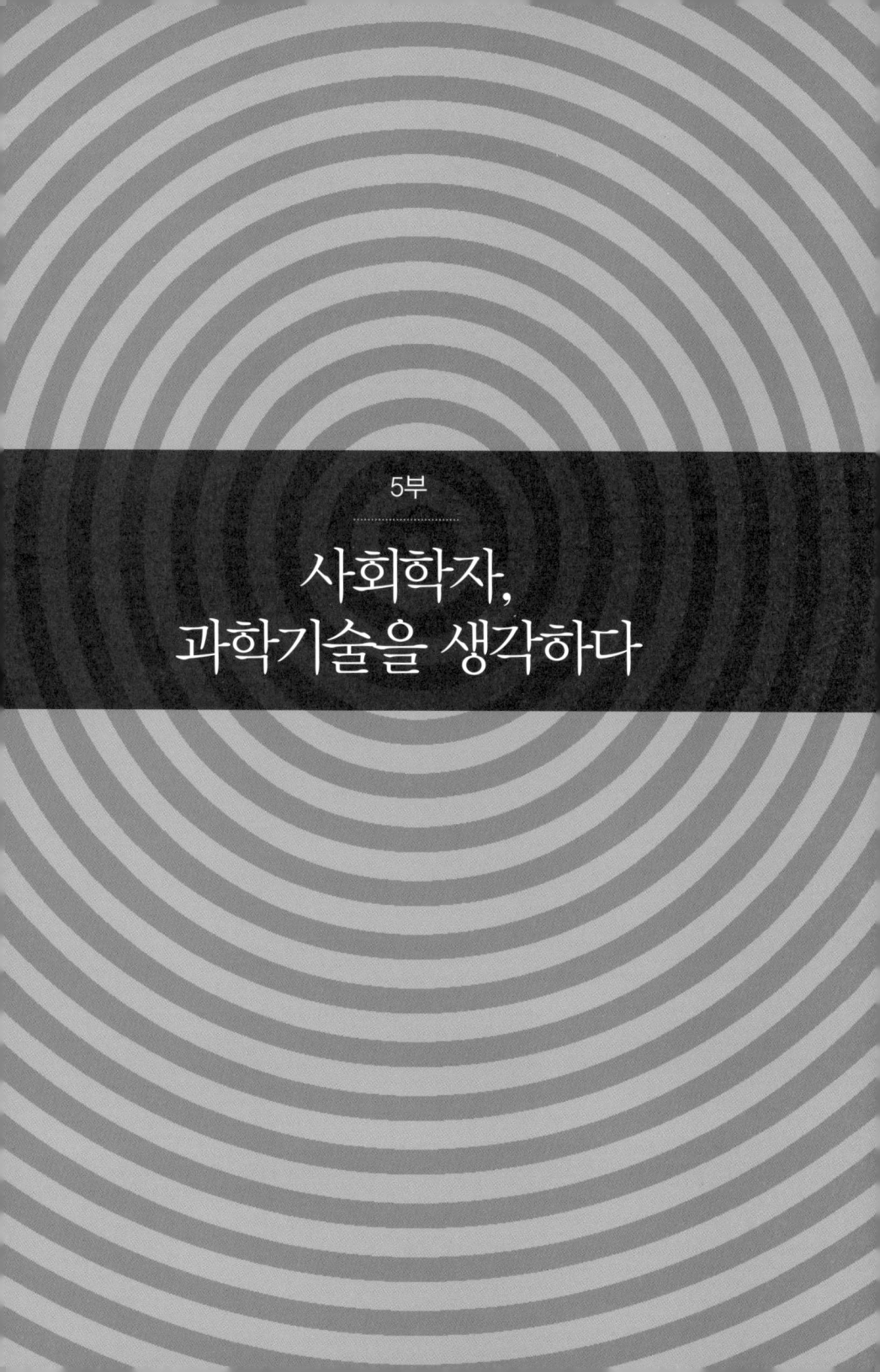

5부

사회학자, 과학기술을 생각하다

김진현(대한민국역사박물관 건립위원회 위원장, 전 과학기술처 장관)

언론인 출신으로 동아일보에서 논설주간을 거쳤으며, 과학기술처 장관, 서울시립대학교 총장, 한국경제신문 회장, 문화일보 발행인 및 회장을 역임했다. 1981년부터 4년간 한국경제연구원 창설 멤버로서 대표이사, 부원장을 역임했으며 과학계에서는 한국 과학기술정책평가연구원 이사장, 한국해양수산연구원 이사장, 정보화추진협의회 의장을 역임했다. 1995년부터 1998년까지 국무총리와 공동으로 세계화추진위원장에 임명되었다. 현재는 대한민국역사박물관건립위원회 위원장, KIST 자문위원장, 세계평화포럼 이사장을 맡고 있다. 저서로는 『한국 경제학의 제문제』(공저) 『한국은 어디로 가고 있는가』 『한국은 어떻게 가야 하는가』 『한인-삶의 조건과 미래』(편저) 『해양 21세기』(공저) 『대한민국 어디로 가야 하나』 『일본 친구들에게 정말로 하고 싶은 이야기』 등이 있다.

다른 것과의 만남
―과학기술과 과학기술인 그리고 국가 정책과의 융합

우리 세대, 과학기술과의 만남

나는 왜정 치하에서 어린 시절을 보내고 해방과 분단, 한국전쟁을 겪으며 중·고등학교를 다녔다. 나처럼 1950년대 중반에 대학을 다닌 세대는 과학기술이 매우 낯설다. 특히 인문사회 계열 전공자는 더하다. 초등, 중고생 시절에 과학 실습을 하며 과학 선생님의 설명을 들은 기억이 전혀 없다. 과학관이란 것이 있는 줄도 모르고 자랐다. 학과목에 물리, 화학, 생물 시간이 있었지만 그야말로 시험을 치르기 위한 과정일 뿐 나의 삶과 연관이 있다고 생각하며 배우지는 않았다. 대학 입시에서도 과학은 선택 과목이어서 나는 역사를 선택해 시험을 치렀다.

과학기술은 사회현상일 뿐이었다. 자동차, 전차, 전기, 라디오 같은 근

1965년 한미 정상회담 기자회견

대 과학기술의 산물은 과학기술적 현상이 아니라 교통, 미디어라는 사회적 현상에 불과했다. 원리나 작동 메커니즘, 그에 따른 영향 등을 알려고 하지 않았고 알 필요도 없었다. 그저 이미 주어진 사회 시스템의 한 측면일 뿐이었다. 이를테면 내 소유의 차를 운전하고 수리 공장도 들락거려야 비로소 자동차의 기술적 원리나 작동 메커니즘을 터득할 수 있는 것이다. 그런데 당시 대부분의 사람들은 기술의 산물을 소유해 본 적이 없었다.

내가 본격적으로 과학기술에 흥미를 갖게 된 것은 사회에 나와서다. 동아일보 일선 기자 시절 출입했던 경제기획원에는 기획국, 예산국, 경제협력국 등의 힘 있는 부서도 있었지만, 기술관리국이라는 변두리 부서 취급을 받는 부서도 있었다. 기술관리국은 기술개발5개년계획을 세우고, 한국과학기술연구원(KIST) 설립을 추진하고, 처음으로 기능올림픽 참가를 주선하기도 했다. 그 무렵 기술관리국은 취재기자의 관심을 끄는 곳이 아니었다. 하지만 나는 비교적 관심을 갖고 취재를 했다. 지금까지도 당시 기술관리국 인사 몇몇과 교류하고 있을 정도다. 덕분에 1965년 5월 19일 박정희 대통령이 미국을 방문해 존슨 대통령과 발표한 KIST 설립에 관한 공동성명을 유일하게 국내에 알린 언론인이 되었다. 당시 대부분의 언론은 박 대통령의 방미 성과를 월남 파병과 관련한 군사 원조 면에서만 보도했다. 워싱턴발 기사는 물론 국내의 다른 언론에서 쓴 공동성명 해설에서도 마지막 12항 '박 대통령은 한국의 공업기술 및 응용과학 연구소를 설치하는 가능성을 한국의 공업·과학 및 교육계 지도자들과 더불어 검토케 하기 위하여 그의 과학 고문을 한국에 파견하겠다는 존슨 대통령의 제의를 환영하였다.'는 전하지 않았다. 물론 동아일보 보도 기사에도 이 내용은 없었다. 당시 동아일보 경제부 기자였던 나의 해설 기사에서만 박 대통령 방미 성과 중 특별히 의미 있는, 파격적인 사항으로 소개되었다. 이것이 인연이 되어 후에 KIST의 자문 위원으로 선정되기도 했다. 최형섭 박사(KIST 초대 소장)는 그의 회고록 『불이 꺼지지 않는 연구소』에서 이를 자세히 추적하면서 "KIST가 설립된 지 25년이 지난 뒤 김진현 동아일보 차장은 과학기술처 장관이 되어 KIST의 새로운 도약을 염려해야 하는 처지에 놓였으니 이는 결코 우연한 일이 아니다."라고 덧붙였다.

미래학회에서 만난 과학기술

1968년 이한빈 선생(부총리, KIST 이사장 역임)이 주도해 만든 한국미래학회(창립 초기엔 '서기 2000년회'였다) 창립 회원으로 참여하면서 문명의 전개에서 과학기술의 역할이 얼마나 중요한지를 본격적으로 배우게 되었다. 최형섭 KIST 소장과 권태완, 성기수, 윤창구 박사 등과 학회를 하면서 미래 예측에 있어 과학기술이 중요한 요소임을 알게 되었고 역사적으로 결정적 계기가 된 과학기술이 많다는 사실도 실제적으로 공부할 수 있었다.

특히 미래학회 창립 2년 뒤인 1970년, KIST의 지원으로 30년 뒤의 한국을 예측하는 '서기 2000년의 한국의 미래상' 연구를 진행한 것이 기억에 남는다. 우리나라 최초의 장기 미래 전망 작업을 반년 가까이 하면서 과학-산업-경제-교육-사회의 연결 과정을 실체적으로 체험했다. 돌이켜 보면 1970년대 예측 가운데 전기·전화 보급률, 텔레비전 보급률, 도시화, 서울-부산 두 시간 연결, 정보화 전개 등 실생활과 관련된 지표는 모두 충족되었거나 초과되었다. 그러나 1990년대 초반에 ① 원자력 분야에 고속증식로가 도입되고, ② 소비 전력 가운데 원자력 발전 비율이 70퍼센트에 이르고, ③ 토륨 사이클을 이용한 원자력 발전까지 내다본 것이나 ④ 식량 개발 분야에서 석유에서 추출된 균체 단백질과 광합성 클로렐라 녹조 단백질 개발을 예측한 것 등은 지나친 기술낙관론이었다 할 수 있다.

이런 인연을 토대로 1970년대 초반 미국 하버드 대학교에서 공부할 때는 반 학기 동안 '기술과 문화(Technology and Culture)' 강의도 들었고, 1984년 한국경제연구원 시절에는 영국 워릭 대학교에서 OECD, 서식스 대학교와 공동 주최한 '기술 변화의 경제학(Economics of Technical Change)' 워크숍에 참가해 미국, 영국, 프랑스, 네덜란드, 일본의 기술경제학 석학들과 호흡을 같이할 수 있었다. 아직도 본원적으로는 풀리지 않는 문제지만 자유 시장이 기술 혁신에 더 촉진적이냐 독점이 더 촉진적이냐에 대한 논쟁, 특히 미국 학자와 네덜란드 학자 사이의 격론을 잊을 수 없다. 국가별 특징에 따라 이론의 구성이 어떻게 달라지는지를 실감할 수 있었다.

과학기술의 목적 – 비과학자에 의한 국가 과학기술 정책 수행

과학기술이 나의 인생에서 떼려야 뗄 수 없는 일부분이 된 것은 두말할 것도 없이 1990년 별안간에 과학기술처 장관을 맡게 되고서부터다. 대한민국 건국 이래 처음으로 비과학기술자가 과학기술처를 관장하는 국무위원이 된 것이다. 창졸간에 강제 징집되었지만 국가 발전을 위해 과학기술이 해야 할 역할에 대해서는 나름의 소신이 있었기에 사명감은 남달랐다. 과학기술과의 인연은 이제 국력 신장과 국격(國格) 발전이라는 목적을 가진 국가 차원의 것이 되었다. 미래학회나 해외 연수 같은 한가한 공부의 차원이 아니라 국가 경영으로서의 과학기술인 것이다. 4대 강국에 둘러싸여 있는 세계 유일의 지정학적 조건을 극복하고 분단된 민족의 통일을 위해서는 대한민국이 반드시 선진국이 되어야 한다. 되면 좋고 안 되어도 괜찮은 선택의 문제가 아니다. 그에 앞서 우선 과학기술 선진국이 되는 데 일조하겠다는 견고한 목표로 과학기술과 만났다. 게다가 과학기술계 출신 못지않게 과학기술처 정책을 향상시킬 수 있다는 전범을 만들어야 한다는 사명감, 특히 언론인 출신 최초의 비정치직 국무위원으로서 후배 언론인들에게 언론인 출신도 정치직 장관뿐 아니라 과학기술 정책 수립과 같은 전문적 역할도 잘 수행할 수 있다는 사례를 창조해야 한다는 의무

감이 컸다.

　나는 취임식에서 대한민국의 과학기술 선진화를 위해서 전력을 다할 것을 다시 한 번 다짐했다. '나는 과학기술처 직원을 위하여, 과학기술자를 위하여 일하지 않을 것이다. 대한민국의 선진국으로의 도약을 위한 과학기술 정책을 펼칠 것이며, 그 과정에서 필연 과학기술자와 과학기술처 공무원의 기여와 노력이 가장 많이 필요할 것이기에 결과적으로 그들에게 많은 보상이 따를 것'이라는 요지의 취임사를 했다. 이후 나는 미국, 일본, 프랑스의 과학기술 정책과 중요 전략 기술에 대한 개별 정책, 기술 연구 발전에 관한 책을 많이 읽었다. 찰스 퍼시 스노의 『두 문화와 과학 혁명(The Two Cultures and the Scientific Revolution)』부터 시작하여 선진국의 원자력 정책까지 살폈는데, 특히 이웃 나라 일본의 원자력 정책 변화와 대미 교섭 과정이 흥미로웠다. 이 과정에서 나카소네 야스히로라는 일본주의 보수 원류를 추적할 수 있었다.

　가장 감명 깊었던 책은 일본의 전후 전자공업의 성공 비화를 다룬 『전자 입국 일본의 자서전』(아이다 유다카, 1991)이다. 맥아더 장군의 미 군정 아래 포고령에 의해 연구가 금지된 상황에서도, 비만 오면 지붕에서 물이 새는 열악한 연구실에서 비밀 연구를 이어 갔다. 비 소식이 있는 날이면 연구원들은 귀가하기 전에 장비가 비를 맞지 않도록 옮겨 놓아야 할 정도로 악조건이었다. 배를 곯아 가면서도 연구를 계속해 끝내 일본 반도체 기술이 '자립'하는 과정은 과학기술 입국의 애국 드라마였다. 나는 이 책을 번역하여 과학기술처 직원과 국내 연구소들에 널리 배포했다.

　이 무렵 내게는 과학기술처의 대외 발표문이나 정책 문서의 첫 장을 고치는 것이 일상이었다. 직원들이 써 오는 원고는 경제 발전을 위하여 필요한 과학기술이니 예산과 정책적 지원을 해 달라는 논리였다. 말하자면 과학기술은 경제의 하위 개념인 셈이었다. 여러 번 말해도 쉽사리 고쳐지지 않아, 내가 직접 원고를 고치고 새로 쓰는 수밖에 없었다. 나는 과학기술은 경제 발전에만 필요한 종속적인 하위 수단이 아니라 국방·환경·복지·문화예술 심지어 외교에도 필요한 것은 물론 앞으로 첨단 과학기술이 나라의 국력과 국격의 기준이 될 것이기에 상위 개념으로 여겨야 한다는 철학을 전개했다. 장관 퇴임 후 김영삼 대통령을 만난 자리에서는 이제 경제 부총리가 아니라 과학기술 부총리가 필요한 때가 되었다고 주청하였다. 김대중 대통령에게도 같은 이야기를 했었다. 노무현 대통령과는 개인적으로 만날 기회가 없었는데, 참여정부 들어 과학기술 부총리제가 생겼다.

UKC 2011

나의 이런 생각과 각오는 우리나라 최초의 범부처적 공동연구사업 'G7 프로젝트'를 출발시켰고, 이 프로젝트로 세계 7대 기술 강국이라는 목표에 대한 구체적 의지를 표현했다. 나는 이를 '제2독립운동'이라는 좀 더 포괄적 명제로 승격시켰다. 또한 같은 취지로 한-소 기술협력센터와 한-중 기술협력센터를 만들고 과학관 및 국책연구소 파견 연구원 공동사무소를 모스크바, 베이징, 도쿄, 파리 등에 확충했다. 무엇보다 미국과의 과학기술 동맹을 추진하여 '제1차 한미과학기술협력 포럼'을 1993년 1월 워싱턴에서 개최했다. 일본의 기술 독점, 특히 반도체와 반도체 장비 기술 독점을 한국과 미국이 협력해 대처하자는 취지였다. 백악관의 대통령 과학보좌관 상·하원 의원과 원자력, 반도체 중심의 민간 과학기술계가 우리 정부의 과학기술 외교에 대해 직접 듣고 접촉하게 된 최초의 일이었다.

2011년 8월 10일부터 14일까지 미국 유타 주 솔트레이크 시에서 열린 'UKC 2011(한미 과학기술자 회의)'에는 백악관과 과학재단 등에 속한 과학기술 책임자들이 찾아왔다. 양국의 과학자가 무려 800명 가까이 모였다. 18년 전, 한미과학기술협력 포럼에 이들을 초청하는 데 어려움을 겪었던 나로서는 격세지감을 느끼지 않을 수 없었다. 요사이 융합, 통합이 많이 회자되는데 무엇을 위한 융합이고 통합인지에 대해 보다 뚜렷한 목적의식이 필요하다. 과학에는 국경이 없지만 국가가 존재하는 한 과학자에겐 국경이 있다.

과학기술인과 사회 공동체 – '가로로 쓴 책'과 '세로로 쓴 책'

정부에 있는 동안 꼭 초청해야겠다고 결심한 사람이 몇 있었는데, 그렇게 만난 이들 가운데 미 국방성 산하 국방위고등연구계획국(DARPA)의 부책임자였던 크레이그 필즈(책임자는 나중에 국방장관이 된 빌 페리였다. 그는 인터넷 시스템의 창시자이기도 하다.)와 일본 도호쿠 대학 총장이었던 니시자와 준이치 박사가 가장 인상적이었다. 필즈 박사는 당시 DARPA에서 진행 중이었던 민간 기업과의 반도체 공동 연구에 대해 신자유주의 정책 원칙에 어긋난다는 이유로 대통령의 중단 명령이 떨어지자 이에 항의하고 국방성을 뛰쳐나왔다. 반도체 기술에서 일본에게 우위를 내주면 미국의 국방기술도 영향을 받을 것이란 입장이었다. 나는 그를 초청하여 서울에서 한미 과학기술 동맹에 대해 협의했다. 후에 그는 공직에서 물러나 IBM 등 컴퓨터, 통신 분야 민간 기업들의 공동 출자를 받아 텍사스 오스틴에 독자적으로 연구소를 설립했다. 퇴임 후 그의 초청으로 연구소를 방문하기도 했다. 그에게서 대통령에도 맞서는 과학기술 전략가의 소신을 엿볼 수 있었다.

한편 니시자와 총장은 1950년대, 전후의 어려운 연구 환경 속에서도 PIN 다이오드와 반도체레이저, 편광형 파이버 등을 발명한 일본 반도체와 광통신 분야의 선구적 개척자. 그가 쓴 『기술 대국, 일본의 미래를 읽는다』(1989)는 매우 감명 깊게 읽었다. 그가 일본을 대표하여 노벨상을 타지 못한 점은 안타까운데, 어쩌면 그의 괄괄한 성격 탓인지도 모르겠다. 일본 사람답지 않게 혁신적이고 독창적, 진취적인 그가 다른 일본인들의 눈에는 독불장군처럼 보였을 것이다.

니시자와 총장은 윤리관과 철학을 제대로 확립한 자가 올바른 인간이요 올바른 과학기술자이며, 동시에 올바른 인간만이 올바른 과학기술을 다룰 수 있다는 소신을 갖고 있었다. 그래서 '가로로 쓴 책'보다는 '세로로 쓴 책'을 많이 읽는다고 했다. 여기서 가로로 쓴 책은 이공계 학술서를, 세로로 쓴 책은 인문서나 문학을 가리키는 것이다. 이러한 기본을 계속 지키다 보니 가로로 쓴 딱딱한 과학기술 학위논문이나 연구논문을 읽어도 글쓴이가 지금 무엇을 고민하고 무엇을 생각하는지를 알아차리게 되었다고 했다. 그래서 논문 작성자의 선배나 지도 교수에게 '그 친구가 이런 고민이 있는 것 같으니 상담해 주라'고 권고하면 얼마 후 그 당사자로부터 "선생님, 제 고민을 어찌 알고 계십니까?" 하는 전화를 받기도 한다는 것이다. 니시자와 총장은 올바른 인생관을 갖지 못한 인간으로서는 아무리 전문적으로 훌륭한 일을 해도 쓸모가 없으며 인간성을 무시한 과학기술 연구는 일시적으로 훌륭한 것이 있을지라도 반드시 벽에 부딪치고 만다고 했다. 그의 명제는 '발명도 발견도 철학이다.'이다.

1992년 과천 과학기술처에서 니시자와 총장은 이렇게 강연을 시작했다. "12억 중국인이 계속 가난하면 주변국인 한국과 일본으로 보트피플이 오게 될 것이다. 이들이 자기 땅에서 가난에서 벗어나 제대로 살도록 하려면 저렴한 에너지를 공급해야 한다. 그런데 바로 북쪽 접경 러시아에서 값싼 전기를 대량으로 만들 수 있다. 그러나 송전망이 길어지면 저항으로 손실이 커진다. 따라서 초전도 기술을 연구하고 있다……." 그의 과학기술은 이렇게 인간, 국가, 평화에서 출발했다.

그와 함께 요시카와 히로유키 도쿄대 총장을 초청하였는데, 요시카와 총장은 끝내 응하지 않았다. 그 후 서울에서 로봇공학이 전문인 그를 만날 기회가 있었다. 그는 '인공물(人工物) 공학'이라는 이름으로 인공물을 만들어 내는 기술의 문제점을 파고들었다. 다리, 빌딩, 도로 등 각각의 설계자는 아름답고 합리적인 최고의 작품을 만들었다 자부할지 모르지만, 이 작품들이 함께 모인 공간인 도시는 비합리적이고 위험한 공간이 될 수 있다는 것이다. 그래서 그는 최근 저서 『산업과학기술의 철학』(2005)에서 종래의 연구자만의 연구에서 벗어나 연구와 사회 간의 접점을 갖는 쌍방향 순환 루프(loop)로 바꿔 나가야 한다고 주장하고 있다.

과학계는 '존재'를 발견하는 데 그치지 말고 제품화 단계를 거쳐 사회에 어떤 '가치'를 창출할 것인지, '구조'를 분석하는 데 그치지 말고 사회적으로 어떤 '기능'을 하도록 할 것인지, '성질'을 규명하는 데 그치지 말고 사회적으로 어떤 '의미'를 갖게 될 것인지를 함께 탐구하는 것이 중요하다고 설파하고 있다. 존재, 구조, 성질이라는 과학적 속성의 발견이 학술 논문에서는 중요하지만 사회에서는 그보다 그것이 어떤 가치, 기능, 의미로 변환되느냐가 더 주요한 관심사라는 것이다.

과학계와 사회가 함께 노력할 일이다. 과학기술과 인간, 사회 그리고 국가 정책 간의 융합이 절실한 때이다. 이 융합에 성공하느냐에 따라 대한민국의 선진화, 한인(韓人)에 의한 21세기 새 문명 창조, 한민족 사회의 평화 여부도 결정될 것이다.

이상돈(중앙대 법학전문대학원 교수)

서울대학교 법대를 졸업하고, 동 대학원에서 헌법과 행정법을 공부했다. 미국 툴레인 대학과 마이애미 대학에서 공부하였으며, 국제환경법 논문으로 박사 학위를 받았다. 1983년부터 중앙대학교 법과대학 교수로 재직하면서 환경법, 국제환경법, 국제경제법 등을 가르쳤고, 2001년부터 3년간 법대 학장을 지냈다. 미국 조지타운 대학 방문학자, 로욜라 로스쿨 교환교수를 역임했다. 현재는 중앙대학교 법학전문대학원에서 환경법과 법조윤리를 가르치고 있다. 환경부, 건설교통부, 국토해양부, 과학기술부, 교육과학기술부의 각종 위원회의 위원을 역임했으며, 조선일보 비상임 논설위원으로 환경, 국토, 물 관리, 원자력, 사법제도 등에 관한 사설과 칼럼을 400여 편 썼다. 저서로 『미국의 헌법과 연방대법원』 『국제거래법』 『환경법』(공저) 등의 전공 관련 책과 『환경 위기와 리우 회의』 『지구촌 환경보호와 한국의 환경 정책』 『세계의 트렌드를 읽는 100권의 책』 『비판적 환경주의자』 『위기에 처한 대한민국』 『조용한 혁명』 등의 교양서가 있다.

2장 법과 환경

대학에 자리를 잡아 강의하고 연구한 지가 거의 30년이 되어 간다. 먼 이야기 같던 정년이 이제 몇 년밖에 안 남았으니 세월이 많이 흘렀음을 느낀다. 여러 분야의 논문을 썼으나 환경법에 관한 것이 가장 많았고, 박사 학위 논문도 환경에 관한 것이니 환경법은 나의 전공인 셈이다. 예전에는 인문과학이나 사회과학 전공자 가운데 환경을 공부한 사람이 거의 없었기 때문에 어떤 경위로 환경에 관심을 갖고 환경법을 공부하게 됐느냐는 질문을 종종 받는다.

고등학교 시절에는 역사를 전공하고 싶었다. 하지만 공부를 잘하면 서울대 법대에 가야 한다는 주변 분위기에 휩쓸려 서울 법대에 진학하기로 했다. 당시 서울 법대 입시 과목은 국어, 영어, 수학, 사회, 독일어였는데, 고교 3학년 때 별안간 입시 제도가 바뀌는 바람에 과학도 공부해야만 했다. 뒤늦게 물리, 화학을 마스터하기는 거의 불가능했는데, 그때 처음 고교 교과과정에 포함된 지학(地學)은 자연에 관한 역사 같아서 할 만했다. 특히 그 당시 지학을 가르쳐 주신 선생님이 훌륭해서 지금도 기억에 남아 있다.

내가 서울 법대에 무난하게 합격한 것은 전적으로 국어, 영어, 독어 세 과목 때문이었다. 100점 만점에 수학은 25점을, 과학은 간신히 50점을 받았는데, 과학에서 점수를 그나마 건진 것은 지학 덕분이었다. 이런 점수로 도무지 어떻게 서울대, 그것도 법대를 들어갔는지 궁금하겠지만, 그해 서울 법대 커트라인은 550점 만점에 269점이었다. 서울대 단독 출제로 문제가 어려웠던 덕분에 수학과 과학에서 그런 알량한 점수를 받았어도 여유 있게 법대 법학과에 합격할 수 있었다.

대학에 들어가 1학년 교양 과정에서도 자연과학 과목을 택해야만 했는데, 수학은 간신히 낙제를 면했지만 지학에선 좋은 점수를 받았다. 지학은 지금은 은퇴하신 해양학과 정종률 교수님이 가르치셨다. 당시 30대 초반의 초임 교수이던 정 교수님은 과제를 많이 내주셔서 학생들의 원성이 자자했는데, 그때 지학을 열심히 공부한 것이 자연사에 대해 관심을 갖게 된 계기가 되었다고 생각한다.

대학에 입학해서 한 일 가운데 하나는 〈타임〉지를 정기 구독한 것이다. 경기중·고 시절, 서울대 교복을 입은 대학생이 붉은 테두리가 선명한 〈타임〉지를 접어 옆구리에 끼고 다니는 모습은 선망의 대상이었다. 하지만 정작 서울대에 입학하고 보니 〈타임〉지를 읽는 학생은 극소수였고, 그마저도 대개 여대 앞 다방으로 여학생을 만나러 갈 때나 폼으로 들고 간다는 사실을 알게 됐다. 여하튼 그때부터 〈타임〉지를 정기 구독해서 오늘날까지 보고 있고, 미련하게 결호도 없이 보관해 오고 있다. 당시 우리 신문이나 잡지엔 변변하게 읽을거리가 없어서 〈타임〉지는 세상을 보는 창구가 되다시피 했다. 베트남 전쟁, 워터게이트 사건 등 중요한 뉴스를 〈타임〉지를 통해 보았는데, 특히 생태(Ecology) 섹션을 눈여겨보았다. 내가 대학에 입학한 1970년은 마치 환경 원년 같은 해였다. 미국에서 '지구의 날' 시위가 일어나고 환경보호청(EPA)이 설립됐다. 미국 의회는 역사적인 대기보전법을 제정했다. 물론 이런 뉴스는 〈타임〉지를 통해 접했다. 언젠가 빙하기가 다시 오고 있다는 내용의 '지구냉각화(Global Cooling)'를 표지 기사로 다루어서 흥미롭게 읽은 기억이 있다.

법대를 다녔지만 법학은 나에게 잘 맞지 않았고 사법시험 공부는 하기 싫어서 한동안 심각한 우울 증세를 보이기도 했다. 대학 4학년 때 사법시험을 보지 않기로 결정하고 엉뚱하게 프랑스어를 배웠다. 대학원에 진학해서는 미국 헌법을 공부하느라고 원어 논문과 책을 많이 읽었다. 그러면서 의욕과 활기를 다시 찾게 됐고 생활도 제 페이스로 돌아왔다. 서울대 대학원에서 공부할 때 미국의 역사, 정치, 헌법에 대해 정말 많이 읽었다. 군 복무를 마치고 미국으로 유학길에 올랐는데, 첫 학기에 수강한 환경법은 만만한 과목이 아니었다. 하지만 환경법을 가르친 토머스 쉔바움(Thomas Schoenbaum) 교수는 탁월했을 뿐만 아니라 친절해서 그를 지도 교수로 박사과정을 마칠 수 있었다. 환경법을 공부하다 보니 자연히 환경문제에 관한 책이나 논문도 읽게 되었는데, 주로 정책적으로 환경문제에 접근한다는 내용이었다. 미국에서 환경법을 공부하면서 자연과학 책을 더 읽을 필요는 없었다. 환경 정책과 환경법을 다룬 책이나 논문에 필요한 자연과학 지식이 충분히 담겨 있었기 때문이다.

박사 학위를 받은 대학은 루이지애나 주 뉴올리언스에 위치한 툴레인 대학이다. 영화 〈펠리컨 브리프〉에서 줄리아 로버츠가 툴레인 로스쿨 학생으로 나오는데, 영화에도 등장하듯 루이지애나는 석유 개발을 둘러싼 논쟁이 자주 발생하는 곳이다. 뉴올리언스를 휘감아 흐른 후 멕시코 만으로 들어가는 미시시피 강과 주변의 광활한 늪지대는 자연과 환경에 관해 살아 있는 교실이었다.

플로리다 주 마이애미 대학에서 석사 학위를 하나 더 받았는데, 해양법과 국제법을 공부했다. 플로리다의 길고 긴 해안선을 따라 자동차로 갈 수 있는 데까지 다 가 보면서 연안역(沿岸域) 보호의 중요성을 체감했다. 실핏줄 같은 작은 하천과 습지로 이어진 에버글레이즈 국립공원과 오커초비 호수를 찾아 수생태계의 복잡성과 중요성을 확인하기도 했다. 주말이면 노스 마이애미 비치, 키 비스케인 등지에 가서 해수욕을 즐기곤 했는데, 모래사장을 보호하면서 비치를 공공에 개방하는 그들의 노력에 감명

노스 마이애미 비치

을 받았다.

서울 한복판에서 자란 탓에 정작 우리나라의 자연환경을 접할 기회가 드물었던 나는 미국 유학 중에 소하천, 습지, 해안 등 환경적으로 예민한 지역을 경험할 수 있었다. 그러니 나의 환경관은 이런 과정을 통해 형성됐다고 해도 과언이 아닐 것이다. 그 시절 미국에는 환경 이슈가 정말 많았다. 다이옥신이 함유된 고엽제(에이전트 오렌지) 문제가 드러난 것도 그때였고, 석면이 질병을 유발한다는 사실이 밝혀져서 의회에서 청문회를 열고 텔레비전 특집 방송을 한 것도 그때였다. 드리마일 아일랜드 원전 사고가 난 직후라서 원자력을 둘러싼 논쟁도 뜨거웠다. 한 화학회사가 운하 공사가 중단된 웅덩이에 불법으로 유독성 화학물질을 장기간 매립해 광범위한 오염을 유발한 러브 캐널 사건도 그즈음에 크게 부각되었다. 결국 카터 행정부 말기에 종합환경책임법(슈퍼펀드법)이 제정됐다. 멕시코 근처 바다에서 석유 시추를 하다가 폭발 사고가 나서 해저에서 유출된 기름이 텍사스 해안까지 오염시킨 엄청난 유류 오염 사고도 일어났다. 그 사고를 둘러싼 분쟁과 소송 내용을 학위 논문에 활용하기 위해 휴스턴에 가서 소송을 대리한 양측 변호사를 만나서 의견을 나누기도 했다.

유학 중이던 1979년부터 1983년 사이 큰 환경 사건이 집중적으로 발생하여 자연스럽게 생동감 있는 현장 공부를 하게 되었다. 1983년에 귀국해 중앙대 법대에 자리를 잡았는데, 당시 법학 교수에게 어울리지 않는 주제인 해안 지역 관리, 해양 유류 오염, 원자력 법제, 석면 질병 소송에 관해 연거푸 논문을 발표하게 된 데는 이런 배경이 있었다.

정리하자면, 나는 환경문제나 환경 정책에 관한 지식과 정보를 거의 영어 문헌으로 얻었고, 그것을 바탕으로 우리나라 현실을 보아 왔다. 내가 확신하는 바는, 미국 등의 선진국에 나타난 사건은 우리나라에서도 얼마든지 발생할 수 있으며 거기서 안 되는 일이 우리나라에서만 될 가능성은 없다는 것이다. 사대강 사업을 처음부터 절대적으로 반대한 것도 마찬가지 이유에서다. 그런 사업을 다른 나라에서 했다는 이야기를 들어 본 적이 없다.

우리나라에서 일어나는 환경문제 가운데 우리나라에서 처음 발생한 경우는 거의 없다. 다른 나라에서 일어났던 일이 우리나라에서도 일어나는 것이다. 마찬가지로 우리나라가 다른 나라에는 없었던 환경 정책을 무리하게 수립하면 문제가 발생할 가능성을 열어 두는 것이다. 10여 년 전 환경부에서 음식물 쓰레기 자원화를 역점 사업으로 밀고 나갈 때, 내 입장은 비판적이었다. 그런 정책을 전 세계적으로 추진한 예가 없었기 때문이다. 오늘날 음식물 쓰레기 재활용 정책은 골칫덩어리가 되었다. 재활용 과정에서 나오는 악성 폐수를 바다에 투기해 국제적 문제를 일으켰고, 힘들여 만든 사료와 비료는 거의 사용되지 않는다.

이 같이 정책 사안에 대해서 언론을 통해 활발하게 의견을 개진해 왔는데, 이제껏 거의 정확한 판단을 했다고 자부한다. 연구비를 정부로부터 받아야 하는 입장의 이공계 교수들은 사대강 사업이나 음식물 쓰레기 재활용 같은 황당한 정부 정책에 대해 비판적인 목소리를 내지 못한다. 반면 이해관계가 없는 나는 소신껏 성토할 수 있는 특권을 가질 수 있었다.

교수에게 전공은 박사 학위를 취득한 분야나 임용된 후 주로 연구한 분야를 의미할 것이다. 1983년에 조교수가 된 후 지금까지 발표한 학술 논문이 100편은 넘을 것인데, 그중 절반 이상이 환경법, 국제환경법, 수법(水法) 등 환경에 관한 내용이다. 나머지는 헌법, 행정절차법, 국제경제법, 법조윤리 등 평소 관심을 갖고 있던 분야의 논문이다. 이제 정년도 몇 년 남지 않아서 꼭 발표해야 할 논문 몇 편만 더 쓰고 나머지 시간에는 책을 쓸 생각인데, 한국의 법학은 나 같은 전공자가 설 자리가 좁다. 최근에는 법학전문대학원이 생겨 세법, 금융법 등 특화된 분야를 전공한 연구자가 교수가 되었지만, 그전에는 이렇게 특수법을 공부해서 교수가 되기는 거의 불가능했다. 나는 서울대 대학원에서 미국 헌법에 관한 논문으로 석사 학위를 받았다. 석사 학위 논문은 나중에 보완해서 학술 서적으로 출판해 화제를 모았다. 그래서 사람들은 내가 환경법으로 박사 학위를 받았어도 결국에는 헌법이나 행정법을 가르치는 교수가 되리라 생각했다. 그러나 그런 전망은 빗나갔다.

당시 국내에 환경법은 불모의 영역이었고, 관련된 논문이라는 것도 대개 민법과 행정법 영역 중 환경에 관한 것이었다. 그러나 나는 환경법을 주 전공으로 일구어 내는 데 성공했다. 당시 사회적 환경이 큰 역할을 했다. 우선, 당시 환경청(환경부의 전신)이 환경 법률을 정비하는 등 환경법 지식에 대한 수요가 증가했고, 다음으로 골프장 무더기 허가, 수돗물 불신, 낙동강 페놀 오염 사고 등으로 환경문제 자체에 대한 지식 수요가 폭발하다시피 했으며, 마지막으로 유엔환경개발회의, 오존층 보호, 기후변화, 생물다양성 보전 등 국제적으로 환경문제에 대한 지적 요구가 커졌기 때문이다. 말하자면 환경에 관한 전문 지식에 대한 수요가 분출하는 시점에 나는 '준비된 연구자'였다.

서두에도 말했지만 사실 나는 역사학자가 되고 싶었다. 역사를 공부했다면 아마도 미국사를 전공했을 것이다. 정치 사회 중심의 역사 외에도 자연환경과 문명의 충돌 면에서 미국 역사를 살펴보는 것이 흥미롭기 때문이다. 인디언과 충돌하면서 정착한 백인 문명, 백인의 서부 이주와 이에 따른 자연환경의 변화, 태평양 연안에 도달해서야 자연의 가치를 깨닫는 과정은 가히 인류가 자연을 대해 온 역사의 축약판이라 할 만하다.

전상인(서울대 환경대학원 교수)

연세대학교 정치외교학과 및 동 대학원을 졸업했다. 미국 브라운 대학에서 사회학 석·박사 학위를 취득했다. 한림대 사회학과 교수, 미국 워싱턴 주립대 사회학과 방문교수를 역임했다. 현재 서울대 환경대학원 교수로 재직 중이며, 한국미래학회 회장직을 맡고 있다. 공공 계획 이론과 도시사회학, 공간문화, 한국사회사에 관심을 두고 있다. 지은 책으로 『고개 숙인 수정주의』 『세상과 사람 사이』 『우리 시대 지식인을 말한다』 『아파트에 미치다』 등이 있고, 옮긴 책으로 『국가처럼 보기』가 있다.

3장 보이지 않는 도시를 찾아서

도시공학 패권주의

'지적 여정'이라 거창하게 말할 것까지는 없지만 학부 때 시작한 공부는 정치학이었다. 고학년이 되면서 사회학에 점차 물들었고 미국 유학길에 오를 때는 아예 전공 자체가 사회학으로 달라져 있었다. 하지만 그런 '전과' 행위는 어디까지나 외부의 판단일 뿐 스스로는 사람과 세상, 그리고 역사에 대한 관심으로 시종일관했다고 지금도 믿고 있다. 전공을 일부러 바꾼 것이 아니라 기존 학문의 제도적 분류에 따라 타의로 바뀌었을 따름이다.

미국에서는 당시에 각광받던 국가론을 중심으로 정치사회학과 역사사회학을 주로 공부했다. 재미 삼아 도시사회학 몇 과목을 수강하기도 했다. 한국으로 돌아와 사회학과에 10년 이상 적을 두었다. 그러다가 어떤 인연인지 몰라도 서울대 환경대학원 교수가 되었다. 환경대학원은 외국으로 치면 주로 도시나 지역, 교통, 조경 혹은 환경문제를 다루는 '계획대학원(planning school)'에 해당한다. 그러니까 환경대학원의 '환경'은 인문, 사회, 자연 전반에 걸친 인간 정주 환경을 포괄한다. 환경대학원에 속한 분야 간에 공통분모가 있다면 그것은 시장 메커니즘에 대해 방임할 수도 없고 해서도 안 되는, 말하자면 전형적으로 공공 부문의 개입을 요구한다는 점이다.

공공 계획을 중시하는 환경대학원에서 내가 맡게 된 주요 과목은 '계획이론'이었다. 계획이론은 국가 개입을 통한 공공 계획의 필요성과 효율성을 이론적으로 분석하는 과목인데, 사회학의 계보로 따진다면 국가론, 정치사회학, 역사사회학 등과 상당 부분 겹친다. 처음에 과목 이름이 다소 생소하게 느껴졌는데, 살펴보니 교과과정은 익숙한 내용이었다. 계획이론과 더불어 도시에 대한 사회이론, 공간에 관련된 사회문화론 등도 가르친다. 그런데 환경대학원에 와서 나는 우리나라의 도시 연구를 과학기술 중심의 공학 분야가 과도하게 지배하고 있다는 사실을 알게 되었다.

국내 대학의 도시 관련 학과로는 도시공학과가 대표적이며, 소속은 당연한 듯 공과대학이다. 도시 계획이나 설계 분야도 일반적으로 공대에 편제되어 있다. 물론 도시공학이 중요하지 않다는 의미는 결코 아니다. 또한 도시공학의 커리큘럼은 협의의 공학 영역을 넘어서기도 한다. 문제는 그것의 패권주의적 지배 경향이다. 물질세계를 주로 다루는 이공계 학문은 대개 단순 명료한 결론을 선호하고 현실에서 그것이 구체적으로 활용되기를 바라는 속성이 있다. 한국의 도시 연구 전반에 나타나는 일련의 병폐들, 곧 관변화(官邊化)와 용역화(用役化) 현상도 이와 무관하지 않을 듯

싶다.

최근 들어 도시공학 쪽에서 유관 학문 간 융합이 필요하다는 주장이 제기되곤 한다. 하지만 적어도 지금까지는 피상적이거나 구색용인 경우가 많다. 공학 중심적 사고 자체는 근본적으로 변하지 않고 있기 때문이다. 가령 도시사회학이나 도시행정학과는 우리나라에서 여전히 비주류다. 문학, 역사, 철학, 인류학 등 인문학 분야의 도시 연구는 더 말할 나위도 없다. 물론 이렇게 된 저간의 사정을 이해하지 못하는 것은 아니다. 무릇 도시란 한정된 지역에 많은 인구가 집중적으로 모여 사는 곳이라 토지 이용이나 구조물 설치, 기반 시설 관리 등에 관련된 공공 계획의 필요성이 매우 절실한 공간이다. 따라서 건축이나 건설, 토목, 재료, 에너지, 전기, 전자와 같은 공학 분야가 가장 유력한 배경지식이 되는 것은 일면 당연하다.

특히 우리나라는 압축적 경제성장 과정에서 도시화가 초고속으로 진행되었다. 1960년에 40퍼센트 미만이었던 도시화율이 2011년을 기준으로

도시 연구는 학문 간 융합적 연구를 위한 최적의 무대다.

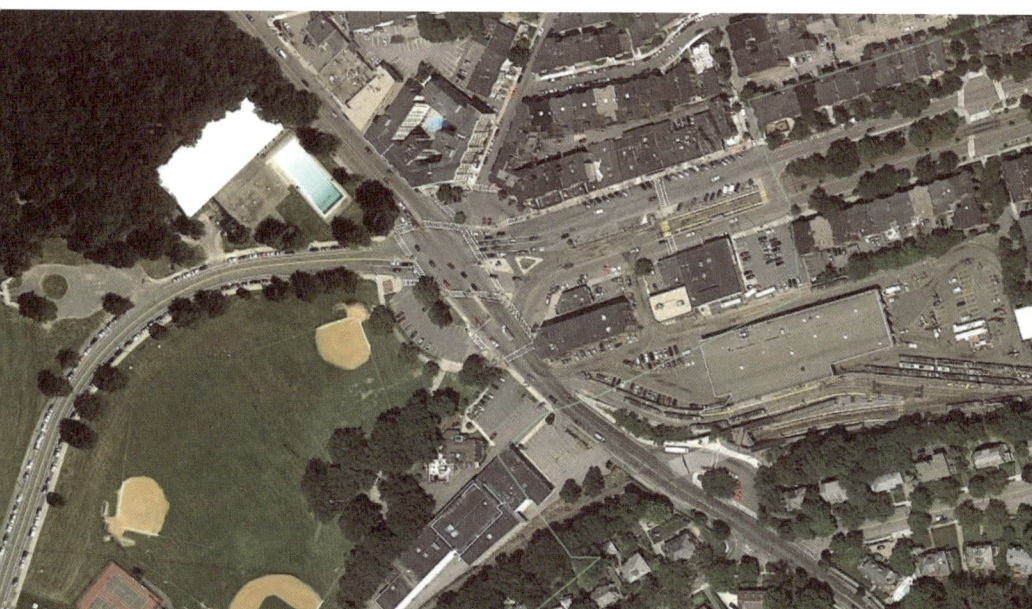

90퍼센트를 넘어섰을 정도다. 이처럼 도시계획의 수요가 급증하는 상황에서 도시문제에 대한 물리적 대응 혹은 공학적 대처가 절박했을 수 있다. 이른바 '토목국가'나 '토건시정(土建市政)'에 대한 평가를 내릴 때도 현재의 시각보다 당대의 입장을 십분 고려해야 한다. 그럼에도 불구하고 도시계획 분야의 도시공학 독과점 현상을 더 이상 방치해서는 곤란하다. 이제는 인문학적 안목과 사회과학적 접근이 이공 분야와 적어도 동등한 자격으로 도시 연구와 도시 정책 수립에 동참할 때다. 게다가 현대 사회는 곧 도시 사회다. 직접적이든 간접적이든 도시문제와 무관한 학문은 이제 거의 없다. 이런 점에서 도시 연구는 학문 간의 융합적 연구를 위한 최적의 무대가 아닐 수 없다.

도시와 도시계획

인류의 절반 이상이 도시에 거주하게 되었다는 의미로 21세기를 '최초의 도시 세기(the first urban century)'라 부른다. 오늘날 도시가 차지하고 있는 막강한 위상을 감안하여 우리 시대를 '도시 르네상스(urban renaissance)'로 함축하기도 한다. 하지만 도시가 인류 문명의 진보나 퇴보에 관련하여 어떤 함의를 가지는지에 대해서는 준비된 정답이 없다. 18세기 말 영국의 시인 쿠퍼(William Cowper)는 "신은 시골을 만들었고 인간은 도시를 만들었다."고 말했는데, 이는 도시 예찬론과 거리가 멀다. 산업화 과정에서 악덕으로 가득 차게 된 대도시로부터 벗어나 한갓진 시골에서 도덕적 생활을 하라고 권유하는 내용이라는 점에서 오히려 도시 부정론에 가깝다. 적어도 종교적 삶에 관한 한 도시는 환영의 대상이 아니었다.

하지만 지금까지의 인류 역사를 개괄해 볼 때 도시의 기능은 유별나고 역할은 탁월했다. 19세기 미국의 시인 에머슨(Ralph Emerson)은 "도시는 기억으로 살아간다."고 했다. 시골 생활에 비해 도시에서는 기본적으로 사람들 간의 관계가 복잡하여 기억해야 할 것이 많다는 뜻에서였다. 그런데 바로 이와 같은 기억의 문제를 도시역사학자 멈퍼드(Lewis Mumford)는 인류 문명의 원동력으로 인식했다. 그에 의하면 도시란 문화를 창조, 보존, 관리, 전파하는 일종의 용기(容器, container)다. 『역사 속의 도시』라는 책에서 멈퍼드는 인류가 문명을 발전시키게 된 비결이 지식과 정보의 축적 및 계승에 있다고 여겼는데, 그 주역이 바로 도시라고 보았다. 곧 도시란, 그 자체가 도서관이자 박물관이고, 대학이자 연구소이며, 공연장이자 갤러리가 되는 셈이다.

다른 동물과 달리 인류가 고도의 문명사회를 이룩한 것은 바로 문화의 힘에 기인하며, 그와 같은 문화를 만들어 낸 힘의 원천은 바로 도시다. 경제학자 글레이저(Edward Glaeser)가 『도시의 승리』에서 인류 최고의 발명품이 도시라고 말한 것도 이 때문이다. 역사적으로 도시는 자연 발생한 것도 아니고 성장 역시 자유방임 상태에서 이루어지지 않았다. 도시란 본질적으로 계획과 설계, 관리의 대상이다. 넓은 의미의 도시계획이 도시 자체만큼이나 장구한 역사를 갖는 것도 그런 이유에서다. 아리스토텔레스에 의하면 도시 설계 '기술'은 기원전 5세기에 그리스 건축가 히포다무스(Hippodamus)에 의해 '발명'된 것이다. 아테네와 로마, 중국의 장안과 낙양, 일본의 교토와 우리나라 경주는 고대 사회의 대표적인 계획도시다. 고대 도시는 행정의 중심이자 방위의 거점이었고, 교역의 무대이자 권력의 상징 및 의례의 공간이었다.

인류 역사에서 도시가 본격적으로 존재감을 드러낸 것은 중세 이후 근대 사회가 태동하면서부터다. 유럽의 봉건제로부터 근대 자본주의의 빗장을 연 것은 상업의 중심지, 곧 도시였다. 역사학자 브로델(Fernand Braudel)의 대작 『물질문명과 자본주의』에 의하면 서유럽에서 "자본주의와 도시는 그 근저에서 같은 것"이었다. 유럽의 중세 도시의 특징은 자치 도시였다는 점이다. 그리고 '자유로운 도시의 공기'는 거주민, 곧 부르주아들에게 자본 축적의 기회를 보장했다. 도시의 부유화는 14~16세기 르네상스 운동과 연계되었고, 이로 인한 근대 과학의 태동은 도시계획의 발전에도 영향을 끼쳤다. 비록 이탈리아의 일부 도시에 한정되긴 했지만 간선도로망의 구축, 도시 미관의 기하학적 구상, 상징물과 공공 공간의 조성은 이 시대를 배경으로 한다.

도시계획은 17세기 절대주의 시대에 들어서면서 더욱 활기를 띤다. 한편으로 분권적 봉건제를 일소함으로써 중앙집권적 왕권 강화에 성공하고, 다른 한편으로는 중상주의적 식민지 무역을 통해 막대한 부를 축적한 절대군주들은 수도를 집중 육성하는 일에 경쟁적으로 노력했다. 파리나 빈, 베를린, 상트페테르부르크 등 웅장하고 화려한 바로크 도시가 유럽 곳곳에 등장한 것은 바로 이 무렵이었다. 절대왕정의 권력과 재부, 그리고 위세를 과시하기 위해 도시 공간에 강력한 중심축이 설정되었고 가로 확장과 직선화를 통한 기하학적 경관 개념이 강화되었다. 절대왕정 시대에 등장한 바로크 도시는 당대 과학혁명과 밀접한 연관이 있다.

18세기 이후 유럽은 근대화의 길로 질주했다. 근대화의 핵심은 산업화였고 산업화는 급속한 도시화를 동반했다. 영국의 산업혁명과 프랑스의 시민혁명 이후 인류의 삶은 문자 그대로 혁명적으로 바뀌었다. 그중 하나가 도시 생활의 보편화다. 자본주의는 신분제적 구속을 해체하면서 미증유의 물질적 풍요를 약속하였다. 하지만 자본주의는 계급의 양극화를 불러오고 주택, 빈곤, 위생, 방재, 안전 등과 관련된 생활 수준을 크게 악화시키기도 했다. 초기 자본주의의 병폐는 주로 도시에서 발생했는데, 마르크시즘의 문제의식도 사실 도시 노동자 계급의 비참한 생활에서 출발했다.

19세기 전반 유럽의 도시들은 혁명의 열기로 들끓었다. 몇 차례의 아슬아슬한 고비를 뒤로하며 1848년을 전후한 노동자혁명은 좌절로 끝났다. 하지만 이는 자본주의 체제의 안정적 재생산과 자본 축적의 효율성 제고를 위한 근대적 공공 계획이 등장하는 데 있어 결정적 계기가 되었다. 일반적으로 제2제정 치하 오스망(Georges-Eugène Haussmann) 지사가 주도한 파리 개조 사업은 공공 계획의 효시로 손꼽힌다. 당시 사회 갈등의 핵심 무대가 도시였던 만큼 공공 계획이 도시계획에서 비롯되었다는 점은 그리 놀라운 일이 아니다. 그런 만큼 애당초 도시계획은 공간계획이자 사회계획이었다. 오스망은 중세풍의 낡고 좁은 골목을 근대적 대로(大路)로 대체하였고 상하수도 시설을 대대적으로 정비하였으며, 특히 도심 내 빈민을 교외로 대거 추방하였다. 그 결과, 상품 순환 속도가 빨라지고 자본주의 소비문화가 진작되었으며, 소요 사태에 대한 공권력의 대처 또한 보다 효과적으로 이루어지게 되었다.

산업혁명 이후 도시계획은 권력과 자본의 이익에 더욱 부응하는 양상을 띤다. 스콧(James Scott)이 『국가처럼 보기』에서 지적했듯이 근대국가의 핵심적 특징은 통치 대상인 사회와 자연, 그리고 인간에 대한 가독성의 획기적 증대다. 그 결과, 도시와 같은 물리적 공간은 단순하고 반복적인 기하학적 논리에 따라 지배 권력이 읽기에 편한 방식으로 계획되고 통제하기에 용이한 형태로 개편되기 시작했다. 푸코(Michael Foucault)에 의하면 근대국가의 통치 양식과 자본주의 시장경제는 인간의 신체에 대한 미시적 규율 장치를 필요로 한다. '자본 축적'에 버금가는 '인간 축적'의 과정인

데, 그 핵심은 이른바 '규율 사회'의 등장이다.

근대 사회의 인간은 새로운 권력 장치에 의해 완벽하게 통제되고 있는 줄도 모르고 자신이 마치 이성적이고 주체적인 개인인 양 인식하며 살아간다. 말하자면 적나라한 폭력이 난무하던 전근대 사회에 비해 훨씬 더 교묘하고 계획적인 지배와 복종의 기술이 가동되고 있다는 것이다. 푸코가 볼 때 공장이나 학교, 정신병원, 감옥과 더불어 근대 계획도시도 규율 사회의 일환이다. 푸코는 『감시와 처벌』에서 탁월하게 생산적이고 효율적인 거대한 '감옥 도시(carceral city)', 곧 "규율화된 개인을 제조하는 공간"의 출현을 비판한다. 또한 그는 계획도시라는 미명 아래 감옥 도시를 만드는 과정에서 도시계획학이라는 학문의 제도적 탄생이 있었다고 주장한다.

합리성과 효율성을 강조하는 근대 도시계획이 발전하면서 공학 중심의 물리적 도시 담론이 크게 득세했다. 스위스 출신의 프랑스 건축가 르 코르뷔지에(Le Corbusier)가 대표적인 인물이다. 그는 기능적이고도 심미적인 관점에서 거대하고, 기하학적이고, 중앙 집중적이고, 효율적인 도시를 지향했다. 특히 생활에 필수적인 공기와 빛, 열, 공간을 미리 다 계산하는 과학적 도시계획을 중시하였으며 인공적인 도시 미관을 좋아했다. 『빛나는 도시』에서 그는 "계획은 독재자"일 수밖에 없다고 주창하였는데, 실제로 그는 계획을 강하게 밀어붙이는 권력 및 자본과 자주 결탁했다. 20세기 도시계획사는 주로 르 코르뷔지에의 후예들이 썼다. 1950~1960년대 뉴욕의 모지스(Robert Moses) 시장이 그랬고, 브라질리아를 설계한 니에메예르(Oscar Niemeyer)가 그랬으며, 개발 연대를 대표하는 서울시장 김현옥 또한 마찬가지였다.

물론 근대적 도시계획은 합리성과 효율성, 심미적인 면에서 나름대로 진보적이다. 하지만 그로 인해 치른 사회적 대가는 만만치 않았다. 르페브

르(Henry Lefebvre)나 하비(David Harvey) 등의 좌파 도시학자들은 기술 공학적 도시계획이 지배계급의 이해에 봉사할 뿐 아니라 개별 도시 고유의 역사성과 장소성을 앗아 갔다고 비판하였다. 도시운동가 제이콥스(Jane Jacobs) 또한 르 코르뷔지에의 대척점에 서서 도시의 기능적 편의나 시각적 질서보다는 경험적 질서와 사회적 자본에 더 큰 가치를 두었다. 20세기 주류 도시계획이 미국의 대도시를 죽였다는 것이 그녀의 생각이었다. 하지만 중요한 사실은 근대적 도시계획 비판론이 반드시 반(反)도시나 반계획을 의미하지는 않는다는 점이다. 도시계획이 권력과 자본의 수족이 되지 않을 때, 그리고 도시계획이 기술과학 중심의 공학적 사고에 매몰되지 않을 때, 문화의 원동력이라는 도시 본연의 잠재적 가치는 회복될 수 있다고 믿었기 때문이다.

도시는 공산품이 아니다

유감스럽게도 우리나라의 도시 담론에는 아직도 국가 주도의 공학적, 물리적, 산업적 발상이 강력히 남아 있다. 가령 최근에 도입된 도로명 새 주소 사업만 해도 그렇다. 사업의 시행 취지는 "미래 사회에 맞는 위치 정보 체계를 도입함으로써 국민 생활양식의 일대 혁신을 이룩하고 국가경쟁력을 강화하는" 것이다. 나름 일리가 있어 보인다. 하지만 오랜 시간 사용해 친숙한 동 이름을 경시하는 것은 동네 소멸의 예고편이다. 파리와 같은 유럽 도시가 가진 강한 생명력의 원천은 카르티에(quartier)와 같은 역사 및 생활 공동체에 있다. 문화도시의 저력이 바로 거기에 있는 것이다. 동네가 사라진 도시는 더 이상 장소가 아니라 공간일 뿐이다.

작금에 유행하는 '디자인 도시(Design City)' 담론에 대해서도 어느 정도 경계가 필요하다. 이는 디자인 도시 구현이 현실적으로 토목 시정을 수반하고 있기 때문만은 아니다. 그보다 중요한 사실은 디자인 도시 담론에는 도시 전체를 하나의 공간 상품으로 인식하는 발상이 내재되어 있다는 점이다. 디자인 도시가 시대적 화두로 부상하는 배경에는 도시를 국가경쟁력의 수단이나 관광자원으로 접근하는 시선이 깔려 있다. 보기 좋은 떡이 먹기에 좋을지는 몰라도, 보기 좋은 도시가 반드시 살기 좋은 도시는 아니다. 제이콥스에 의하면 도시는 결코 예술 작품이 될 수 없다.

최근 우리나라에서 가장 주목받고 있는 공학적 도시 담론은 '유비쿼터스 도시(Ubiquitous City)' 혹은 '스마트 도시(Smart Space)'가 아닐까 한다. 정부는 U-City를 도시 공간에 첨단 IT 기술을 접목하여 기존 도시의 근본적 한계를 극복하는 한국형 신도시 개발 모델로 제시하고 있으며, 2008년 3월에는 세계 최초로 '유비쿼터스 도시의 건설 등에 관한 법률'이 제정되기도 했다. U-City에 대한 학계의 호응도 뜨겁다. 네트워크로 완벽하게 무장하고 유무선 통신망과 센서 기술을 활용해 도시 정부가 시민의 일상 대부분을 인지하고 관리하여 시민들이 필요로 하는 서비스를 언제 어디서나 제공할 수 있는 정보 환경이 미래형 첨단 공간이라는 것이다. 도시 전체를 IT 인프라로 지능화시키면 그만큼 더 똑똑한 공간으로 거듭나 교통, 교육, 의료, 치안, 복지 등 모든 방면에서 삶이 훨씬 행복해질 것이라 주장한다.

하지만 나는 21세기 U-City 담론에서 푸코의 19세기 감옥 도시 이미지를 다시 읽는다. 유비쿼터스 도시는 합리성이나 효율성뿐 아니라 대외 경쟁력이나 지속 가능성을 감안할 때 당장은 이상적으로 여겨질 수도 있다. 하지만 U-City 담론에 담긴 핵심 개념, 예컨대 정보, 질서, 공간 분할, 정확성, 표준화, 예측성, 매뉴얼, 감시, 기록, 처벌, 규율 등은 기본적으로 감옥 도시의 구성 요소와 같다. 우리는 U-City라는 미래 첨단형 규율 사회가 새로운 권력 장치나 지배 공간이 될 개연성에 미리 대비해야 한다. 『자본의 도시화』에서 하비가 도시계획이 권력과 자본의 공간 지배를 정당화하는 이데올로기적 담론이라고 말한 대목을 늘 염두에 두어야 한다.

우리나라 도시를 저품격 공산품으로 만드는 일차적 원인은 눈에 보이는 것이나 손에 잡히는 것에 기초하여 도시계획이 이루어지는 데 있다. 그 결과 통계적으로 양화(量化)될 수 없는 정보나 도면상으로 가시화될 수 없는 지식은 무시되거나 외면되기 일쑤다. 하지만 삶의 다양한 기억과 체험, 일상의 숨결과 체취, 시간의 두께와 토착적 지혜, 풍수나 장소의 혼(genius loci) 등과 같은 도시의 또 다른 내막은 통계나 도면에 그 실체를 쉽게 드러내지 않는 법이다. 한 걸음 더 나아가 토목의 결과든 IT의 성과든 지금처럼 도시가 공산품이 되면 될수록 '기억으로 살아간다'는 도시 본연의 문화적 기능은 소멸하거나 퇴화할 수밖에 없다.

도시계획이나 연구에 있어 인문학적 통찰이나 사회과학적 상상력의 입지를 강조하는 것은 바로 이 때문이다. "공과대학의 도시공학과에 다니는 사람이라면, 무엇보다 우선 철학이나 역사 같은 인문학을 배우는 것이 좋다. 도시를 어디에 세우느냐에 따라 주민의 장래가 결정될지도 모르기 때문이다." 이는 『로마인 이야기』에서 시오노 나나미가 한 말이다. 일본 역시 우리나라와 비슷하게 공학이 도시계획을 주도한다. 일본은 이른바 토건 국가의 원조로, 식민지하에서 우리나라 역시 영향을 받을 수밖에 없었다. 그리고 해방 후에도 우리는 압축 성장으로 요약되는, 이른바 동아시아 발전 모델을 따랐다.

그 과정에서 급박하게 대두된 도시문제를 다루는 데 있어서도 보다 중요한 것은 사람이 아니라 늘 계획이었다. 따라서 우리나라의 도시계획사에는 일종의 '계획 강박증'이 작동해 왔다. "나는 그들을 증오했다. 그들은 거짓말쟁이였다. 그들은 엉뚱하게도 계획을 내세웠다. 그러나 우리에게 필요한 것은 계획이 아니었다. 많은 사람들이 이미 계획을 내놓았다. 그런데도 달라진 것은 없었다. 설혹 무엇을 이룬다고 해도 그것은 우리와는 상관이 없는 것이었을 것이다. 우리가 필요로 하는 것은 우리의 고통을 알아주고 그 고통을 함께 져 줄 사람이었다." 조세희의 소설 『난장이가 쏘아올린 작은 공』에 나오는 구절이다. 하지만 그로부터 30여 년이 흘렀어도 도시 재개발 과정에서 용산 참사가 일어나는 현실에서 알 수 있듯이 계획의 힘은 우리 사회에서 여전히 막강하다. "새 시장은 계몽된 도시를 꿈꾸지만 시민들은 고독하고 또한 고독하다." 심보선의 시 〈도시적 고독에 관한 가설〉의 일부다.

그런데 터키의 이스탄불은 서울과 참 다른 듯하다. 적어도 오르한 파무크의 『이스탄불』을 읽을 때는 그렇다. "나는 항상 이스탄불의 겨울을 여름보다 더 좋아했다. (…) 겨울날, 어둠이 일찍 깔리고 서둘러 집으로 돌아가는 사람들의 흑백의 색은 내게 내가 이 도시에 속해 있고, 이 사람들과 같은 것을 공유하는 느낌을 준다. (…) 이스탄불에서는 과거의 승리와 문명의 역사 그리고 유적들이 아주 가까이에 있다. (…) 서양의 대도시에서와는 달리, 몰락한 대제국이 남긴 이스탄불의 역사적인 기념물은 박물관에 있는 것처럼 보호받고 자랑스럽게 칭찬받고 전시되는 것이 아니다. 이스탄불 사람들은 이것들 사이에 살고 있다. (…) 어떤 도시를 특별하게 만드는 것은 (…) 그곳에서, 나처럼, 오십 년 동안, 같은 거리에서 사는 사람들이 축적한 추억들과 문자, 색깔, 이미지가 자기들끼리 다투는 비밀스럽거나 공개된 우연의 농도라고 생각하곤 한다." 바로 이것이 서울과는 달리 노벨문학상의 산실이 될 수 있었던 이스탄불의 비결이자 저력이다.

칼비노(Italo Calvino)가 쓴 『보이지 않는 도시들』에서 베네치아의 젊은 여행자 마르코 폴로는 퇴락해 가는 중국의 황제 쿠빌라이 칸에게 이렇게 말한다. "도시는 기억, 욕망, 기호 등 수많은 것의 총체이다. 도시는 경제학 서적에서 설명하듯 교환의 장소이다. 하지만 이때 교환의 대상이 되는 것은 물질적인 것만이 아니다. 언어, 욕망, 추억들도 교환될 수 있다." 그런 만큼 부정적으로 보이는 현재의 도시에서도 긍정적인 요소를 찾을 수 있으며, 완벽을 지향하는 미래의 도시에서도 불행의 존재는 필수적이라는 것이 칼비노의 주장이다. 과학기술의 능력을 숭상하고, 계획의 당위성을 숭배하는 공학적 발상은 도시를 기능적으로 완벽한 물리적 공간으로 만들고자 하는 유혹에 빠지기 쉽다. 칼비노가 경계하는 것은 바로 이와 같은 유토피아 도시관이다. 나 역시 '보이지 않는 도시'가 진정한 도시라고 믿는 편인데, 그러한 도시를 찾는 일이 내게 주어진 조그만 지적 소명이 아닐까 생각할 때가 많다.

참고문헌

- 『국가처럼 보기』, 제임스 스콧, 전상인 역, 에코리브르, 2010.
- 『난장이가 쏘아올린 작은 공』, 조세희, 이성과힘, 2000.
- 『도시의 승리』, 에드워드 글레이저, 이진원 역, 해냄, 2011.
- 『로마인 이야기 1』, 시오노 나나미, 김석희 역, 1995.
- 『물질문명과 자본주의』, 페르낭 브로델, 주경철 역, 까치, 1995.
- 『보이지 않는 도시들』, 이탈로 칼비노, 이현경 역, 민음사, 2007.
- 『유비쿼터스 건축·도시 공간』, 고일두, AURI, 2020.
- 『이스탄불 : 도시 그리고 추억』, 오르한 파무크, 이난아 역, 민음사, 2008.
- Discipline and Punishment: The Birth of Prison, Michel Foucault, Vintage Books, 1979.
- The Urbanization of Capital, David Harvey, Johns Hopkins Univ.

홍성태(상지대 문화콘텐츠학과 교수)

서울대 사회학과를 졸업하고, 같은 과 대학원에서 김진균 교수의 지도로 석·박사 학위를 받았다. 정보, 환경, 문화를 중심으로 다양한 연구를 활발히 수행하고 있으며, 한국 사회의 개혁과 발전을 위한 다양한 활동에 적극 참여하고 있다. 2001년부터 2005년까지 상지대 교양과에서 학생들을 가르쳤고, 2006년부터는 상지대 문화콘텐츠학과에서 학생들을 지도하고 있다. 문화연대 집행위원, 민주화를 위한 전국교수협의회 중앙집행위원으로 활동했으며, 지금은 참여연대 상임집행위원으로 활동하고 있다. 주요 저서에 『사이버 사회의 문화와 정치』 『현실 정보사회의 이해』 『생태사회를 위하여』 『지식사회 비판』 『생태문화도시 서울을 찾아서』 『현대 한국사회의 문화적 형성』 『개발주의를 비판한다』 『민주화의 민주화』 『생명의 강을 위하여』 『토건국가를 개혁하라』 등이 있다.

4장 사이버공간의 의미와 변화

사이버네틱스의 영향

사이버공간(cyberspace)은 무엇인가? 이에 대해 알기 위해서는 우선 '사이버(cyber)'라는 말에 대해 알 필요가 있다. 세계적으로 사이버라는 말은 1990년대 중반부터 널리 퍼지게 되었다. 그 직접적인 계기는 그 무렵에 본격화되기 시작한 인터넷의 대중화였다. 오늘날 이 말은 '가상의'라는 뜻의 접두사처럼 알려졌지만 사실 이 말은 '사이버네틱스(cybernetics)'의 줄임말이다.

사이버네틱스는 1948년에 미국의 수학자 노버트 위너(Nobert Wiener)가 창안한 새로운 학문의 이름이다. 어원으로 보자면 사이버네틱스라는 말은 원래 '키잡이'를 뜻하는 그리스 어 '쿠베르네테스(kubernetes)'에서 유래한 것으로, 이 말은 뒤에 로마로 건너가 통제를 뜻하는 라틴 어 '구베르나토르(gubernator)'라는 말을 낳았다. 여기서 볼 수 있듯이, 어원상 사이버네틱스는 조종(steer, pilot)과 통제(control, govern)의 두 가지 의미를 지니는데, 위너는 이 점에 주목하여 외부의 정보를 수집하고 판단해서 자동으로 작동하는 자동기계에 관한 연구를 사이버네틱스라 부르게 되었다.

사이버네틱스는 정보의 소통을 통제해서 사람처럼 느끼고 생각하고 움직이는 기계를 만들 수 있는 이론적 가능성을 제시했기 때문에 커다란 사회적 반향을 불러일으켰다. 그러나 노버트 위너는 이런 기계를 만드는 것은 결국 인간을 기계-노예의 수준으로 전락시키게 될 것이라고 크게 우려했고, 뒤에 마투라나(Maturana)와 바렐라(Varella) 등의 과학자들은 인간과 같은 기계를 만드는 것은 과학적으로 불가능하다는 의견을 밝혔다. 이렇듯 사이버네틱스는 1960년대까지 큰 논란을 일으켰으나 1970년대에 들어와서 잊히게 되었다. 그러나 1990년대에 들어와서 사이버공간의 유행으로 다시 주목받게 되었다.

사이버공간의 전개

사이버공간은 사이버네틱스와 스페이스의 합성어다. 이 말은 윌리엄 깁슨(William Gibson)이라는 미국의 소설가가 1982년에 발표한 단편소설「불타는 크롬(Burning Chrome)」에서 처음으로 사용했고, 이어서 1984년에 발표한 대표작인 장편소설『뉴로맨서(Neuromancer)』를 통해 널리 알려지게 되었다. 1995년에 개봉된 영화 <코드명 J>는 깁슨이 1981년에 발표한 단편소설「기억자 조니」가 원작이고, 1999년에 개봉된 영화 <매트릭스>는

영화 〈매트릭스〉의 한 장면

『뉴로맨서』에서 많은 영감을 얻은 작품이며, 마침내 2010년에 『뉴로맨서』의 영화화가 결정되어 2012년에 촬영이 시작될 예정이다.

 깁슨의 작품은 사이버펑크(cyberpunk)로 분류된다. 1970년대 중반 영국에서 나타난 저항적인 젊은이들인 펑크족과 비슷한 저항적인 젊은이들을 주인공으로 고도로 발달한 컴퓨터가 통제하는 미래 사회를 묘사했기 때문이다. 이런 작품들을 통해 깁슨은 컴퓨터 문화뿐만 아니라 컴퓨터 기술의 발달에도 큰 영향을 미쳤다. 깁슨은 『뉴로맨서』에서 미래의 세계를 다국적기업이 지배하는 세계로 묘사했다. 그런데 스스로 지배자가 되고자 하는 인공지능 컴퓨터가 통제하는 이 세계에서 사람들은 특수한 기계장치를 이용해서 언제 어디서나 자신들의 뇌와 인공지능 컴퓨터를 직접 연결할 수 있다.

이 기이한 기계장치는 두 가지로 이루어지는데, 하나는 매트릭스(matrix)라고 불리는 지구적 컴퓨터 통신망이고, 다른 하나는 심스팀(Simstim)이라고 불리는 컴퓨터 시뮬레이션이다. 이 연결을 통해 사람들은 인공지능 컴퓨터가 구현하는 컴퓨터 그래픽의 세계를 실재하는 세계인 것처럼 느끼고 행동하게 된다. 깁슨은 이렇게 우리의 뇌와 인공지능 컴퓨터가 직접 연결되어 컴퓨터 그래픽의 세계를 실재하는 세계인 것처럼 인식하고 반응하게 되는 것을 사이버공간이라고 불렀다. 물리적인 면에서 보았을 때, 깁슨의 사이버공간은 새로운 공간이 아니라 정보통신 기술을 이용해서 느끼게 되는 '새로운 공간감'이다.

그런데 깁슨의 사이버공간은 단순한 공간감을 넘어선다. 깁슨은 우리가 사이버공간을 '새로운 공간감'으로 느끼지 않고 아예 새로운 공간으로 여기게 되는 것으로 묘사했다. 우리는 사이버공간에 접속해서 인공지능 컴퓨터가 구현하는 컴퓨터 그래픽의 세계를 실재하는 세계처럼 인식하고, 그 세계 속에서 활동한다고 생각하며, 다른 사람들과 관계를 맺는다. 이런 점에서 사이버공간은 고도로 발달한 정보통신 기술을 통해 나타난 새로운 세계이다. 요컨대 깁슨의 사이버공간은 고도로 발달한 정보통신 기술이 우리의 의식을 완전히 통제하는 '새로운 세계'이다.

그러나 기술적으로 보았을 때, 깁슨의 사이버공간은 아직 만들어지지 않았으며, 앞으로도 만들어질 수 없을 것이다. 사람의 뇌와 컴퓨터가 직접 연결된다는 것은 재미있는 발상이기는 하지만 실제로 그렇게 할 수는 없다. 뇌의 작동은 복잡한 생리적 현상인 반면에 컴퓨터의 작동은 복잡한 기계적 현상이기 때문이다. 마투라나와 바렐라가 지적했듯이, 이런 근본적 차이를 무시하고 뇌를 컴퓨터와 같은 것으로 여겨서 인공지능 컴퓨터를 만들 수 있다고 보거나 심지어 사람의 뇌와 컴퓨터를 직접 연결해서 컴퓨터 그래픽의 세계를 실재하는 세계처럼 느끼고 살아가게 한다는 것은 있을 수 없는 일이다.

현실에서 실제로 개발되고 있는 기술은 사람의 뇌와 컴퓨터를 직접 연결하는 것이 아니라 사람의 감각을 속이는 기술이다. 우리 뇌는 놀라운 진화의 산물이지만 상당히 취약하기도 하다. 컴퓨터는 우리의 뇌를 적절히 속일 수도 있다. 대표적인 것은 시각적인 착각을 유도하는 것인데, 이것은 컴퓨터 시뮬레이션 기술이라는 일반적인 이름으로 알려져 있으며, 이른바 '가상현실'은 사실 그중 한 제품의 이름으로 고안되었던 것이다. 또한 지구적 컴퓨터 통신망은 이미 개발되어 널리 사용되고 있는데, 이미 수십억 대의 컴퓨터들이 연결되어 있는 인터넷이 바로 그것이다.

가상현실의 혼란

사이버스페이스(cyberspace)는 때로 '가상공간'으로 번역되기도 한다. 이 때문에 '사이버'라는 말은 '가상의'라는 뜻의 접두사처럼 여겨지고 있기도 하다. 그러나 이것은 사실 틀린 것이다. '버추얼(virtual)'이라는 형용사가 '가상의'라는 뜻에 해당되는 영어이기 때문이다. 이 말은 실제로는 존재하지 않지만 우리가 실제로 존재하는 것처럼 느끼는 것을 뜻한다. 이런 혼란은 '가상현실'이라는 말이 초래한 것이기도 하다. 언제부터인가 가상현실은 일반명사처럼 사용되고 있다. 그러나 본래 가상현실은 미국의 한 기술자가 자신이 개발한 컴퓨터 시뮬레이션 장치의 제품명으로 고안한 것이었다. 그것은 일반명사가 아니라 고유명사였던 것이다.

'가상현실'이라는 말의 등장은 컴퓨터 그래픽 기술의 발달사라는 맥락에서 살펴볼 수 있다. 사람들은 컴퓨터를 편리하게 이용할 뿐만 아니라 여기서 나아가 컴퓨터를 이용해서 실제적인 공간감을 느끼고자 했다. 1962년 미국의 아이반 서덜랜드(Ivan Sutherland)가 이를 위한 이론적 길을 열었고, 그 뒤에 마이론 크루거(Myron Krueger)는 '인공현실(artificial reality)'이라는 이름의 관련 기술을 개발하고자 했으며, 1989년에 VPL사의 사장 재런 러니어(Jaron Lanier)는 자신이 개발한 컴퓨터 시뮬레이션 장치에 '가상현실(Virtual Realty)'이라는 이름을 붙였다. 이 장치는 미 육군에 납품하기로 하고 1986년부터 개발되기 시작한 것이었으나, 결국 본래 개발하기로 한 장치를 개발하지는 못했고, 이 때문에 VPL사는 문을 닫고 말았다. 그러나 1992년에 개봉한 영화 〈론머 맨(The Lawnmower Man)〉에서 우리는 이 회사가 만든 가상현실 장치를 볼 수 있다. 이 영화에 등장하는 가상현실 장치에는 VPL이라는 글자가 크게 새겨져 있다.

가상현실 기술은 사람과 컴퓨터의 인터페이스로 설명될 수도 있다. 예컨대 그것은 화면을 바라보고 마우스를 조작하는 것이 아니라 현실에서 서랍을 여닫고 서류철을 뒤적이는 방식으로 컴퓨터를 이용하는 것이다. 그 모습은 마이클 더글라스와 데미 무어가 주연한 치정물인 영화 〈폭로〉(1994)에서도 볼 수 있다. 이 영화에서 보이듯이 가상현실 기술은 머리에 쓰는 화면 장치, 3차원 컴퓨터 그래픽, 그리고 컴퓨터 본체로 구성된다. 화면 장치는 고글과 같은 형태로 되어 있는데, 안쪽에 양쪽 눈을 겨냥한 두 개의 화면이 있다. 두 화면은 양쪽 눈의 시각 차를 고려해서 만들어진 영상을 보여 주며, 이렇게 해서 이용자는 마치 현실의 대상을 보고 있는 듯한 착각에 빠질 수 있다. 또한 이용자의 몸에는 운동 감지 장치를 부착해서 이용자의 운동을 컴퓨터가 감지하여 실시간으로 이용자의 운동에 부합하는 새로운 영상을 보여 주게 된다. 이렇게 해서 이용자는 마치 영상 속으로 들어가서 움직이는 듯한 착각에 빠질 수 있다. 이것이 가상현실 기술의 가정이다. 다시 말해서 시뮬레이션을 시뮬레이션으로 느끼지 않도록 우리의 두뇌를 속이는 것, 이것이 가상현실 기술의 목표이다.

그러나 실제 가상현실 기술은 이렇게 되는 것은 고사하고 혼란과 고통을 유발하기 때문에 상당히 주의해서 이용해야 한다. 일반명사로서 가상현실 기술은 발달된 컴퓨터 시뮬레이션 기술을 뜻하는데, 이미 다양한 용도로 사용되고 있지만, 가장 널리 사용하고 있는 곳은 군대이다. 예컨대 오늘날 전투기는 너무 비싸서 함부로 훈련용으로 사용할 수 없다. 이 때문에 가상현실 기술을 이용해서 전투기 조종술을 익히도록 하는데, 실제 기술은 시각 차를 고려한 완벽한 영상을 만들 수 없으며, 이용자의 움직임에 실시간으로 반응해서 새로운 영상을 만드는 것은 더군다나 불가능하다.

인터넷과 소셜 네트워크 서비스(SNS)

윌리엄 깁슨의 사이버공간은 사실상 만들어질 수 없고, 그 시뮬레이션 차원을 실현하고자 했던 가상현실 기술도 그렇다. 그러나 사이버공간의 한 요소인 '매트릭스'는 이미 만들어져서 널리 사용되고 있다. 그것은 인터넷으로 대표되는 지구적 컴퓨터 통신망을 뜻한다. 이 세상에는 수많은 컴퓨터 네트워크들이 있다. 인터넷은 이러한 수많은 컴퓨터들을 가로지르고 이어 주는 '컴퓨터 네트워크들의 네크워크'이다. 이 점에서 인터넷은 하

사람과 사람, 또는 사람과 정보를 연결하고 상호작용할 수 있는
서비스를 제공하는 다양한 소셜 미디어

나뿐이면서도 모든 것이라고 할 수 있다. 또한 그것은 크기를 규정할 수 없으며, 언제나 자라고 변하는 네트워크이다.

본래 인터넷은 미군이 1969년에 만든 핵전쟁 대비용 분산형 정보통신망이다. 인터넷은 1989년 팀 버너스 리(Tim Berners Lee)가 '월드 와이드 웹(World Wide Web)'을 개발하고 공개하면서 널리 이용될 수 있는 길이 열렸으며, 이어서 1993년에 모자이크라는 웹 브라우저가 개발되면서 누구나 쉽게 이용할 수 있는 기술적 도구가 마련되었다. 이로부터 인터넷의 대중화가 이루어지자 사람들은 인터넷을 사이버공간으로 부르기 시작했다. 이에 따라 사이버공간이라는 말은 깁슨이 제안한 것과는 다른 구체적인 대상을 갖게 되었다. 오늘날 그것은 수십억 명의 사람들이 접속해서 이용하는 지구적 정보통신망인 인터넷을 가리킨다.

월드 와이드 웹의 개발 이래로 이제까지 인터넷은 크게 세 단계로 발달했다. 홈페이지로 대표되는 '웹 1.0' 단계에서는 홈페이지를 통해 소수가 다수에게 정보를 전했다. 블로그로 대표되는 '웹 2.0' 단계에서는 블로그를 통해 다수가 자신의 생각을 자유롭게 표현할 수 있게 되었다. SNS(Social Networking Service, 사회적 연결 서비스)로 대표되는 '웹 3.0' 단계에서는 트위터나 페이스북 같은 서비스를 통해 다수가 자유롭게 연결될 수 있게 되었다. 이러한 인터넷의 변화는 소수에 의한 매체의 독점과 여론의 왜곡에 종지부를 찍는 거대한 문화혁명과 정치혁명으로 이어지고 있다.

이제 사이버공간은 휴대전화의 발달에 따라 누구나 언제 어디서나 접속해서 연결하고 소통하는 자유와 공유의 공간으로 변모하고 있다. 그리고 이러한 사이버공간의 변화는 그 자체로 현재 인류가 겪고 있는 가장 강력한 현실의 변화이다. '재스민 혁명'이 잘 보여 주듯이 사이버공간의 발달에 따라 지구 곳곳에서 자유와 공유의 격랑이 몰아치고 있다. 매체를 장악해서 권력을 전횡하던 소수는 이 변화를 격렬히 비난하며 억압하고 있다. 그러나 이런 행태는 그 소수의 반민주적 실체를 보여 주는 명확한 증거일 뿐이다. 사이버공간은 반민주적 소수의 문제를 갈수록 분명히 드러내며 민주화의 민주화를 추진한다.

사이버공간은 악용과 남용의 문제를 안고 있다. 비방과 모욕을 일삼는 자들도 있고, 인터넷 중독으로 고생하는 자들도 있다. 그러나 이런 문제를 빌미로 사이버공간을 규제하는 것은 표현의 자유를 억압하는 것이며 사이버공간을 왜곡하는 것이다. 더욱이 이런 후진적인 규제책으로는 문제를 해결할 수도 없다. 사이버공간은 자유와 공유를 통해 놀라운 자정력을 발휘한다. 사이버공간에 대한 기술 교육에 앞서서 문화 교육을 강화하면서 사이버공간이 가리키는 자유와 공유의 길로 적극 나아가는 것이 올바른 선진적인 대책이다.

참고문헌

- 『뉴로맨서』, 윌리엄 깁슨, 노혜경 역, 열음사, 1996
- 『사이버사회의 문화와 정치』, 홍성태, 문화과학사, 2000
- 『소셜 미디어의 이해』, 소셜미디어연구포럼, 미래인, 2011
- 『현실 정보사회와 정보사회운동』, 홍성태, 한울, 2009

6부

경제학자, 과학기술을 탐하다

김용근(한국산업기술진흥원 원장)

서울대 경제학과를 졸업하고, 동 대학원에서 행정학 석사 학위를 받았다. 제23회 행정고시로 공직에 입문해 상공부 산업진흥과, 국제협력과, 통상정책과 등을 거쳐 통상산업부 국제기업담당관, 산업자원부 산업정책관, 산업정책본부장(차관보) 등을 역임하는 등 산업 정책 관련 핵심 직책에 근무하며 현 지식경제부 산업기술 업무의 토대를 마련하고 발전을 이끌어 냈다. 산업기술진흥원장으로 재직하면서 연구 개발(R&D) 분야에서 개방과 참여를 강조하는 '융합 전도사'로 통하며, 기술에 인문학적 가치가 더해져야 한다는 지론을 가지고 있다. 국내 포럼의 패러다임을 바꾼 지식 축제 '테크플러스(tech+) 포럼'을 통하여 산업기술 전반에 대한 근본적 이슈에 대한 해법을 제시하였다. 주요 저서로는 『우루과이라운드, 어떻게 대응할 것인가』 『디지털제국의 흥망』이 있다.

1장 '예술 수준의 기술'을 통한 융합 혁신

―technology is art!

왜 '혁신'을 탐하는가?

천연자원이 부족한 우리나라는 장인 정신과 기술력을 앞세워 2011년, 세계에서 아홉 번째로 무역 1조 달러 진입에 성공했다. 한국전쟁 이후 '큰 전쟁을 치른 가난한 나라에서 기술 개발은 어려울 것'이라는 시선으로 모두들 안쓰럽게 바라봤지만, '내 품에 잠재력과 열정만 있으면 된다'는 신념으로 신화를 일궈 낸 영광의 주인공이 된 것이다. 가난에 허덕이며 원조를 받던 나라가 동·하계 올림픽과 월드컵을 개최하고 무역 대국으로 우뚝 설 수 있었던 것은 끊임없이 갈고닦아 온 기술력이 뒷받침되었기에 가능했다. 세계 1위의 경쟁력을 자랑하는 품목만 해도 메모리 반도체, 범용 상선, LNG 운반선, TFT-LCD, PDP, 냉장고, 에어컨 등 100여 개에 달한다. 하지만 글로벌 경제 불황과 함께 우리의 성장세에도 정체의 그늘이 드리워졌다. 아이폰의 유행과 영화 〈아바타〉의 흥행은 우리나라의 생산적·기능적·하드웨어적 기술 중심 패러다임에 경고등을 밝히기도 했다. 이런 넛크래커(nut-cracker)에서 보다 나은 미래를 개척하는 선두 주자가 되기 위해서는 패러다임을 바꿀 수 있을 만한 핵심 모멘텀이 필요하다. 2007년 국민소득 2만 불에 도달한 이후 봉착한 정체기를 극복하려면 고부가가치 기술로 패러다임을 전환해야 한다. '기술혁신'이 4만 불 시대를 여는 핵심 열쇠가 될 것이다.

단지 기술만으로 세계무대에 도전할 것인가? 핵심은 '융합'!

자동차·컴퓨터·의류·건축물 등 생활에 필요한 모든 것이 기술의 산물이며, 인류 문명은 기술의 발전사다. 인류에 기여하는 아이디어이자 창작이며 개인적, 국가적으로 부를 창출하는 원천이 바로 기술인 것이다. 기술을 혁신하기 위한 전제 조건은 '개방'과 '융합'이다. 우선 열린 마음과 자세로 '나' 아닌 다른 분야 즉, 이종 분야와 만나고 소통해야 한다. 그 과정에서 융합이 이루어지고 창의적 발상의 씨앗이 만들어진다. 이 씨앗은 창조적 생각으로 구체화되어 싹을 틔우고, 시장과 세상을 변화시키는 혁신 전략으로 고도화될 수 있다. 이 과정은 다시 순환된다. 즉, '혁신'은 '개방'이라는 입구로 들어가 '융합'이라는 화학작용을 거쳐 도착하는 터미널로, 이는 다음 여정의 출발점이기도 하다. 그런데 창작인 기술은 '1+1=2'만 성립하는 산술 원리와는 달리 '1+1=100'도 가능한 과학적, 사회적 잠재력을 갖고 있다. 가령 아이폰이 기술만의 결합체, 그 이상의 현상을 나타내는 것과 같다. 그렇기 때문에 우리는 혁신 열쇠를 기술 융합뿐 아니라 디자인, 인문학 등 다양한 분야와의 융합을 통해 찾아 나가야 한다.

사람을 품은 기술 = technology is art

　재즈 드러머 남궁연 씨는 "기술은 감탄(感歎)을 주고 예술은 감동(感動)을 준다."라고 표현한 바 있다. 더욱 빨라진 중앙처리장치(CPU)의 속도와 블루레이(Blu-ray) 같은 발전된 기술에 감탄하겠지만, 삶의 의미를 되찾게 하고 즐거움과 기쁨을 느끼게 하는 감동은 기술이 아닌 음악, 회화, 영화와 같이 인간의 욕구, 심리, 감성, 가치를 표현하는 예술에서 얻는다는 의미이다. 그런데 기술은 제품을 통해 늘 우리 삶 속에 자리한다. 앞으로는 소비자, 시장, 사회에서 통하는 기술이 성공을 거둘 것이다. 핵심은 사람인 것이다. 기술(규격)과 예술(내용)이 만나 마음을 움직일 수 있어야 전 세계 소비자들의 호응 속에 세상을 바꾸어 나갈 수 있는 것이다. 그렇다. 기술이 사람에게 감탄과 감동을 주기 위해서는 '예술 수준의 그것' 즉, 'technology is art'가 실현되어야 한다. 그러기 위해 기술은 먼저 사람을 이해해야 한다. 인간을 탐구하는 예술, 심리, 철학, 경제 등의 인문학과 기술이 만나 결합해야 한다. 그것이 서로 다른 분야의 지식을 가진 사람들이 소통하고, 우리 내면에서 그것을 융합시킬 수 있는 경험과 능력을 키워 가야 하는 이유다. 이젠 공급자 위주의 제품 중심 융합(기술)보다는 수요자의 가치와 만족도를 위한 서비스 중심의 융합(인문학+기술)을 추구해야 기술이 혁신을 이끌어 내게 할 수 있다.

누가 '융합'을 탐했는가?

　기술이 예술을 품든, 예술이 기술을 품든 서로 만날 때 세상을 사로잡는 감탄과 감동이 함께할 수 있다. 예술적 수준으로 기술을 활용해 우리에게 감동을 안겨 준 대표적인 인물의 사례를 살펴보자.

Think different! 스티브 잡스

아담이 꾐에 빠져 베어 문 사과, 명궁 윌리엄 텔의 사과 등 역사 속 사과는 우리에게 여러 상징으로 다가온다. 이 밖에 인류의 진보를 이뤄 낸 두 개의 사과가 있다. 하나는 아이작 뉴턴의 사과이고, 다른 하나는 스티브 잡스의 사과다. 어릴 때부터 전자 제품을 부수고 다시 조립하는 것을 즐겼던 스티브 잡스는 부모님 집 차고에서 컴퓨터 회사 애플을 창업하고 애플 신화를 창조해 냈다. 기술과 인문을 완벽하리만큼 융합시킨 그의 과거를 보면 성공 신화가 우연이 아닌 필연이었음을 알 수 있다. 그는 대학 1학년 때 휴학을 하고, 서예를 배우고 자연과 직관을 강조하는 동양의 선불교에 심취하는 등 동양철학에 관심을 가졌다. 항상 새롭고 다른 것을 추구했던 그의 기질에 서예를 배우면서 추구했던 키워드, 곧 '아름답고(Beautiful), 역사적이며(historical), 예술적인(artistically)'이 더해져 세계 최고의 혁신 기업을 완성하는 근간을 이루었다. 지금 애플은 디지털 세상의 최대 음반사이자 멀티미디어 회사, 출판사, 교육 서비스 회사다. 아이튠즈(iTunes), 아이북(iBook)과 같은 서비스 숍에서는 음악, 비디오, 텔레비전 쇼, 교육, 신문, 서적 등 각종 아이디어와 스토리가 담긴 인문학적 상품을 판매한다. 이를 가능하게 해 준 장터는 iOS라는 플랫폼이다. 애플은 개발자에게 전체 매출의 70퍼센트가 돌아가게 하는 파격적인 분배 구조로 콘텐츠 시장 구조를 바꿔 갔다. 개발자, 음악가, 작가 등이 자신의 작품을 자유롭게 거래할 수 있도록 해 세계적으로 스마트폰 열풍을 일으킨 결정적 인프라인 앱스토어 생태계를 구축한 것이다. 또한 아이맥(iMac), 아이팟(iPod), 아이폰(iPhone), 아이패드(iPad) 같은 애플의 디바이스는 직관적 디자인, 심플한 조작성의 대명사이자 사용자 편의성이 높기로 정평이 나 있다. 이렇듯 애플은 제품은 물론 콘텐츠 시장 패러다임을 완전히 바꿔 놓은 혁신 멘토인 셈이다. 세상을 바꾸는 제품은 기술적 성능과 인간적 감성이 만나 융합됨으로써 탄생한다는 사실을 증명했기 때문이다. 스티브 잡스를 빼고 애플을 이야기할 수 없듯이, 융합적 마인드와 그런 마인드를 갖춘 인재는 혁신을 위한 가장 중요한 요소이다. '애플은 기술 기업이 아니라 기술과 인간미이며, 하드웨어와 소프트웨어가 함께 작동하는 융합체'라고 했던 스티브 잡스의 철학, 그것은 곧 'Think different!'였다.

세계적 Pre-producer, 제임스 카메론

제임스 카메론이 만든 영화 〈아바타〉는 기술과 예술 결합의 결정체다. 앞서 〈터미네이터〉(1984), 〈타이타닉〉(1997) 등을 흥행시켰던 그는 화가이자 간호사인 어머니와 전자공학자 아버지 사이에서 태어났다. 유전적으로 예술가와 엔지니어의 특성을 균등하게 소유한 셈이다. 어릴 적부터 품어온 그의 꿈은 기술과 예술을 결합해 최고의 영화를 제작하는 것이었다. 이를 실현하고자 고등학교 시절 물리학에서 만점을 받는 등 과학 공부에 열심이었으며, SF와 같은 새로운 장르를 탐닉하며 자연·환경·기술 등 여러 분야를 섭렵했다. 심지어 트럭 운전사로 일하던 중에도 짬을 내 글쓰기를 멈추지 않았다고 한다. 카메론이 80페이지 분량의 〈아바타〉 초기 스크립트를 쓴 것이 1994년이었는데, 당시에는 신비롭고 원시적인 나비족과 판도라 세계, 2154년의 과학기술과 무기 체계가 어우러진 상상의 세계를 표현할 기술이 없었다. 그래서 그는 15년간의 탐구와 노력으로 3D 기술과 직접 개발한 이모션 캡처(Emotion Capture) 기술, 스테레오 스코픽(Stereoscopic) 3D 편집 기술 등을 접목해 영화사에 길이 남을 신기원을 이뤄 냈다. 짜임새 있는 스토리에 종교, 심미, 원시, 신비함에 휴머니즘이 융합된 〈아바타〉는 첨단 기술을 통한 생동감 넘치는 표현과 스토리로 전 세계 관객들에게 감탄과 감동을 선사했다. 영화의 흥행은 3D 열풍에 결정적 획을 긋고, 자동차 수백만 대 수출 효과 이상의 파급력을 가져왔다. 인문과 기술의 융합, 〈아바타〉가 비단 영화계만의 혁신이 아니었음은 모두가 공감할 것이다.

뿌리 깊은 융합인, 세종대왕

우리나라엔 어떤 인물이 대표적일까? 날마다 셀 수 없이 사람들 지갑을 들락이는 친숙한 인물, 바로 세종대왕을 들 수 있겠다. 22세에 즉위해 32년간 태평성대를 이루었던 비결은 바로 그가 엄청난 독서량과 높은 식견을 겸비한 융합인이었다는 점이다. 세종대왕은 인문학, 과학기술, 예술 등 다양한 영역에서 창의성을 떨쳤다. 해시계, 측우기, 흠경각 옥루 등 각종 천문 기구와 시계를 제작한 과학자였으며, 종묘제례악을 직접 작곡한 작곡가이기도 했고, 하늘(·), 지평선(ㅡ), 사람(ㅣ)을 근간으로 철학적이면서도 디지털 시대에서도 잘 호환될 만큼 과학적 글자인 한글도 창제했다. 요컨대 세종대왕은 일찍이 기술과 예술, 인문학을 결합하여 우리에게 귀감을 보인 뿌리 깊은 융합 리더다.

무엇이 '융합'을 탐했는가?

융합 마인드를 갖춘 리더는 그가 이끄는 집단에 융합적 풍토를 자리 잡게 한다. 그리고 구성원에게 자리 잡은 개방적 자세는 융합을 위한 필요충분조건의 양분이 된다.

구글부터 A380까지

온라인 강자 구글은 '모든 아이디어 존중'을 혁신 모토로 삼는다. 특히 직원들에게 충분한 자유 시간을 제공하고 혁신을 창조하도록 다양한 지원 프로그램을 운영한다. 세계 각국에서 온 직원들의 다양성을 배려하기 위해 사내에 헤어숍, 세탁소, 식당 등의 편의 시설을 운영해 업무에 집중할 수 있는 분위기를 조성하고 맞춤형 복지를 위해 노력하기도 한다. 미국 본사 외에 글로벌 연구지사에도 동일한 직급 체계를 적용해 수평적 조직 문화를 조성한다. 또한 '70·20·10' 제도를 운영하는데, 업무 시간의 70퍼센트는 회사가 부여한 핵심 업무, 20퍼센트는 개인이 평소 관심 있는 업무, 나머지 10퍼센트는 개인적으로 명상이나 아이디어 구상에 사용하도록 해 자유로운 아이디어 발상을 유도한다. 창의적인 개인 연구 촉진을 위해 사내 인트라넷에 아이디어를 올리면 인기 순위에 따라 사내 포럼에서 발표할 기회를 부여하고, 채택된 개인 연구 과제에 대해서는 연구비 상한선을 폐지하는 등 파격적인 인센티브 시스템을 적용하기도 한다. 이런 업무 환경은 마케팅 및 홍보 담당자가 아이구글(iGoogle), 구글뉴스 등 소프트웨어 분야에 창의적인 아이디어를 제안할 수 있는 분위기를 만들었다. 개방과 소통 풍토를 조성하면 창의성과 융합이 발현되어 혁신이 일어나는 것이다.

아이폰은 인간을 이해하는 기술의 대표 주자로, 기존 공급자 중심의 가치 창출이 소비자 주도로 이뤄지도록 패러다임을 완전히 변화시켰다. "애플은 단지 기술 기업이 아니다. 그 너머에 있는 기업이다. 바로 기술과 휴머니티다."라는 자아 규정을 통해 아이폰의 성공이 우연이 아님을 짐작할

수 있다. 솔루션은 공급자 위주의 제품 중심의 기술 융합이 아닌 고객의 가치와 만족도를 위한 서비스 중심의 인문학과 기술 융합이었다. 즉 사용자가 제품에 다가가는 것이 아니라 제품이 사용자에게 다가가야 한다는 인문학적 접근법을 시도한 것이다. 그 결과, 소비자가 제품의 가치를 지속적으로 창조할 수 있도록 이용자 중심의 플랫폼인 앱스토어를 구축했다. 우리 기업들이 기술과 제품을 융합하려 하는 데 반해, 애플은 서비스를 융합한 것이다.

인간관계를 통찰한 페이스북은 어떠한가? 창업자 마크 주커버그는 "우리는 기술 회사인가?(Is this a technology company?)"라는 반문이 사람에 대한 깊은 관심으로 이어져 결국 기술을 완성한다고 강조했다. 페이스북은 오픈 플랫폼을 기반으로 사람들이 맺은 인간관계가 활성화되도록 다양

페이스북 사무실, 바다의 오아시스, A380 기내(왼쪽부터)

한 '맞춤형 콘텐츠'를 제공함으로써 한층 인간에게 다가선 융합 서비스를 만들어 냈다. 논리를 넘어선 '상상의 세계'를 지향하면서 기술회사라는 정체성을 뛰어넘은 것이다. 결국 최근의 소셜 네트워크시대를 내다보고 이를 기술로써 극복해 융합 혁신을 이뤄 낸 것 아니겠는가?

STX 유럽이 건조한 세계 최대의 크루즈선 '바다의 오아시스' 크루즈 선박은 운송과 레저 산업을 중심으로 조선, 인테리어, 해운, 숙박, 관광 등 인간 삶과 관련된 거의 모든 산업 분야를 포함하는 융합산업의 총체적 결정체다. 디자인 개발로 심미적 만족도와 편의성을 높이고, 건조 비용을 줄이고 연료 소모량을 절감시키는 등 최고 기술들을 탑재했다. 이 도전의 근간 역시, 공급자 중심에서 수요자 중심으로 접근법을 바꿔 기존의 운송과 여행 기능 중심의 선박을 복합적 문화 체험 공간으로 변모시키고자 한 새로운 발상이었다. 결국, 이를 가능하게 한 것도 기술과 인문의 융합이다. 일반 선박이 기술과 제품의 융합을 지향했다면, 크루즈선은 문화와 기술의 융합으로 그 범위를 넓혀 운송 수단의 패러다임을 바꾼 것이다.

'꿈을 현실로'를 모토로 한 A380(Airbus 380)은 흔히 '날아다니는 타이타닉', '천상의 특급 호텔'로 불린다. 총 중량은 코끼리 112마리 무게와 맞먹는 560톤에, 아파트 10층 높이의 비행기가 550명의 승객을 태우고 하늘을 난다. 단순히 규모만 키운 것이 아니라 기존 항공기의 물리적 한계를 뛰어넘어 기내에서 다양한 여가를 제공하고, 감성 LED 조명 시스템을 적용해 시차 적응을 돕고, 좌석의 편안함을 더하는 등 승객들의 감성까지 자극한다. A380은 초경량화를 위해 CFRP(Carbon Fiber Reinforced Plastics)라는 가벼운 복합 소재를 사용해 연비를 올리고, 비행의 개념이 운송에서 여가로 전환될 수 있도록 기술을 집중시켰다. 승객이 호텔 같은 안락함을 느끼도록 디자인하고 융·복합 기술로 기능성을 높인 것이다. 공상과학영화에서나 볼 수 있었던 비행기 속 콘서트홀, 풀장, 개인 룸이 가능해진 것은 다름 아닌 기술과 인문학의 융합 덕분이다.

'융합', 어떻게 탐해야 하나?

무엇이 숙제인가?

'융합'을 위한 조직적인 실천 노력 단위는 기업, 대학, 연구소, 정부가 될 것이다. 융합의 활성화를 위해 정부와 민간은 그간 산업융합촉진법 제정, 융합 벤치마킹 등 여러 가지로 노력해 왔다. 하지만 대학과 기업이 깊이 있는 교감을 나누고 창의적인 융합 연구를 추진할 기반은 아직 취약

테크플러스 포럼

한 것이 사실이다. 기업 역시 융합 인재 확보를 위해 해외 네트워크 확대와 자체적인 육성 프로그램을 운영하고 있지만 아직까지 원활한 조달에는 한계를 보이고 있다. 정부는 어떠한가? 그간의 융합 정책은 기술 중심의 산업 간 융합에 중점을 두고 있어 글로벌 경제 불황을 극복할 성장 동력 창출에 어려움을 겪고 있다. 새로운 단위 기능 구현을 위한 기술 개발

1장 '예술 수준의 기술'을 통한 융합 혁신 • 231

이 아닌 새로운 시장 창출을 위한 창의적 융합 연구를 촉진하기 위한 지원 정책에 초점을 맞출 필요가 있다. 이를 위해선 패러다임 변화에 대응하는 융합 지원책 마련이 필요한데, 사회, 문화, 산업 등 거시 환경 전반의 불확실성이 증가하고 상호 연동성이 확대되고 있기 때문에 이에 대한 정책과 R&D(연구 개발) 프로그램 정비가 요구된다. 또한 인문과 기술 융합의 사회적 인식 제고를 위한 인프라도 부족한 실정이다. 융합 연구 활성화를 지원하기 위한 제도와 규제 정비를 통해 미래 사회에 대한 창조적 발상을 촉진하고, 국민적 공감대 형성을 위한 종합적인 지원 프로그램을 마련해야 할 것이다.

융합을 위한 실천, 테크플러스(tech+)

이제 우리나라에서도 세계를 뒤흔들 테크플러스(tech+)형 기술과 제품, 인재가 나와야 한다. 우리가 가장 우선시해야 할 것은 개방과 소통, 경험과 자극을 통한 융합 인재 육성이다. 기성세대와 신세대 모두에게 영향을 줄 수 있는 융합 진흥 프로그램이 필요한 것이다. 필자는 지난 2009년부터 한국산업기술진흥원장으로 재직하면서 산업 기술 R&D를 개선하기 위해 '개방·융합·창조'를 핵심 가치로 정하고 갖가지 도전을 했다. 그 대표적인 노력 가운데 하나가 기술에 사람들의 생각을 담아 낼 수 있도록 기술과 인문학을 융합하자는 취지로 테크플러스 포럼을 기획한 것이다.

테크플러스는 기술(technology)의 바탕 위에 경제(economy), 문화(culture), 인간(human) 뿐만 아니라 사회, 철학, 심리, 예술을 더한다는 의미로, 기술과 인문학의 결합을 통해 세상을 바꾸자는 뜻에서 만든 신조어다. 2009년 첫 개최 후 3년 만에 대한민국 최대의 융합 체험장이 되었다. 포럼이지만 장소는 대형 공연이 펼쳐지는 체육관이나 전당을 선택한다. 최고의 무

2009년 5대 실천 제안	2010년 10대 실천 제안	2011년 5대 실천 제안
1. 내가 먼저 융합의 전도사 되기 2. 창의형-Soft형 R&D 활동 3. Service is Not for Service 4. Hands-On! 생활 속 기술과 친해지기 5. 대학과 기업이 한 팀이 됩시다	1. 테크플러스형 CEO 배출 2. Pre-production 활동비 지원 3. 미래생활연구회 활성화 4. 융합형 R&D 프로세스 구축 5. 도전과 실패의 공존 문화 조성 6. 글로벌 협력 B2B에서 P2P로 심화 7. 성과공유제 7:3 에서 3:7로 8. Green Refund 추진	1. 오감연구소 설립 2. Emotion Lab 설치 3. No More Industry Only! 4. 1사(社) 1문예(文藝)제 5. 전통과 첨단이 만나는 명품 사랑채 육성

테크플러스 실천 제안

대, 영상, 음향, 시스템 장비가 활용되고, 전문 공연 연출가가 메가폰을 잡고 지휘한다. 무대에는 과학자, 엔지니어, 작가, 음악가, 공예가, CEO 등 융합 리더들이 올라와 자신의 융합 경험과 메시지를 전한다. 무용가가 공연을 하고, 전통과 현대, 동서양의 악기가 합주된다. 참가자들은 발바닥을 간질이는 웅장한 공연과 융합 실천자들의 강연 스토리에 매료된다. 학교와 현장으로 돌아간 그들은 연계 전공을 선택하고, 융합의 감동을 업무에서 실천하기 위해 구태의 변화에 도전한다. 테크플러스 포럼의 이면에는 매년 10여 개월 전부터 시작되는 융합적 노력이 뒷받침하고 있다. 의사, 교수, 환경운동가, 기술자, R&D 정책 관계자 등 각계각층의 전문가가 산업 기술 패러다임을 바꿀 이슈를 발굴한다. 개방하고 소통하는 것이다. 그 이슈를 심층 연구하고 정책으로 만들어 테크플러스 포럼에서 글로벌 혁신 리더들의 메시지와 함께 제안한다. 2010년에는 19개 주제 분야에서 118회 토론을, 2011년에는 7개 주제 분야에서 47회의 토론을 펼쳤다.

2년간 무려 400여 명이 넘는 전문가가 참여했다.

　유료로 운영되고 사전 예약 참석 방식이라 다소 부담이 될 수 있을 텐데도 2010년에 8천여 명, 2011년에 7500여 명이 참석해 융합의 화두를 공감하는 최고의 가교로 자리 잡았다. 우리 안에도 융합에 대한 간절한 열망이 있었던 것이다. 테크플러스 포럼이라는 융합 이슈 창구를 통해 기술뿐 아니라, 인문·사회·문화·예술 등 다양한 분야의 전문가들의 경험과 지식 교류를 성공시킨 경험은 되뇔수록 많은 것을 느끼게 한다.

융합 서포터 '기술인문융합창작소'

　2012년부터는 혁신을 위한 융합 파종을 적극적으로 실현하기 위해 기술인문융합창작소(가칭)라는 융합 지원 기구가 설립되어 융합 정책 연구, 미래 사회 예측, 창의적 인재 육성, 융합 인프라 구축 활동 등을 중점적으로 펼칠 예정이다.

　구체적 목표를 살펴보면, 첫째, 각종 포럼 및 세미나 개최로 학제 간 교류를 활성화하고, 융합 분야 정책을 연구해 소통과 개방의 지식 교류 네트워크 체계를 구축한다. 둘째, 인문학 지식과 인간에 대한 이해를 통해 미래 발전 시나리오를 수립하고 인문·산업 융합 방향을 예측하게 된다. 셋째, 여러 분야의 통합적 사고를 갖춘 융합 전문가를 육성한다. 과거 한 영역에서 전문적이면 충분했던 'I형 인재상'에서 이제는 전문 영역을 갖추고 부가적으로 다른 영역도 알아야 하는 'T형 인재상'으로 달라졌다. 하지만 앞으로는 두 개 이상의 영역과 인문학적 상상력, 과학을 통합할 줄 아는 π+형 인재가 혁신을 리드하는 주인공이 될 것이다. 이는 복수 분야의 전문성은 물론, 이들을 융합해 혁신을 이뤄 낼 수 있는 플러스알파의 소양을 겸비한 인재다. 따라서 포항공대 인문기술융합연구소, 카이스트

문화기술대학원, 서울대 차세대 융합기술원, 연세대의 미래융합기술연구소 등 융합 연구를 수행하고 있는 대학과 공동으로 감성적 사고, 문화적 상상력이 체화된 인력 양성을 지원할 계획이다. 넷째, 융합형 인프라 구축도 지원하게 되는데, 민간의 융합 연구 활성화 등을 위한 인프라 및 환경 조성을 위해 규제 완화, 제도 정비, 융합 연구 매뉴얼 구축, 융합 공모전 및 융합 R&D 지원 등 융합 기반 지원 활동을 펼칠 것이다.

요컨대 기술인문융합창작소는 자발적인 민간의 학제 간 융합 연구를 유도해야 다양한 지식과 인적 네트워크 활성화 및 창의적 성과 창출이 가능할 것이기 때문에, 인문과 기술 간 융합을 체계적으로 지원하고 확산시키기 위한 인력, 제도 및 조직 등의 인프라 확충을 위한 노력을 전개할 예정이다. 아무쪼록 융합창작소가 인문학-이공학, 인성-과학의 융합을 촉진하고, 창조적 가치 창출을 유도해 궁극적으로 고부가가치 융합 혁신을 이끌어 내는 산파로, '창조적 혁신'의 든든한 융합 서포터로 몫을 다해 주길 기대한다.

참고문헌

- '칸막이식 R&D 벗고 문화·예술까지 포용', 김용근, 전자신문 (2011.1.11)
- 『인문·기술 융합 활성화 대책』, 한국산업기술진흥원 기술전략단, 2011
- 세상을 바꾸는 생각들(테크플러스 포럼 자료집), 한국산업기술진흥원, 2011
- 세상을 바꾸는 생각들(Monthly Brief 특별판), 한국산업기술진흥원, 2010
- 세상을 바꾸는 이야기들(테크플러스 포럼 2009~2011 결과 보고서), 한국산업기술진흥원, 2011
- 테크플러스 전문분과포럼 정책건의서(2009~2011), 한국산업기술진흥원, 2011
- 테크플러스 포럼 홈페이지(www.techplusforum.com)

송경모(뿌브아르경제연구소 소장)

서울대학교 경제학부를 졸업하고 동 대학원에서 경제학 박사 학위를 취득하였다. 1990년 이후 신용평가회사인 한국신용정보(NICE)에서 유가증권 및 기업에 대한 신용평가 실무와 방법론 연구를 수행했고, 2000년대 후반에는 국내 증권회사와 사모투자전문회사에서 투자금융 업무를 담당했다. 현재 (주)뿌브아르경제연구소의 소장으로 금융시장 분석, 자산 가치 평가, 사업 타당성 평가, 전략 컨설팅 사업을 수행하면서, 진화경제학, 계산경제학, 행동경제학 방법론의 실무적인 응용에 깊은 관심을 지니고 연구 중이다. 2009년 이후 한국외국어대학교 대학원 경제학과 겸임교수로서 파생금융상품과 금융시장론을 강의하고 있다. 『기업자금관리 실무』(공저) 등의 저서와 『미국은 왜 신용불량국가 되었을까』 『피터 드러커 : 현대 경영의 정신』 등의 역서, 그리고 벤처 캐피탈, 벤처기업 투자, 기업가 정신에 관련한 다수의 논문을 국내외 학술지에 발표하였다.

경제학은 욕망의 단순한 계산기에 불과한가?

 행동경제학은 실험을 통해 인간의 경제적 의사 결정 과정을 연구하는 경제학의 한 영역이다. 행동경제학의 절친한 동반자는 심리학이다. 정확히 말하면 심리학이 행동경제학을 등장하게 했다. 최근 행동경제학은 의학의 도움까지 받고 있다. 재화의 세계를 다루는 경제학이 어째서 마음의 문제를 다루는 심리학이나 몸을 연구하는 의학의 도움을 받게 되었을까?
 애덤 스미스 이래 경제학자들은 재화의 가치를 결정하는 요인이 비용에 있느냐, (희소성에 대비한) 욕망에 있느냐로 논쟁을 벌였다. 결국 이 해묵은 논쟁은 마셜(Alfred Marshall)이 비용을 표현하는 공급 곡선과 욕망을 대변하는 수요 곡선이 동시에 작용하면서 시장 가격이 형성된다는 가격 이론을 완성함으로써 종결되었다. 그러나 여전히 논의의 중심이자 출발점은 효용에 있었다. 효용이란 재화와 서비스의 소비를 통해 사람들의 욕망이 충족되는 정도를 말한다.

그렇다면 사람들의 행동을 지배하는 욕망의 메커니즘이야말로 경제학의 출발점이다. 그런 면에서 심리학은 경제학의 동반자가 될 만한 충분한 자격을 이미 갖추고 있었다. 하지만 아쉽게도 20세기 전반까지 경제학은 심리학과 교류할 기회를 전혀 갖지 못했다.[1]

경제학자들은 인간의 욕망과 행동이라는 심리학적 문제를 수학적 환원주의의 대상으로 삼았다. 효용은 양적으로 측정 가능하며,[2] 그 크기의 증가분은 소비량이 늘어날수록 줄어든다고 가정했다. 이것이 바로 한계효용 체감의 가정이다. 제번스(W. S. Jevons)와 발라(L. Walras)와 같은 한계효용학파 덕분에 복잡 미묘한 심리 문제는 기계적인 수학 문제가 되어 버렸다. 체감하는 한계효용은 미분 또는 차분으로 표현하거나 최댓값을 구하는 문제를 구성하기에 매우 적합했기 때문이다.

이후 심리학 대신에 수학이 경제학의 연인이 되었다. 경제학은 사람들이 언제나 효용 극대화 문제를 완벽하게 풀면서 행동하는 주체라고 가정했다. 말하자면 사람들은 일종의 탁월한, 그러나 단순한 계산기였던 것이다. 아울러 경제학은 물체의 운동을 묘사하는 물리학의 공식을 변형하여 시장의 가격과 수량의 변화를 설명하기 시작했다. 경제학은 수학과 물리학이라는 막강한 파트너와 융합한 이후 급성장하기 시작했다. 이론은 엄밀해지고 논리는 탄탄해졌다. 누가 봐도 겉모습은 그럴듯한 과학이었다.

---

1   2차 세계대전 후 포드 재단의 행동과학프로그램(BSP, Behavioral Sciences Program)은 경제학, 인류학, 사회학, 심리학 분야의 대표적인 학자를 중심으로 학제적인 연구를 추진하였으나, 수학적 방법론의 아성이 공고한 경제학은 끝내 이 취지에 동참하지 않고 자신만의 길을 고수함으로써 심리학과 교류할 기회를 스스로 거부했다.

2   물론 이후에 효용의 양적 측정이 가능하다고 주장하는 기수적(cardinal) 효용 이론을 포기하고 상대적인 순위만을 비교하는 서수적(ordinal) 효용 이론으로 바뀌었다.

그 결과 경제학은 20세기 후반 내내 다른 사회과학과의 학제적 연구에는 별 관심을 갖지 않고 독자 노선을 걸었다. 새뮤얼슨(Paul A. Samuelson)은 화려한 수학으로 치장한 경제학을 가리켜 사회과학의 여왕이라 부르기까지 했다. 사회과학 가운데 영예의 노벨상은 오직 경제학에만 부여되었다. 이 모든 성과가 어쩌면 경제학이 수학 및 물리학과 잘 융합한 결과였을지 모른다.

얼핏 성공적으로 보였던 이 융합은 20세기 내내 경제학계 안팎에서 도전을 받았다. 경제학자들 사이에서도 말끔하게 해가 떨어지는 수학적 이론이 과연 현실의 경제를 얼마나 잘 설명할 수 있는지 의구심이 일었다. 융합형 천재의 원형으로 꼽히는 사이먼(Herbert A. Simon)은 1955년에 인간의 합리성은 정보 획득과 계산 능력에 의해 제한되어 있다는 제한적 합리성 개념을 제시했다. 그는 사람들이 수학적 최적화를 하는 것이 아니라 제한된 정보하에서 만족화(satisficing) 한다고 주장했다. 이 주장은 합리성 가정에 바탕을 둔 호모 에코노미쿠스의 철학에 근본적인 의문을 제기한 것이었으나, 당시에는 그리 큰 주목을 받지 못했다.

이후 합리성 가정이 지배하는 경제학계에서 일부 경제학자는 진화생물학의 사고를 도입한 진화경제학, 또는 복잡계 물리학의 사고를 도입한 복잡계 경제학과 같은 새로운 형태의 융합을 시도하기도 했다. 경제학 바깥에서는 인류학자나 사회학자 등이 합리성 가정에 의거한 수리적 분석에 크게 공감하지 못하고 자신들만의 방식으로 경제 문제를 연구해 가고 있었다.

모든 것을 실험으로 확인해 보자

경제학이 이렇게 안팎의 공격에도 불구하고 자신만의 안락의자 추론(armchair theorizing)을 통해 아성을 쌓아 가는 동안, 실험을 통해 인간의 경제적 행동을 분석하려는 움직임이 일어났다.

움직임은 먼저 경제학 내부에서 일어났다. 전통적으로 실험 조건을 통제할 수 있는 자연과학과 달리 사회과학에서는 그런 실험이 불가능한 것으로 알려져 있었다. 하지만 1955년 하버드 대학교에서 갓 학위 과정을 마치고 퍼듀 대학교에서 경제학 강의를 맡게 된 스미스(Vernon Smith)는 시장 메커니즘이 작동하는 원리를 가르치기 위해 학생들이 참가하는 실험을 제안했다. 우선 학생을 수요자 집단과 공급자 집단으로 나누었다. 수요자 집단에는 어떤 재화에 대한 각자의 지불 의사 금액이, 공급자 집단에는 생산 비용이 적힌 종이쪽지를 한 장씩 건네주었다. 무작위로 두 집단에서 각각 한 명씩 서로 짝짓기를 하도록 했다. 서로 자신이 생각하는 가격을 불러서 거래가 성사된 짝은 그 가격을 칠판에 적었다. 이 과정을 몇 번 반복하면서 자연스럽게 하나의 시장 가격으로 귀결되는 것을 관찰할 수 있었다. 실험경제학이라는 새로운 분야가 태동하는 순간이었다.[3] 스미스는 1962년에 자신의 실험 연구를 체계화해서 발표했다. 이후 거래의 규칙을 여러 가지 형태로 바꾸어 가면서 시장 참가자의 행동이 어떻게 바뀌는지를 연구했다.

또 다른 움직임은 심리학에서 일어났다. 1969년 이스라엘 헤브류 대

---

[3] 물론 스미스 이전에도 서스턴(L. L. Thurstone)이나 체임벌린(E. H. Chamberlin)이 실험을 통해 무차별 곡선 또는 수요 공급 곡선을 추정한 사례가 있다.

버넌 스미스, 대니얼 카너먼, 아모스 트버스키(왼쪽부터)

학 심리학과 대학원에서 세미나 수업을 진행하던 카너먼(Daniel Kahneman)은 동료 교수 트버스키(Amos Tversky)로부터 사람들의 보수적 베이지안(conservative Bayesian) 성향에 대한 문제 제기를 접했다. 실험을 해 보면 사람들은 베이지안 모형이 알려 주는 확률적 기댓값에 의거하여 추론하거나 행동하지 않는다는 것이다. 어째서 이런 편향적인 행동이 나타나는지에 대해 의구심을 품은 두 사람은 본격적으로 연구를 시작했다. 이후 지속적인 실험과 연구를 통해 사람들이 대표성(representativeness), 가용성(availability), 앵커 효과(anchoring)의 휴리스틱에 의거하여 행동한다는 연구 결과를 1974년에 〈사이언스〉지에 발표했다. 휴리스틱이란 일종의 경험적 규칙이다. 심리학자들은 이 논문에 매우 큰 관심을 보였지만 경제학자들은 이역만리 심리학 제국에서 일어난 사건에 그다지 큰 관심을 보이지 않았다. 하지만 동료 심리학자들 사이에서 환상의 커플(dynamic duo)이라고까지 불렸던 두 사람은 이후 의사 결정의 문제에 천착하면서 여러 편의 혁신적인 논문을 발표하게 된다. 이들의 영향으로 훗날 경제학 진영에서도 세일러(Richard H. Thaler)와 같은 탁월한 행동경제학자들이 속속 등장하게 된다.

스미스와 카너먼, 트버스키는 한결같이 실험이라는 수단을 활용했지만, 그 접근 방향은 전혀 달랐다. 스미스는 제도로서의 시장 메커니즘이 지닌 효율성을 증명하려는 것이었고, 카너먼과 트버스키는 개인의 합리적 혹은 비합리적 행동을 실증하려는 것이었다. 그러나 스미스가 도입한 실험의 방법론이 경제학계에서 어느 정도 인정을 받으면서 경제학자가 심리학자의 실험 연구를 수용할 수 있는 토양이 비로소 마련되었다.

이론적 균형과 너무나 다른 인간의 행동

행동경제학자들은 인간의 실제 행동이 이론경제학에서 내린 결론과는 매우 다르다는 사실을 보고하기 시작했다. 많은 연구 사례가 있지만, 최후통첩 게임(ultimatum game)을 예로 들어 보자. 어떤 주어진 금액이 있을 때 제안자는 수용자에게 일정한 액수, 예컨대 10만 원을 받아 가라고 제안한다. 수용자가 그 금액을 수용하면 몫을 나누면서 게임은 끝나고, 수용하지 않으면 모든 것은 제안자의 차지가 되면서 게임이 끝난다. 제안자가 얼마를 제안하는 것이 모두에게 최선일까? 주류경제학의 입장에서, 제안자가 적은 금액을 제시해도 수용자는 그것을 굳이 마다할 이유가 없다. 수용자 입장에서는 거부해서 아무 소득이 없는 것보다는 수용해서 조금이라도 돈을 받는 것이 낫기 때문이다. 이것이 합리적인 경제인을 가정한 모형에서 도출되는 해다. 그러나 실제로 실험을 해 보면 제안자는 전체 액수의 40~50퍼센트 수준의 금액을 제안하고, 수용자는 아주 적은 금액은 거부하는 것으로 나타났다. 문화적 배경이 다른 여러 나라의 피험자를 대상으로 실험을 해 보아도 결과는 크게 다르지 않았다. 우리나라에서 경제학 수강생을 대상으로 한 실험에서도 비슷한 결과가 나타났다. 그 밖에 한 번만 실행하고 끝나는 죄수의 딜레마 게임에서도 상대방을 사지에 몰아넣고 배신을 하는 것이 이론적으로 균형이지만, 실제 실험에서는 상당수의 피험자가 협조를 선택하는 결과가 관찰되었다. 손실과 이익이 확률적으로 결정되는 도박에서도 수학적 기댓값을 기준으로 하지 않고 손실을 회피하는 방향으로 행동한다는 사실이 관찰되기도 했다.

이단에서 주류로

하지만 이런 방식의 연구는 여전히 경제학계 내에서 소수만이 행하고 있다. 이론경제학의 중심지 미국에서도 그랬지만, 언제나 모든 이론을 수입해 사용해 온 한국에서는 더할 나위가 없었다. 1990년대까지만 해도 한국에서는 합리성 가정과 최적화 모형을 사용하지 않은 논문은 제대로 된 경제학 논문으로 인정받지 못했다. 진화경제학이나 실험경제학은 이단의 학문으로 취급당했다. 그나마 진화경제학은 기술경제학이나 발전경제학을 연구하는 학자를 중심으로 명맥을 이어 갔지만,[4] 실험경제학 내지 행동경제학은 미시경제학 연구자 가운데 관심을 가지는 이가 거의 없었다. 한경동 등 일부를 제외하고는 경제학에서 실험적 방법론에 관심을 가지

---

4   서울대학교 이근 교수 등이 주도한 '기술과 진화의 경제학 연구회' 같은 연구 모임이 대표적인 예다.

는 연구자는 드물었다.[5] 1990년대까지 학부와 대학원의 미시경제학 교과서에서 실험경제학이나 행동경제학은 거의 언급되지 않았다.[6]

그러다가 스미스와 카너먼이 2002년에 노벨경제학상을 수상하자 분위기가 일순간에 바뀌었다. 큰 고민 없이 교과서에서 배운 대로 합리성만을 예찬하던 경제학자들이 하나둘씩 비합리성의 가정을 인정하기 시작했다. 그러면서 행동경제학자들의 연구가 자연스럽게 화제의 중심에 서게 되었다. 세일러의 『넛지』와 애리얼리(Dan Ariely)의 『상식 밖의 경제학』이 일약 베스트셀러로 등극했다. 만일 노벨상이 스미스와 카너먼 같은 이단을 끝내 외면했다면, 아직까지 실험경제학이나 행동경제학은 그냥 유별한 경제학자들의 변덕스러운 취미 정도로 취급받았을 것이다. 게다가 2008년에 유례가 드문 초대형 금융 위기[7]를 몸소 겪는 진귀한 체험까지 더해지면서 경제 주체의 합리성을 주창하는 사람들이 오히려 홀대를 받는 분위기가 연출되기까지 했다.

---

5 한경동 등은 선거 주식시장 실험을 통해 1990년대에 우리나라에서 실험경제학의 기법을 본격적으로 적용한 최초의 연구를 수행하였다. 이들의 노력을 바탕으로 우리나라의 경제학자들 사이에 실험경제학의 방법론이 조금씩 알려지기 시작했다.

6 합리성에 바탕을 둔 미시경제학의 이론적 정교함은 게임 이론과 메커니즘 설계 이론에서 정점에 달한다. 이미 1950년대 후반부터 실험을 수행해 왔던 게임 이론의 대가인 젤텐(Reinhard Selten)은 전형적인 내시 방식의 합리성 가정만으로는 게임의 해가 유의미하게 도출되지 않는 상황을 알고 추상적인 이론이 아니라 실험을 통해 유의미한 해를 탐색해야 한다는 입장을 밝혔다.

7 금융 위기가 발발한 다음 해에 〈하버드 비즈니스 리뷰〉에 실린 애리얼리의 글에는 이런 분위기가 잘 설명되어 있다. 스미스에 앞서 경제학에 실험을 도입했던 체임벌린도 1930년대 대공황을 겪으면서 시장 메커니즘에 회의를 느끼고 과연 수요와 공급의 균형 이론이 맞는지를 실험을 통해 확인해 보고자 한 바 있다.

인간 행동의 복잡성 : 애덤 스미스부터 뇌과학에 이르기까지

그렇다면 후대 경제학자들이 인간 행동의 동기를 수학적으로 단순화하기 전에 근대 경제학의 시조 애덤 스미스는 그 문제를 어떻게 보았을까? 애덤 스미스는 『국부론』(1776)보다 앞선 『도덕감정론』(1759)에서 인간의 행동은 열정과 공평한 관찰자 사이의 갈등으로부터 나온다고 했다. 그의 눈에 인간은 단순한 계산기가 아니었다. 그의 저술 곳곳에서 오늘날 행동경제학자들이 주장하고 있는 인간 행동의 제반 원리, 예컨대 손실 기피, 기간 선택, 과신, 이타심, 문화적 배경에 따른 행동의 다양성과 같은 다양한 주제들이 이미 언급되고 있다. 인간 행동의 복잡성에 대한 스미스의 깊은 이해가 수리경제학자들의 손에서 파편화되는 사이에, 그리고 사이먼의 조심스러운 우려가 등장하기 전에, 이미 19세기 말 미국의 베블런(Thorstein Veblen) 같은 괴짜 경제학자는 수리경제학자들이 인간 행동을 설명하는 방식이 인간 행동의 진화적 본성을 전혀 이해하지 못하는 가짜 이론이라고 비판한 적이 있다. 그에 따르면 인간 행동은 결코 냉철한 계산이 아니라 약탈과 과시, 창조와 제작의 본능이 복잡하게 얽혀서 이루어지는 것이었다. 그리고 이 복잡성은 원시 시대 이래 진화의 산물이라는 것이다.

이런 관점에서 진화심리학의 첨단에 서 있는 뇌과학은 행동경제학자들의 주장을 입증할 수 있는 중요한 수단으로 부각되었다. 뇌과학은 뇌에서 분비되는 도파민과 같은 생화학 물질의 영향, 그리고 뇌의 특정 부위와 인간 행동과의 연관성에 주목하기 시작했다. 인간의 제반 감정과 그에 따른 행동이 단순히 마음이나 의지의 문제가 아니라 뇌의 생화학적 현상으로 설명되는 문제라면 경제적 행동 역시 그러할 것이었다. 신경과학자들은 주로 기능적자기공명영상장치(fMRI)를 이용하여 피험자가 경제적 선택

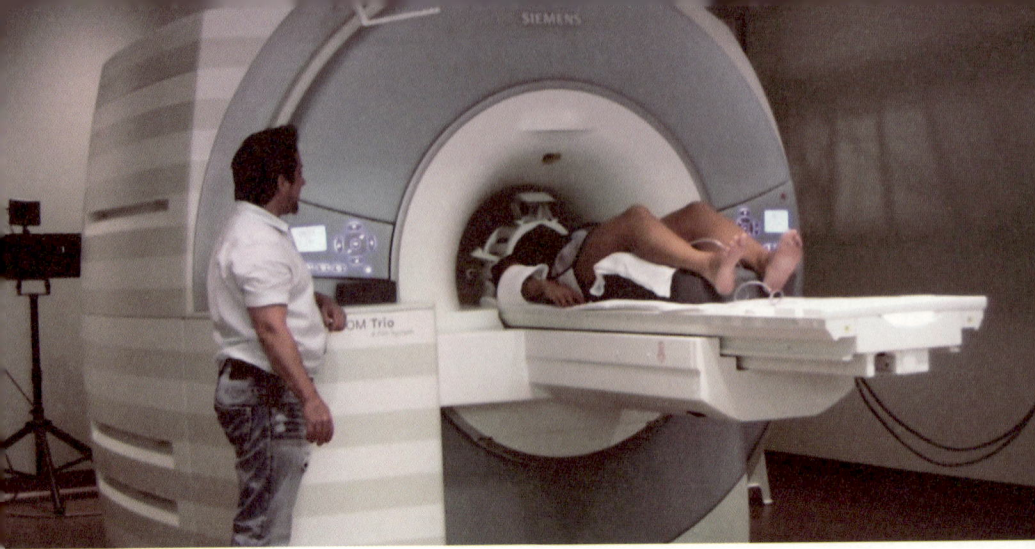

fMRI

을 하는 순간의 뇌 반응을 분석했다. 예를 들어 동일한 수익이 발생하는 선택도 긍정적인 틀(framing)로 표현될 경우와 부정적인 틀로 표현될 경우에 선택이 달라졌고 뇌의 관련 부위 반응도 다르게 나타났다. 사람들은 100 중에 60을 잃을 수 있다고 표현된 선택은 기피하고, 100 중에 40을 얻을 수 있다고 표현된 대안을 선택하는 경향이 있다. 이론경제학은 이런 상황을 설명할 수단이 전혀 없었다. 뇌과학은 수학과 물리학의 덤불 안에 갇혀 있던 이론경제학은 물론이고 전통적인 실험법에서조차 잘 보이지 않았던 미지의 영역을 열어 주었다. 등대의 불빛이 보이기 시작한 것이다. 서로 다른 산길을 걷던 철학, 종교학, 경제학, 경영학, 심리학, 의학이 바야흐로 뇌라는 정상에서 만나려고 한다.

인간의 경제적 행동 동기는 단순한 효용 극대화 모형으로 설명할 수 없는 그 무엇이다. 특히 게임 이론처럼 전략적 의사 결정이 필요하거나 결과의 불확실성이 심할 때에는 더욱 그렇다. 합리성이라는 가정하에 도출된 모든 이론경제학의 결론은 실험을 통해 하나씩 되짚어 보자는 것이 행동경제학이다. 도대체 알다가도 모를 인간 행동의 진실은 어디에 있을까? 이 문제에 대한 궁극의 해답에 도달하기 위해 경제학은 한때의 연인이었던 수학과 물리학을 잠시 잊고, 심리학과 의학을 향해 동반을 제안하고 있는 것이다.

참고문헌

- "Marginal to the Revolution: The Curious Relationship between Economics and the Behavioral Sciences Movement in Mid-Twentieth-Century America", J. Pooley and M. Solovey, in Backhouse and Fontaine ed., The Unsocial Social Science?: Economics and Neighboring Disciplines since 1945, Duke University Press, 2010, 199-233.
- An Evolutionary Theory of Economic Change, R. R. Nelson & S. G. Winter, Harvard Business Press, 1982.
- "An Experimental Study of Competitive Market Behavior", Vernon Smith, Journal of Political Economy, 1962, 70(2), 111-137.
- "Judgement under Uncertainty: Heuristics and Biases", A. Tversky & D. Kahneman, Science, 185:1124-1131, 1974
- "Experiences of Collaborative Research", D. Kahneman, American Psychologist, September 2003, 723-730.
- "Fairness versus Reason in the Ultimatum Game", Nowak M., K. Page, and K. Sigmund, Science, 2000, 1773-1775.
- "In Search of Homo Economicus: Behavioral Experiments in 15 maml-scale societies", Heinrich, J., R. Boyd, S.Bowles, C. Camerer, E. Fehr, H. Gintis, and R. McElreath, American Economic Review, 2001, 91:73-78. 2001.
- 『36.5℃ 인간의 경제학 : 경제 행위 뒤에 숨겨진 인간의 심리 탐구』, 이준구, 랜덤하우스코리아, 2009
- 「선거와 시장 경제 : 제15대 대통령 선거를 중심으로」, 한경동·신혁승·문봉희, 한국경제연구원, 1998
- "The End of Rational Economics", D. Ariely, Harvard Business Review, July-August 2009, 78-83.
- "정부조달과 부패의 실험경제학적 고찰", 한경동, 경제경영연구, 한국외국어대학교 부설경제경영연구소, 2001.12. 20, 211-230.
- "Adam Smith, Behavioral Economist", Ashraf, Camerer, Loewenstein, Journal of Economic Perspectives, 2005, 19(3): 131-145.

임성진(전주대학교 사회과학부 교수)

베를린 자유대학교에서 환경정치경제학으로 박사 학위를 받고, 환경정책연구소 연구원으로 재직했다. 국가과학기술자문위원을 역임했으며, 지금은 전주대학교 사회과학대학 학장으로 있다.

환경 경제와 기술의 만남

융합이 필연적인 환경과 과학기술

환경 분야에서 사회과학과 과학기술의 만남은 결코 새삼스러운 일이 아니다. 환경문제의 해결이라는 정책적 과제는 학문의 융합이 화두로 등장하기 훨씬 전부터 이미 기술 개발과 불가분의 관계에 있어 왔다. 환경오염은 기존의 산업 체제와 이를 뒷받침하는 기술이 낳은 부산물이기 때문에 지금까지와는 다른 새로운 기술의 등장 없이 오염 문제의 해결을 바라는 것은 무리이다.

일반적으로 환경 정책은 네 단계를 거치면서 발전해 왔는데, 각 단계마다 그에 맞는 새로운 기술을 적용해 가며 오염 문제를 풀어 나갔다. 우선 가장 초기 단계였던 복구와 정화의 단계에서는 이미 발생한 오염을 정화하고 환경을 복구할 기술을 개발하여 현장에 적용했다. 그 대표적인 예가 1960년대 일본 미나마타 시에서 발생한 수은중독 사건이다. 당시 공장폐수에서 비롯된 수은으로 인한 환경오염은 전 세계를 놀라게 할 만큼 충격적이었는데, 그에 대한 해결책으로 심각한 오염 지역에 대해 응급처치와 정화 작업이 진행되었다. 이 사건은 보건의 차원을 넘어 오염 물질 처치라는 확대된 개념의 기술 개발을 본격화한 신호탄이 되었다. 그리고 시간이 흘러 2011년 후쿠시마에서 원전 사고가 발생했을 때도 방사능 오염 확산을 막기 위한 다양한 기술적 수단이 신속히 적용되었다.

환경 정책의 두 번째 단계는 사후 처리적 대응의 단계인데, 여기서는 오염의 피해가 발생하기 전에 이미 생성된 오염 물질을 제거하거나 감소시키는 기술의 개발이 요구된다. 한 예로 1970년대에 유럽에서 산성비로 인해 산림과 호소(湖沼) 생태계가 광범위하게 파괴되었던 사건을 들 수 있다. 이 일로 인해 전 유럽이 발칵 뒤집히자 비로소 석탄이나 석유를 땔 때 나오는 아황산가스에 대한 규제가 강화되기 시작했다. 그리고 각 공장에서는 연료 연소 시 발생하는 이산화황을 제거하기 위해 탈황 설비를 갖추어 나갔다. 또 환경 규제가 지속적으로 강화되면서 대기오염 문제를 해결하기 위해 자동차에는 촉매 기술이 도입되었고, 수질 악화를 막기 위한 폐수 종말 처리 기술도 발달했다. 현재 각 대학의 환경공학과에서 다루는 수질, 대기, 토양오염 등의 환경 기술과 기사 자격 업무는 모두 이러한 사후 처리적 환경 기술의 발달과 관련이 있다. 이렇게 선진국에서 1970년대부터 본격적으로 개발되기 시작한 사후 처리적 환경 기술은 신기술 연구 및 개발의 중심으로 떠오르며 이들 국가의 환경 개선에 크게 기여했다. 반면 후진국에서는 이러한 기술 개발과 도입이 여전히 낮은 수준에 머물러 있어, 이를 해결하기 위한 방편으로 유엔아시아태평양경제사회위원회(UNESCAP)

를 중심으로 녹색 성장(Green Growth)이라는 발전 개념이 도입되었다.[1]

하지만 사후 처리적 기술로는 갈수록 급증하는 환경문제를 해결하기에 역부족인 데다 오염이 발생한 후의 처리 비용도 점증함에 따라 이러한 방식의 기술적 해결에 대한 회의 또한 커져 갔다. 예를 들어, 지구온난화의 주범으로 지목된 이산화탄소의 경우 한번 배출되고 나면 사후 처리적 기술로는 포집하기가 쉽지 않은데, 현재 탄소포집저장(CCS) 기술을 개발하고 있긴 하나 경제적, 기술적 측면에서 상용화가 요원한 상태다. 그러다 보니 환경과 기술이 서로 영향을 주고받으며 발달해 나갔던 그동안의 시스템에 근본적인 한계가 발생하게 되었다.

이 문제를 해결하기 위해서는 환경오염 물질이 발생하기 전에 원천적으로 오염 물질 배출을 억제하는 새로운 차원의 기술 개발이 필요했다. 그리고 이러한 배경에서 세 번째 단계인 사전 예방의 원칙이 환경 정책에 도입되었다. 사전 예방 기술의 대표적인 예는 바로 재생에너지 기술이다. 화석연료와 달리 이용 과정에서 오염 물질 배출이 거의 없어 가장 근원적이고 경제적인 기술 수단으로 꼽힌다.

환경과 재생에너지 기술의 만남은 환경문제 해결을 위한 접근 방식을 새로운 차원으로 한 단계 높여 주었으며 그전까지 더디게 개발되던 미래 기술 시장이 활짝 열리는 계기를 제공했다. 환경과 재생에너지 기술의 융합에서 가장 성공을 거둔 국가는 독일로, 현재 풍력과 태양광 기술에 있어 선도적인 위치에 올라 있다. 독일에서는 1998년까지 총 전력 생산의 5.2퍼센트를 신재생에너지로 공급했는데, 2003년에는 7.9퍼센트, 2004년

---

1 이명박 정부의 녹색 성장 정책은 이러한 개발도상국 발전 전략의 개념에서 출발한 것으로서 성장에 초점이 맞춰진 정책이라는 비판이 제기된 바 있다.

독일은 환경과 재생에너지 기술의 융합을 선도하고 있다.

에는 9.3퍼센트, 그리고 2010년에는 17퍼센트까지 점차 비중을 높였다. 지난 2011년 전반기에는 20퍼센트를 넘겨 세계를 놀라게 했으며, 여기서 더 나아가 2020년에는 사용 전력의 35퍼센트 공급을 목표로 세웠다. 그런데 후쿠시마 사고 이후 이 비중을 40퍼센트까지 높이고자 계획을 수립 중이라고 한다. 독일 정부의 에너지 프로그램에 의하면 재생에너지 공급 목표치가 2030년에는 50퍼센트, 2040년에는 65퍼센트, 그리고 2050년에는 80퍼센트에 이른다. 이렇듯 재생에너지 기술의 발달과 보급의 확산으로 환경 기술이 시장의 중심을 이뤄 가고 있으며, 그 영향으로 산업 체계도 분산적이고 유연한, 고효율 저탄소 체제로 바뀌고 있다.

환경 정책 발달의 마지막 단계로 학자들은 생태적 현대화(ecological modernization)[2]나 제3차 산업혁명으로 조성될 녹색산업 사회를 든다. 이 3차 산업혁명에서는 지난 두 차례의 산업혁명에서와는 달리 에너지 절약과 효율이 중시되고, 재생에너지가 중심 에너지원으로서 역할을 하며, 정보통신 기술, 미소 전자공학, 신소재, 재생 가능 원료, 청정 테크놀로지, 바이오테크놀로지, 재활용 기술 등이 핵심 기술로 부각된다. 또 이러한 기술의 발달과 함께 자연 친화적인 순환 고리와 어울리는 거버넌스 체제와 시민 사회가 형성된다.

마지막 단계의 환경 정책은 환경문제가 기술 개발만으로는 해결될 수 없다는 인식에서 출발한다. 즉 신기술 개발이 환경문제 해결의 필요조건이기는 하지만 충분조건은 아니라는 것이다. 여기서 기술과 시장의 접목이라는 새로운 키워드가 등장하게 되었다.

이와 관련해 이해를 돕기 위해 'N-커브의 딜레마'라는 이론을 소개한다. 이것은 환경문제를 기술적으로 해결하려고 할 경우 문제에 대한 해법을 찾았다 해도 빠른 속도의 경제성장으로 인해 그 기술에 따른 개선 효과는 별 의미가 없어지고 오염의 정도는 더욱 심해지는 현상을 가리킨다. 가령 촉매 기술이나 에너지 효율을 높이는 기술이 발달하면서 자동차 배기가스가 줄어든다 해도 자동차 보급량이 더 급속히 는다면 결국 배기가스 배출량은 증가세를 보일 것이고 이를 해결하기 위한 비용 역시 늘어날 것이다. 이것을 그래프로 표현하면 환경 기술의 개발과 적용에도 불구하고 오염의 정도와 해결 비용은 N 자 모양으로 그려지면서 결국 계속 상승하는 형태가 될 것이다.

---

[2] 생태적 현대화란 환경 친화적 기술혁신에 기초한 사회적이고 생태적인 혁신과 그에 따른 효과의 확산을 가리킨다.

	1차 산업혁명 1780년대~	2차 산업혁명 1890년대~	3차 산업혁명 1990년대~
지배적 기술과 천연자원	증기기관, 역직기, 금속 가공술	전기, 화학, 연소기관, 조립라인, 합성 재료	정보통신 기술, 미소 전자공학, 신소재, 재생 가능 원료, 청정 테크놀로지, 바이오테크놀로지, 재활용 기술
주요 에너지원	석탄	석탄, 석유, 핵에너지	재생 가능 에너지, 에너지 효율
교통/통신	철도, 전신	자동차, 비행기, 라디오, 텔레비전	고속철도, 인터넷, 무선통신
사회/국가	부르주아, 무역자유화, 법치국가	대량생산, 대중사회, 의회 민주주의, 복지국가	시민사회, 글로벌 거버넌스
핵심 국가	영국, 벨기에, 독일, 프랑스	미국, 일본, 독일	유럽연합, 미국, 중국, 일본

출처 : "A Third Industrial Revolution?", Jänicke and Jacob, 2009.

실제로 1차 석유 위기가 발발한 1973년부터 1985년까지 일본 산업계는 기술 개발을 통해 에너지와 원자재 사용량을 획기적으로 줄여 효율성 향상이라는 목표를 달성했지만, 같은 기간 동안 이뤄진 급격한 산업 성장으로 인해 그 효과는 모두 상쇄되고 소비량은 계속 증가했다. 이러한 사례는 기술 혁신에 바탕을 둔 친환경 녹색산업 체제로의 근본적인 시스템 전환이 가능할 때 비로소 환경문제가 바람직한 해결책을 찾을 수 있음을 보여 준다. 그리고 친환경 기술이 가져다주는 혁신이 산업 시스템과 조화를 이루기 위해서는 무엇보다 새로운 기술을 중심으로 하는 시장 구조와 이익 분배 구조가 만들어져야 한다.

환경과 기술의 융합, 시장을 만나다 – 최소 비용 계획과 에너지 기술

아마도 인문사회과학적 관점에서 환경을 연구한 사람이라면 누구나 환경과 경제, 그리고 관련 기술의 조화와 대립 문제를 놓고 한번쯤 고민한 적이 있을 것이다. 1990년대 초반까지만 해도 이 문제는 좀처럼 풀기 어려운 숙제처럼 여겨졌다. 다행히 요즘은 녹색 사회나 3차 산업혁명 같은 개념의 적용으로 환경과 경제가 더 이상 대립 관계에 있는 것이 아니라 상호 보완적이고 통합적인 것으로 발전해 가고 있으며, 위에서 본 바와 같이 미래의 친환경 에너지 기술도 시장에서 빠르게 자리를 잡아 가고 있다.

그러나 아직까지도 환경과 경제의 대립이 진행 중인 곳이 많고, 환경오염을 일으키는 굴뚝 산업과 기술이 여전히 시장의 중심에 서 있는 모습을 쉽게 볼 수 있다. 그만큼 양자 간의 갈등은 깊고, 구조적인 문제인 것이다. 최근 선진국들이 온실가스 배출 감소를 결의한 교토의정서에서 탈퇴하려는 움직임을 보이고 있는 것이나 한국에서 배출권거래제도가 산업계의 반발로 도입되지 못하는 현실은 모두 이러한 갈등의 산물이다. 기후변화로 온실가스 규제가 발등의 불이 된 이 시점에도 철강이나 석유화학 같은 에너지다소비형 산업과 기술이 정부의 중점 보호 대상인 것도 마찬가지다.

사실 환경과 경제, 그리고 신기술 간 갈등이 존재하는 것은 당연한 일이다. 환경문제의 해결을 위해서는 기존 산업사회의 생태적 전환이 요구될 수밖에 없고, 그렇게 되면 전통적인 산업 시스템하에서 이익을 얻고 있던 기업들이 경제적 손실을 입게 되기 때문이다. 시장의 기득권층에게 손해를 볼 것이 뻔한 새로운 환경 정책과 신기술 개발 요구가 반가울 리 만무하다. 그렇다면 이 문제의 해결책은 어디에 있을까?

우리는 흔히 환경오염을 해결하기 위한 방법으로 원인 제공자에게 불

이익을 주는 규제 수단을 선호한다. 그러나 강제적 규제하에서는 업체가 어떻게든 법망만 피하려고 하거나 정해진 기준을 맞추는 데만 급급하기 때문에 기업이 자발적으로 환경 기술을 개발하고 자연 순환적인 경영 체제를 구축하기를 기대하기는 어렵다. 오히려 이들은 비용과 시간이 드는 환경 기술 개발을 시장에서 기업의 활동을 위축시키는 반경제적인 것으로 간주하며 거부할 것이다.

기업이 시장에서 손해를 보면서 미래 산업과 기술로의 전환을 서두를 리는 없는 까닭에, 이 문제는 녹색산업으로 전환할 때 참여한 기업에게 더 많은 이익을 가져다줄 수 있도록 시장을 재구성해야만 해결될 수 있다. 다시 말해 기업이 자연 친화적인 방향으로 기술 개발과 경영을 할수록 시장에서의 이익이 커진다면 변화하지 않을 기업은 없으리란 것이다. 환경경제학에 등장하는 '에너지 서비스'와 '최소 비용 계획'이 바로 이에 해당하는 개념이다. 간단히 살펴보자.

현재의 에너지 시장구조는 공급과 수요가 철저하게 분리되어 있다. 사업자는 에너지원을 팔기만 하면 그만이다. 에너지를 펑펑 쓰느냐, 알뜰살뜰 쓰느냐는 전적으로 소비자의 몫이다. 그런데 소비자가 구입하는 것은 전기와 같은 에너지지만, 정작 필요로 하는 것은 이 상품 자체(에너지)가 아니라 에너지를 이용해 얻게 될 각종 효용과 만족이다. 예를 들어 새 주택에 이사한 신혼부부가 전기와 가스를 서둘러 신청하는 것은 그 에너지원이 필요해서가 아니라, 요리를 하기 위해 불이 필요하고 음식을 보관하기 위해 냉장고를 돌려야 하기 때문이다. 즉 이 부부가 필요로 하는 것은 에너지 서비스인 것이다. 이렇게 볼 때 에너지는 소비자를 만족시키기 위한 수단이지 그 자체가 목적은 아니다.

최소 비용 계획은 이처럼 공급과 소비가 시장에서 분리돼 발생하는 에너지 낭비를 해결하기 위한 대안적 개념이다. 만일 에너지 공급 사업자가 시장에서 자신의 경영 영역에서 공급뿐만 아니라 소비까지 통합 관리한다면, 사업자는 더 적은 에너지를 투입하면서 소비자가 지금과 동일한 만족을 얻을 수 있는 방법을 모색해 더 많은 이윤을 남기려 할 것이다. 이렇게 되면 사업자는 공급을 늘리기 위해 많은 돈을 들여 발전소를 건설하기보다 비용이 덜 드는 다양한 에너지 절약 수단을 도입하려 할 것이다. 공급 사업자는 에너지 절약을 늘리면서도 이윤을 키우는, 그야말로 환경을 보호하면서 기업의 이익을 확대하는 환경 기업으로 변신하게 되는 것이다.

최소 비용 계획이라는 개념을 통해 환경보호와 기업의 이익이 시장에서 하나가 될 수 있음을 알았다면, 여기서 또 한 번 사회과학과 기술의 만남이 이루어진다. 최소 비용 계획을 성공시키기 위해서는 소비 영역에 존재하는 절약의 가능성을 모두 찾아내 이를 개발하는 작업이 필요하기 때문이다. 이 과정에서는 소비 영역에서 절약이 가능한, 기술적 절약 잠재량을 모두 파악해야 한다. 즉 소비 부문에 적용되고 있는 모든 기술에 대한 에너지 소비량과 새로운 기술에 의한 절약 가능량을 정확히 측정해야 하는 것이다. 이렇게 해서 에너지 기술과 환경 정책, 그리고 경제가 만난 융합적 연구 결과물이 탄생하게 된다. 이 과정에서 다양한 영역의 연구자들이 함께 참여해 과제를 해결하는 연구 공동체의 필요성이 강조되기도 한다.

최근 우리나라에 학문적 융합의 바람이 거세게 불고 있다. 학문적 융합을 통한 혁신과 창조가 가능하려면 과제를 해결하기 위해 필요한 영역을 넘나드는 자유로운 사고와 이를 함께 소화할 수 있는 공동의 연구 환경이 밑받침되어야 할 것이다.

송종국(과학기술정책연구원 원장)

서강대학교 경제학과를 졸업하고 미국 텍사스 A&M 대학교에서 경제학 박사 학위를 받았다. 현재 과학기술정책연구원(STEPI)의 원장으로 재직하고 있으며 미국 조지 메이슨 대학교 객원교수, 과학기술부장관 정책자문관, 기술경영경제학회 회장 등을 지냈다. 주요 저서로는 『과학기술기반의 국가발전 미래연구』 『R&D 투자 촉진을 위한 재정지원정책의 효과분석』 『기술혁신을 위한 금융시스템의 발전방안』 등이 있다.

인문과 기술 융합을 위한 정책 방향

융합의 개념

융합은 20세기 후반 정보통신 기술의 급격한 발전과 이에 따른 사회적 변화에 대응하여 출현한 개념으로 미래 자본의 중요한 요소로 인식되고 있다. 그러나 우리나라에서는 융합이 하나의 트렌드를 넘어서 지나치게 빨리 지배 개념이 되었고, 미래 사회를 변화시키는 수단으로보다는 목적으로 간주되는 듯하다. 또한 융합이 학문이나 기술의 영역적 차이나 이질성을 전혀 고려하지 않은 채 적용될 수 있는 개념인 것처럼 논의되기도 한다. 융합이라는 개념이 너무 폭넓게 사용되거나 무분별하게 남용되면 결국 모든 것을 의미하여 이름만 허울로 남고 아무것도 지칭하지 못하는 '무개념'으로 전락할 수 있어 신중한 접근이 필요하다.

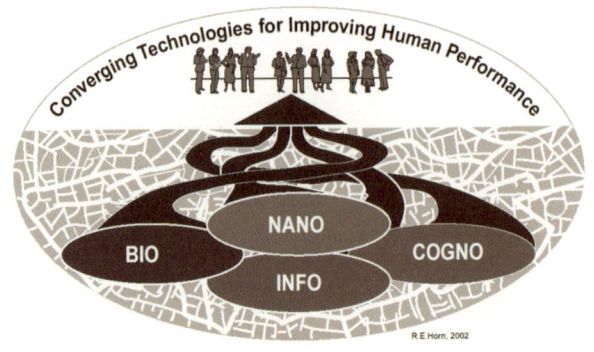

NBIC 개념도

　융합을 미래 기술의 패러다임으로 처음 사용한 것은 미하일 로코와 윌리엄 심스 베인브리지가 편집한 '인간의 능력 향상을 위한 융합 기술 (Converging Technologies for Improving Human Performance)(2002)'이라는 미국 국가과학재단(NSF)의 보고서다. 정보통신 기술의 혁신적인 발전에 따라 정보통신, 멀티미디어 및 엔터테인먼트 산업 등의 기술 융합 현상이 주목받게 되었고 융합의 논의가 촉발되었다. 이는 다양한 콘텐츠를 담아 낼 수 있는 고집적, 고용량의 디바이스 개발을 위한 새로운 기술 개발의 필요성이 부각되었기 때문이다. 이 과정에서 나노기술의 출현은 기존 기술의 한계를 극복함으로써 다양한 학문·기술 분야에서 활용되고 있는 정보통신 기술의 발전에 새로운 가능성과 기술 융합의 다양성을 열어 주었다. 이른바 NBIC, 즉 나노(nano), 바이오(bio), 정보(info), 그리고 인지(cogno)의 기술적 컨버전스가 하나의 패러다임으로 등장하게 되었다.

　이 보고서에서 기술 융합의 개념은 나노기술을 기반으로 하는 NBIC 기술의 수렴적 융합으로, 인간의 두뇌를 이루는 물질의 구조와 행태에 대한 포괄적 이해에 기초하여 '새로운 르네상스'가 도래할 것으로 전망한다.

NBIC 기술 발전을 기초로 사회적 행위에 대한 예측 과학과 진보된 행동 교정 프로그램이 발달하여 타인에게 해를 입힐 수 있는 행동은 사전에 억제하고 사회적으로 유익한 행동을 촉진할 수 있을 것으로 기대하고 있다. 이러한 미국식 융합 기술 개념은 융합 기술을 통해 자연과 인간, 그리고 사회와 문화에 대한 새로운 이해에 도달할 수 있을 것으로 기대하지만, 새로운 이해가 목표로 하는 것은 전통적인 의미의 진리가 아니라 기술적, 도구적 지식이라고 볼 수 있다. 따라서 이러한 융합 개념에는 테크노퓨처리즘이라는 맹목적 기술지상주의가 전제되어 있다고 볼 수 있다.

유럽의 경우, 융합이 새로운 가능성을 발견하고 혁신을 이룰 수 있다는 기대는 미국과 차이가 없으나 융합하는 학문과 기술이 서로 대등한 관계를 유지한다는 것을 전제로 한다는 점이 다르다. 즉 인간이 지속 가능한 삶을 영위하기 위한 사회적 조건을 형성하는 데 융합 기술의 가능성을 보고 있는 것이다. 미국과 달리 유럽의 NBIC 융합은 융합 기술의 발전이 가져올 여러 사회적 문제를 전체적인 측면에서 다각도로 검토하고 있다. 즉 유럽연합 방식의 융합 기술 버전은 NBIC 융합에 사회적, 인류학적, 철학적, 지리학적, 생태학적 등 다양한 영역의 문제의식을 기술적 고려 사항과 함께 배려하고 있다. 이와 관련하여 고위 전문가 그룹인 HLEG(High Level Expert Group)는 유럽 문화의 다양성을 보존하고, 경제적 기회를 창출하는 데 기여할 사회적 필요의 중요성을 강조하고 있다. 사회과학과 인문학은 이러한 맥락에서 융합 기술의 방향성을 가늠하는 논의에 참여하며, 융합 기술의 발전이 야기할 수 있는 위험을 평가한다.

융합 기술을 바라보는 미국과 유럽연합의 관점 차이를 방법론적으로 정리하면 다음과 같다. 미국의 융합은 NBIC라는 비교적 소수의 핵심 기술을 중심으로 인간의 능력을 획기적으로 향상시키는 것에 초점이 맞추어져 있는, 일종의 하향(top-down) 방식으로 진행되고 있다. 이에 반해, 유럽의 경우 다양한 학문 영역과 기술이 함께 참여하는 상향(bottom-up) 방식으로 진행된다. 사실 NBIC를 중심으로 하는 미국의 융합 프로그램에는 군사적 목적과 동기가 반영되어 있다. 더욱이 '새로운 르네상스'라는 개념은 지나치게 낙관적이며, 효율성과 성과를 극대화하려는 데 치중해 있다. 유럽연합의 접근은 좀 더 구체적이고, 인문사회과학적 문제들이 고려되어 있다는 점에서 가치 지향적이다. 또 융합에 대한 미국식 접근은 '목적 지향적'인데 반해, 유럽연합의 접근은 '문제 지향적'이라는 평가를 받기도 한다.

한국의 인문과 기술 융합 현황

우리나라는 미국의 NSF 보고서가 발표된 후 1년쯤 지났을 때, 이미 융합 기술의 중요성을 인식하고 상당히 구체적으로 융합 기술의 방향과 목록을 제시하였다.[1] 그리하여 한국은 융합 기술과 관련된 정책적 관심과 연구 성과에 있어 이미 세계적으로 선도적 위치를 인정받고 있다.

또한 융합에 대한 관심은 이제 기술 분야를 넘어 학문 영역으로 퍼져 나가 학문 간 융합은 창의적인 미래를 향한 시대적 요구로 등장하고 있다. 그간 비교적 성공적으로 진행된 기술 영역 간 융합은 미래를 향한 창의적

---

[1] 우리나라 융합 연구는 미국의 융합 연구 추세에 더 가까운 것으로 보인다. 과학기술정책연구원의 설문 조사 결과에 따르면 현재 수행 중인 융합 연구의 중심 분야로 정보통신 기술(IT)이 28.8%로 가장 많았고, 그다음으로 생명공학 기술(BT)이 25.0%, 나노 기술(NT)이 11.5%, 기타 이·공학 기술이 11.5%, 인지과학 기술(CT)이 7.7%, 경제·경영학이 5.8%로 뒤를 이었다.

자본으로서 개념화되는 단계에 이르렀으며, 국가의 연구 개발 정책의 핵심으로 부상하고 있다. 이러한 한국적 융합의 발전은 한국 특유의 속도전을 특징으로 하여 단기간에 상대적으로 많은 성과를 이루어 냈다. 하지만 2003년의 융합 기술 보고서가 다양한 기술의 집약적인 측면에서는 성공적이었지만, 과연 이 기술들을 통해 그 기술의 사용자이자 수혜자인 인간이 어떤 의미의 삶을 살게 될지에 관한 성찰에 있어서는 아쉬움을 보인다.

이런 점에서 이정모(2009)는 융합 기술이 왜 인지과학과 연접되며 융합되어야 하는지를 암시하고 있다. 동시에 앞으로 인지과학의 융합 방향을 설정하는 데도 과학의 영역은 물론 의미의 학문, 즉 인문학과의 융합이 절실함을 시사하고 있다. 한편 OECD 회의에서 뚜렷한 아젠다로 부각되었듯이, 경제 발전 지표로서의 GDP에 대한 회의를 제기하며 삶의 질 향상을 위한 경제 발전으로 패러다임을 전환하려는 움직임이 나타나고 있다. 이러한 변화를 진지하게 받아들인다면 앞으로 한국의 융합 기술이 지향해야 할 방향이 그려진다. 우선 융합 연구를 성과 지향형에서 의미 성찰형으로 한 차원 더 심화시켜야 하며, 이를 위해서 융합은 그동안 융합 기술의 논의에서 소외되어 있던 인문학의 영역으로 확장되어야 한다. 그런데 문제는 인문학은 의미의 창작과 해석이라는 인간의 활동으로서 기술과는 그 목적, 방법 등에 있어서 상당한 이질성을 갖는다는 것이다. 따라서 인문학과 기술의 융합이라는 것은 상당한 매개 과정을 거치지 않으면 사실상 불가능하다.

성공적으로 이론 간 융합을 이뤄 내려면 무엇보다 학문성에 대한 근본적인 반성이 전제되어야 한다. 이러한 기초적인 단계에서 의사소통이 이루어지지 않는 한, 해당 이론 간 융합은 가장 결정적인 차이 혹은 모순을 품고 있는 단순한 접합에 머무르고 말 것이다.[2] 이론 간 융합이 성공하기 위해서는 이론 내적인 문제만이 아니라, 연구자들의 연구 행위를 규정하는 외적 조건들도 고려해야 한다. 이론 간 융합 연구가 장기적으로 성공적이기 위해서는 융합 학문 연구 후속 세대들에 대한 제도적 배려가 필요하다.

인문과 기술 융합의 정책 방향

융합 사업 초기처럼 기술 중심적 융합은 의미 성찰적으로 심화 확장되어야 하는데, 이를 위해 융합의 범위에 인문학과 사회과학의 영역을 포함시킬 필요가 있다.[3] 현재와 같은 과학기술 위주의 융합 연구에 인문사회과학이 심층 횡단하는 융합 연구가 확장되는 작업은 현대 학문과 기술의 엄청난 분화와 복잡성 때문에 실제 연구에서 상당한 혼란을 유발할 위험이 있다. 이러한 위험을 피하고 연구의 효율성을 제고하기 위해 인문학, 사회과학, 과학기술의 연결 지도를 작성할 필요가 있다. 즉 인문학, 사회과학, 과학기술 분야가 각각 다른 분야에 왜, 어떻게, 어떤 영향을 주는지

---

2 이러한 관점에서 설문 조사 결과, 융합 연구를 성공적으로 수행하기 위해 필요한 능력으로 '창의력'(20.0%)보다 '소통 능력'(58.2%)이 우선시 되는 현상은 의미가 크다.

3 과학기술정책연구원의 설문 조사 결과에 따르면 현재 수행 중인 융합 연구에서 인문학, 사회과학, 그리고 예술의 기여도는 각각 1.9%, 3.8%, 1.9%로 미미한 수준이다. 물론 융합 연구가 시급한 분야에 관한 설문에서 '이·공학 내에서의 융합'이라고 응답한 경우가 60.4%로 가장 높게 나타났고, 그다음으로 '이·공학+인문학'이라고 응답한 경우가 17.0%로 나타났다. 그 외 '이·공학+사회학'이라고 응답한 경우가 9.4%, '이·공학+경제·경영학'이라고 응답한 경우가 5.7%, '이·공학+예술'이라고 응답한 경우가 3.8% 등의 순으로 나타났다. 이러한 조사 결과 과학기술과 인문학의 융합의 필요성에 대해서는 상대적으로 상당 수준의 공감대가 형성된 것으로 판단된다.

를 일목요연하게 파악할 수 있는 연결 지도가 제시된다면, 연구자는 융합 주제 탐색과 목표 설정을 보다 용이하게 할 수 있을 것이다. 인지과학은 이러한 기술-인문사회 융합 연구의 대표적 사례로, 융합이 시대의 이슈로 떠오르기 전부터 학제 간 융합을 수행해 왔으며 또 그 학문 자체가 융합 연구의 성취 결과라 할 수 있다. 인지과학이 패러다임 혁신을 할 수 있었던 것은 인지과학 스스로가 기본 전제의 한계를 포착하고 그 한계를 넘어서기 위해 다른 학문 분야의 이론을 받아들여 융합하였기 때문이다.

한편 과학기술, 인문학, 사회과학의 융합은 또 다른 시각에서 접근할 필요가 있다. 현재 인류가 처한 경제 위기는 그 원인과 양상이 단순히 경제학적 영역에 국한되어 있지 않다. 적어도 디지털 기술의 내적 속성과 그것에 의해 출현하는 디지털 공간, 그 안에서 일어나는 경제 활동의 특이성, 그리고 이것에 대한 총체적인 철학적 성찰이 수행되어야만 그 본체를 알 수 있고 대응할 수 있다. 그리고 위기 극복 후에 기존의 경제와 그로부터 비롯된 인간 삶의 방식을 혁신하는 새로운 미래가 펼쳐질 것이다. 언어와 첨단 공학의 심층 횡단 가능성에 대한 연구에서는 인문학적 기반에서 출발한 언어 연구와 공학적 관점에서 접근한 언어정보 기술이 언어라고 하는 인간의 본질적 현상에서 어떻게 횡단 가능한지 보여 주었다. 이러한 연구는 언어학과 공학이라는 이질적인 탐구 영역 사이의 학제적 융합 연구의 가능성을 시사하고 있다. 그리고 이를 통해 자동번역의 가능성과 실현 방법에 대한 기반을 제공하고 있다. 또 다른 예로 'Sympoietic U-city' 연구는 기계 기술 문명에 대한 인문학적 성찰을 토대로 기술과 인간이 상호 창조적으로 서로를 완성해 가는 전형적인 모델을 제시하고 있다. 이는 최근 주목받기 시작한 진화적 건축과 합성 현실 기술의 건축적 응용을 상호 창조적 기술로 승화시킬 수 있다는 가능성을 보여 주는 것이다.

지금까지 논의된 내용을 토대로 심층 횡단을 통한 융합의 성공적 수행을 위해 필요한 정책 방향은 다음과 같이 정리할 수 있다.

  첫째, 교육 면에서 융합 연구를 위한 기본이 마련되어야 한다. 적어도 고등학교에서 실질적인 대학 수학 능력인 교양 수준을 확보해서, 대학에서 교양을 재교육하는 시간을 복수전공으로 심화할 수 있어야 한다. 또 대학에서의 교양 교육은 인문학, 자연과학 및 사회과학의 기초 학문 교과와 각 영역의 기초적 사고 방법에 대한 이해를 고양시키는 핵심 역량 증진에 집중되어야 한다. 이를 위해서 대학의 교양 교육은 전공에 관계없이 철학, 수학, 물리학, 예술학을 필수화하고 고급화함으로써 철학을 통해 성찰력, 수학을 통해 수리적 추리력, 예술학을 통해 상상력을 배양해야 한다. 또한 심층 횡단을 통한 융합을 위해서는 각 분야 전문가가 자기 분야 이외에 적어도 한 개 이상의 타 분야에서 원래 분야에 버금갈 만큼의 전문성 확보가 필수적이다. 따라서 실질적으로 복수 분야에 전문성을 확보한 전문가 양성을 목표로 복수전공이 체계화되고 강화되어야 한다. 이를 위해 복수전공의 내실화를 석사과정까지 확대하는 방안을 적극 검토해야 한다고 생각한다.

  둘째, 융합 기술 연구의 기반이 되는 학문 간 심층 횡단 연구는 장기적 지원이 필수적이다.[4] 응용 기술 영역 간의 융합도 각 분야의 전문가가 타 분야에 대해 상당 수준의 이해가 성숙되어 소통이 활발하게 이루질 때 가능하기 때문에 이를 위한 충분한 시간과 재원이 필요하다. 또한 융합 연구의 결과에 대한 평가 기준의 다양화가 필요하다. 상이하고 이질적인 학

---

4   융합 연구 성공 요인 중요도에 관한 과학기술정책연구원 설문 조사 결과에 따르면 연구에 대한 중장기적 지원이 중요도가 가장 높은 것으로 나타났다.

문들이 서로 융합하여 이루어 내는 결과는 그 성과를 측정하는 데 있어 분야별 성과의 개념과 기준이 상이할 수밖에 없기 때문이다. 더불어 융합연구의 창발적이며 도발적인 결과물들을 사장시키지 않고 미래 자본으로 축적하는 방법을 마련해야 할 것이다.

셋째, 융합 연구를 실질적으로 확장·심화하기 위해서는 인문, 과학, 기술을 망라하는 연구를 수행하는 HST(Humanities, Science, Technology) 융합연구원의 설립이 시급하다. 현재 국내에는 상당한 전문성을 갖추고도 단지 시장 수요가 없다는 이유로 반실업 상태에 있는 고급 인력이 상당수 있다. 이들을 융합 전문가로 양성하여 장기적이며 체계적으로 융합 연구를 수행하는 연구 인력으로 활용할 수 있어야 한다. 따라서 융합연구원을 설립하여 이들에게 안정적인 고용과 타 분야와의 소통이 활성화되는 연구 환경을 제공한다면 큰 성과를 기대할 수 있을 것이다.

참고문헌

- 「신기술융합 연구개발사업의 추진 방향」, 송종국, 연구개발정책연구회, 2003.
- 「과학기술기반의 국가발전 미래연구」, 송종국 외, 과학기술정책연구원, 2009.
- 「우리나라 기술융합의 문제점과 정책적 시사점」, 이상규 외, 산업연구원, 2009.
- 「인지과학 : 학문간의 융합원리와 응용」, 이정모, 성균관대학교출판부, 2009
- Of Visions, Dreams, and Nightmares: The Debate on Converging Technologies, Coenen, Christopher et al., 2004, from http://www.itas.fzk.de/tatup/043/coua04a.htm.
- "Nanobiotechnology and Life Extension" in Roco, M. H.: Bainbridge, W. S. (eds.): Converging Technologies for Improving Human Performance: Nanotechnology, Biotechnology, Information Technology and Cognitive Science. NFDC. Arlington/VA (NSF), Connolly, P., 2002, 182-190.
- The Global Technology Revolution 2020, In-Depth Analyses: Bio/Nano/Materials/Information Trends, Drivers, Barriers, and Social Implications, RAND, RAND Corporation, 2006.
- "Converging Technologies for Improving Human Performance", Roco, M. C. and Bainbridge, W. S., NSF/DOC-sponsored reports, 2002.

안현실(한국경제신문 논설위원)

서울대 경제학과를 졸업하고 한국과학기술원(KAIST)에서 경영과학 박사 학위를 받았다. 상공부 산하 한국생산기술연구원에서 산업기술 정책 연구 분야를 개척했으며, 통상산업부 장관자문관, 한국생산기술연구원 미국사무소장, 한국산업기술평가원 실장을 역임했다. 한국경제신문사에서 논설위원 겸 전문위원으로 재직 중이다. '안현실의 산업 정책 읽기'를 비롯한 고정 칼럼과 사설 등을 통해 산업, 통상, 정보통신, 과학기술 등 폭넓은 분야를 다룬다. 대외적으로 대통령 직속 국가지식재산위원회 민간위원, 지식경제부 및 국가과학기술위원회 정책자문위원, 대한상공회의소 자문위원, 경제인문사회연구회 기획평가위원, 한국산업기술진흥원 이사, 서울대 객원교수, 연세대 겸임교수, 기술경영경제학회 이사 등을 맡고 있으며, 한국공학한림원 정회원이다. 「한국 과학기술 발전의 형태와 방식 분석」 등 다수의 연구 보고서와 『다시 기술이 미래다』 등의 저서, 『부의 기원』 등의 번역서가 있다.

산업 융합의 나아갈 방향

1981년 서울대 사회과학대학에 입학한 나는 전공이 결정되는 2학년으로 올라가면서 경제학을 택했다. 당시 경제학과에는 유명 교수들이 많아 학생들에게 인기가 있었지만 내 선택에는 또 다른 이유가 있었다. 정치학, 외교학, 심리학 등과 달리 경제학은 그래도 과학적으로 보였기 때문에 가장 공정한 평가를 받지 않겠느냐는 생각이 들었다. 인적 네트워크에 취약했던 시골 촌놈의 일종의 생존 본능 같은 것이었다. 그때 이미 경제학은 수식으로 다 설명이 가능할 정도로 수학과는 불가분의 관계에 있었다. 경제수학, 계량경제학 등이 사람의 혼을 그렇게 쏙 빼놓을 수 없었다. 여세를 몰아 수학이 들어간 과목은 모조리 듣고 싶다는 욕심이 생겼다. 경영대로 넘어가 계량경영학을 배우고, 그것도 성에 안차 자연과학대에서 수학과 통계학, 공대 산업공학과에서 수리계획법까지 선택해 수강했다. 당시 공대, 자연과학대 등 이공계 학생들이 인문계 과목을 듣기 위해 월경을 하곤 했는데, 나는 오히려 그 반대였던 셈이다.

수학에 대한 호기심은 결국 1985년 서울 홍릉에 있던 한국과학기술원(KAIST) 진학으로 이어졌다. 그 당시 인문계 출신이 한국과학기술원에 진학할 수 있는 전공은 경영과학이 유일했다. 경영과학은 경제학, 경영학, 기술경제 및 기술경영, 컴퓨터, 수학, 통계학 등 그야말로 문, 이과의 경계를 넘나드는 학문이었다. 당시 한국과학기술원은 이공계 출신들이 득실대던 곳이어서 나는 졸지에 마이너리티로 전락하고 말았다. 하지만 다른 학문을 맘껏 접촉할 수 있는 좋은 기회였다. 경제학, 경영학, 조직행태론 등을 열심히 공부하면서도 더 복잡한 고등수학에 목이 말라 아예 응용수학과 과목을 신청하기도 했다. 자유롭게 컴퓨터를 사용하고, 직접 프로그램을 짜고 돌려 볼 수 있었던 것도 그때였다. 도서관에서 온갖 학술 저널들을 뒤적이다가 세상 모든 일을 수학으로 풀어 가는 소련 학자들의 논문에 한참 매력을 느끼기도 했다. 나는 석사 1년 만에 조기 박사과정으로 진학했다. 학문적 인프라는 경제학이었지만 석사, 박사 논문은 온통 수학으로 시작해 수학으로 끝냈다. 수학 덕분에 나는 당시 국제 저널에 네 편의 논문을 게재했다. 한국과학기술원 진학, 그리고 산업공학, 전산학, 기계공학, 전자공학 등 다양한 분야의 이공계 친구들로 인해 문, 이과의 학문적 거리감 같은 것은 그때 이미 다 사라졌다.

1990년 한국과학기술원 졸업 후 진로를 고민하던 중 마침 상공부에서 국책 연구소를 설립한다는 소식이 날아들었다. 지금의 한국생산기술연구원이다. 당시 한국생산기술연구원은 대일 무역 역조 극복을 내걸고 산업 현장에 필요한 기술 개발, 중소기업의 기술혁신, 산업 인력 양성을 목표로 출범했다. 내 눈길을 확 잡아 끈 것은 기술과 경제, 기술과 경영을 전공한 박사들의 특별 모집이었다. 어차피 3년은 공공기관에서 복무해야 할 상황이었다. 한국과학기술원과 다를 바 없이 이공계 사람들이 즐비한 정부 연구소에서 국가 기술 정책을 연구하게 된 것이 사회생활의 시작이었다. 연구소에서 첫 작품은 이른바 생산기술개발5개년계획이었다. 일본의 기술력을 추격하기 위한 전략을 강구하는 프로젝트였다. 그렇게 출발한 것이 지금은 지식경제부의 산업기술발전5개년계획으로 진화했다.

나는 이를 계기로 상공부의 산업기술 정책에 더욱 깊숙이 발을 들여놓게 됐다. 미시적인 국가 연구개발사업의 설계 및 평가(기술경영)에서부터 거시적인 기술 정책 연구(기술경제)에 이르기까지 두루 경험했다. 이 과정에서 서울대 학부에서의 경제학 지식과, 한국과학기술원에서의 학제적 경험은 실로 큰 도움이 되었다. 나의 관심사는 자연스럽게 기술 정책에서 산업 정책으로 넓어졌고, 통상과 무역 분야로까지 확장되었다. 1990년대 중반 국내 정치 경제 상황은 우루과이라운드로 시끄러웠다. 세계무역기구(WTO) 출범 등 국제적 경쟁 환경이 급변하면서 국내 기술, 산업, 통상 정책도 수정이 불가피했다. 나는 WTO 체제와 새로운 기술 정책을 연구하게 되었다. 기술과 통상의 접목이었다. 공정한 무역 질서 차원에서 특정 산업에 대한 정부의 직접적인 지원이 제한됨에 따라 새로운 돌파구가 필요했다. 이는 또 다른 관점과 경험의 확장이었다. 특정 산업이 아닌 산업 전반을 아우르는 인프라에 눈을 돌렸다. 그 이론적 근거를 찾기 위해 이스라엘까지 날아갔다. 그렇게 탄생한 것이 사회간접자본에 비유되는 이른바 기술하부구조 정책이라는 다소 생소한 개념이다. 대학이 새로운 혁신 주체로 부상했고, 창업보육, 테크노파크 등이 기술 정책 영역으로 들어왔다. 지금 전국 대학의 창업보육센터, 테크노파크 등의 시발점이 되었다.

1990년대 중반에는 또 다른 사건이 일어났다. 김영삼 문민정부가 정부 조직 개편을 하면서 상공부는 통상산업부로 개칭됐다. 그리고 중소기업청이 신설돼 상공부 내 중소기업국의 존폐 문제가 거론됐다. 나는 당시 아주대 공대 교수 출신 김영욱 한국생산기술연구원 원장의 추천으로 통상산업부의 산업기술 담당 장관 자문관을 겸하고 있었다. 관료들은 중소기업국 존속을 원했지만 내 생각은 달랐다. 때마침 김영욱 원장의 뒤를 이어 이진주 원장이 새로 부임했다. 이진주 원장은 한국과학기술원 경영과학과 교수 출신으로 김인수 교수와 함께 한국 경제 발전을 기술 전략, 기술 혁신의 관점에서 연구한, 이 분야의 선구적 학자였다. 나는 이 원장과 함께 중소기업국 폐지, 산업기술국 신설을 골자로 한 보고서를 은밀히 작성했다. 곧바로 당시 구본영 청와대 경제수석에 보고됐고, 일은 일사천리로 진행됐다. 결국 우리의 뜻이 관철됐다. 그때만 해도 말만 통상산업부일 뿐 속을 들여다보면 여전히 공업국과 그 아래 과들이 업종별로 칸막이를 치고 한국 산업을 좌지우지했다. 그런 상황에서 산업기술국 신설은 산업 정책의 무게중심을 마침내 특정 산업 지원에서 기술과 인력 등으로 옮긴다는 의미를 담고 있었다. 잘하면 업종 간 칸막이 붕괴도 기대해 볼 수 있었다.

나는 이 일을 끝으로 1996년 여름 미국으로 건너갔다. 이진주 원장이 더 큰 세상을 접하라며 워싱턴 D.C.에 신설된 한국생산기술연구원 초대 미국 사무소 소장으로 발령을 냈다. 전 세계의 산업, 기술을 들여다볼 수 있었다. 그야말로 큰 세상을 만났다. 클린턴 행정부 당시 IT 혁명이 화두로 떠오르고 있었다. 기술 융합, 산업 융합의 얘기도 나오기 시작했다. 나는 기술 및 산업의 새로운 흐름과 정책을 파악하려고 마구 뛰어다녔다. 다운타운에서 열리는 세미나마다 참여했다. 당시 미국에서 상무관을 지냈던 오영호 코트라 사장, 홍석우 지식경제부 장관 등이 많은 도움을 주었다. 미국의 기술 및 산업 시스템의 전체 그림이 파악되자 도저히 그냥 앉아 있을 수 없었다. '미국은 지금'이라는 제목의 리포트를 정기적으로 작성해 서울로 보내기 시작했다. 정부로, 연구소로 전해진 이 리포트는 큰 인기를 끌었다. 워싱턴에서 잡히는 기술과 산업 동향, 정책 정보는 그야말로 첨단이고, 융합이었다. 워싱턴을 방문하는 장관 등 고위 공직자들도 자주 만날 수 있었는데, 임창렬 당시 통상산업부 장관에게 미국의 벤처를 분석한 보고서를 전달하기도 했다.

워싱턴에서 다양한 부처의 관료, 각 언론사 특파원과 교류하면서 한국으로 돌아가면 무엇을 할 것인가에 대한 고민이 깊어졌다. 정책 연구로 세상을 바꾸기까지는 시간이 많이 걸린다는 회의감이 들기 시작했다. 큰 세상을 보니 연구소에서 통용되는 1년의 시간 개념(통상 보고서의 연구 기간)이 너무나 길게만 느껴졌다. 시간 개념을 1개월, 아니 1일로 단축할 수 있는 곳이 어딘지를 생각해 보니 바로 언론사였다. 연구소로 돌아온 뒤 얼마 안 돼 나는 한국경제신문사 전문위원으로 자리를 옮겼다. 면접 때 한국의 벤처를 어떻게 생각하느냐는 질문을 받았다. 정부가 인위적으로 이끌어 가는 벤처 버블은 결국 터질 수밖에 없고, 그 후유증도 매우 클 것이라고 답했다. 대기업-벤처기업을 칸막이 치듯 나누는 기업 정책도 잘못됐다고 말했다. 어느새 내 머릿속에서 한국에서 경험한 기술 정책 연구와 미국에서 체험한 자유로운 시장경제가 뒤섞이고 있었다.

21세기가 시작되는 2000년, 언론사 생활이 시작됐다. 언론사는 이공계 전공자가 별로 없는, 사실상 인문계 출신이 판치는 곳이다. 특히 경제지는 경제와 산업이 핵심이다. 경제학으로 출발했던 나는 오랜만에 마이너리티가 아닌, 주류가 된 기분이었다. 나는 지금까지의 지식과 경험을 살릴 수 있는 산업, 과학기술, 벤처 등을 맡았다. 어느 날 사장실에서 연락이 왔다. IT 버블이 꺼지기 시작하면서 그에 따른 사건이 마구 터지던 때였다. 이를 다룰 마땅한 논설위원이 없으니 나보고 맡아 보라는 제안이었다. 무조건 좋다고 했다. 또 다른 기회가 왔다. 전문위원으로 언론사에 들어간 지 몇 개월도 안 돼 논설위원을 겸하게 된 것이다. 기사, 칼럼, 사설 등으로 반경이 넓어졌고, IT 등 새로운 분야를 모두 다룰 수 있었다.

언론사에서 일하면서 정부, 산업계, 과학기술계, 정보통신계 주요 인사들과의 인적 네트워크는 가히 폭발적으로 확장됐다. 연구를 통해 세상을 바꾸는 것보다 글을 통해 바꾸는 게 더 빠르겠다는 생각에 신바람이 났다. 언론사에 들어오기 전 이미 전문가 집단과의 네트워크가 형성돼 있었던 터라 온갖 심포지엄, 세미나, 토론회, 공청회 등에서의 패널, 정부 부처는 물론 전국경제인연합회, 대한상공회의소, 한국과학기술자단체총연합회, 공학한림원 등 다양한 전문 단체에 대한 자문과 서울대, 연세대 등 대학 강의, 기술경영경제학회, 한국지식재산학회 등 학회 활동에 이르기까지 나의 영역은 계속 넓어졌다. 한번은 출판사 사장인 친구가 『The Origin of Wealth』라는 책을 들고 왔다. 그는 대뜸 내가 번역하지 않으면 안 될 책이라고 했다. 책을 보니 경제학 지식에다 수학, 물리학, 통계학, 컴퓨터 공학, 기계공학 등 이공계 지식이 망라돼 있었다. 이 책은 '부의 기원'이라는 제목으로 출간돼 스테디셀러가 됐다.

영역이 넓어지고 활동이 많아질수록 머릿속에 우리나라는 곳곳에 칸막이가 너무 많다는 생각이 점점 더 분명해졌다. 특히 부처 간 정책 갈등이 심했다. 2000년대 중반까지의 산업자원부의 산업 정책과 산업기술 정책, 중소기업청의 중소기업 정책, 과학기술부의 과학기술 정책, 정보통신부의 정보통신 정책, 교육부의 인적자원 정책 등이 그 대표적 사례다. 시장과 산업의 환경은 급변하는데 정부는 도통 변할 기미가 보이지 않았다. 정책 간 융합을 해도 부족할 판에 갈등은 계속됐다. 나는 언론에서 부처 간 벽을 허물어뜨리려고 노력했다. 지금의 대통령 직속 상설 국가과학기술위원회의 탄생은 이공계 출신 CEO로 세계적으로 이름을 날렸던 윤종용 전 삼성전자 부회장을 위원장으로 하는 민간 위원회가 만든 보고서가 초석이 됐다. 나는 그 보고서의 처음부터 끝까지 관여한 핵심 위원이었다. 보고서의 키워드는 융합이었다. 융합으로 모든 틀을 바꾸지 않고서는 우리나라가 지난 50년간 지속돼 온 산업 발전 패러다임에서 더는 앞으로 나갈 수 없다는 확신이 들었다. 관료들은 저항했지만 대통령의 의지로 이 보고서는 관철됐다. 나는 그런 공로로 2011년 한국공학한림원으로부터 일진상을 받았다. 그해 말 아직 나이도 적고 이공계 전공자가 아닌 핸디캡에도 불구하고 공학한림원은 나를 정회원으로 선정해 주었다. 경제학이 아닌 이공계 최고 기관으로부터 인정을 받는 큰 영예를 안았다.

이명박 정부 들어 정보통신부 폐지와 지식경제부, 방송통신위원회 출범, 교육부와 과학기술부의 통합 등 조직 개편이 있었다. 혹자는 이것 때문에 우리나라의 과학기술, 정보통신이 후퇴했다고 비난하지만 내 생각은 정반대다. 부처의 벽을 일부 허물기는 했지만 정작 정부의 역할은 실질적으로 달라진 게 없었다. 그게 결정적 패착이다. 보다 솔직히 말하면 그런 개편은 더 빨리 시도됐어야 했고, 동시에 정부의 역할도 뼛속까지 달라졌어야 했다. IT 강국이라 칭송받던 한국이 애플의 아이폰 앞에서 허둥대던 모습은 보다 일찍 변화하지 못한 데 따른 필연적 결과였다. 개방은 정부가 지난 20년간 못했던 일을 단 1~2년 만에 해냈다. 대변화가 밀려왔다. 국내에서는 융합 얘기가 봇물 터지듯 쏟아졌다. 취약하기 짝이 없는 서비스, 플랫폼, 소프트웨어 등 한국 IT 산업의 불균형 구조가 적나라하게 노출되는 순간이었다. 급기야 지식경제부는 산업융합법을 만들었다. 그렇다면 앞으로 한국에서 산업 간 융합은 잘될 것인가.

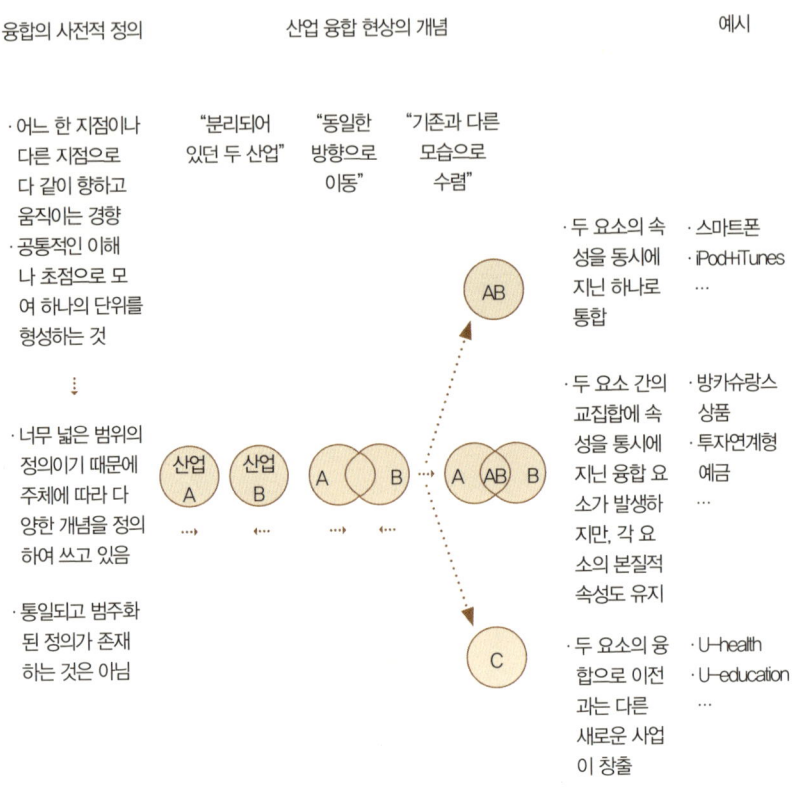

출처 : Industry convergence; Driving forces, factors and consequences, NEF conference(2007), Jonas Lind, The Convergence hype cycle(2004), Deloitte Analysis

융합법을 만들어 융합이 잘된다면 이 세상에 융합을 못할 나라는 없을 것이다. 법 제정이 본질이 아니다. 정부는 산업융합법 제정 이전부터 융합의 흐름을 알고 있었다. 부처별로 이런저런 융합 프로그램을 도입해 온 것이 그 증거다. 그러다가 범부처적 융합 대응의 필요성을 절감한 것은 2006년에 이르러서다. 국가 차원의 융합기술발전기본계획(2009~2013)이 나온 것은 그로부터 한참 지난 2008년 말경이었다. 부처 간 이해관계 조정 때문이었다. 융합 대응에서 선진국에 뒤처진 것도 그렇지만 아직까지도 융합 연구의 방향과 실체가 불분명한 것은 더 큰 문제다. 각 부처는 여전히 누가 융합을 주도할지를 놓고 신경전이다.

그러는 사이 시장에서의 융합은 기술 융합을 넘어 제품과 서비스의 융합, 산업 융합으로 내달리고 있다. 산업 융합의 양태는 실로 다양해지는 추세다. 새로운 변종 산업들이 속속 등장해 기존의 산업 분류 체계 자체를 무력화시키고 있다. 이런 속도라면 머지않아 자동차, 조선, 철강, 섬유, 금융, 유통, 물류 같은 기존의 산업 분류 체계는 싹 사라질 가능성이 크다. 생산자가 아닌 소비자의 니즈별로 완전히 다른 개념의 산업 분류 체계가 들어설지 모른다. 정부 정책과 시장 변화 사이의 미스매치와 괴리가 갈수록 커지는 양상이다.

정부와 시장은 산업 융합을 위해 무엇을 해야 하는가. 정부가 역할을 확대하려고 들면 얼마든지 그럴 수 있다. 시장 실패를 초래한다는 외부경제(externality) 개념은 정부 개입의 좋은 근거다. 연구 개발의 외부경제, 정보의 외부경제, 조정의 외부경제 등 개입의 이유를 끌어내자면 끝도 없다. 물론 그런 방향의 정부 역할도 필요는 하다. 그러나 그 전에 정부는 기본적인 융합의 철학부터 다시 정립해야 한다. 자유로운 시장경제만큼 훌륭한 융합의 원동력은 없다. 미국에서 융합이 자연스럽게 일어나는 배경도 바로 자유로운 시장경제다. 개방과 경쟁, 협력이 융합을 창출해 내는 힘이다. 우리는 어떤가. 곳곳에 진입 장벽을 높이 치고 부당한 지대(rent)를 추구하는 곳들이 많지는 않은가. 온갖 규제와 법이 개방과 경쟁, 협력을 가로막고 있지는 않은가. 혹여 끼리끼리 담합하는 것을 협력으로 착각하고 있는 것은 아닌가. 또 미국보다 앞서 이 땅에서 일어났던 세계 최초의 융합적 시도들, MP3 플레이어, 인터넷 전화, Iloveschool 등은 왜 모두 실패할 수밖에 없었는가. 이런 질문이 더 본질적 문제다. 정부가 연구 개발을 지원한다고 바로 융합이 되는 게 아니다. 규제를 혁파하고, 제대로 된 자유 시장경제를 구현하는 것이야말로 융합의 핵심적 선행조건이다. 정부가 이런 융합 철학을 갖고 있지 않으면 산업 융합을 위한 인력 양성도 겉돌 수밖에 없다. 각 부처가 저마다 융합 기술 전문 인력을 양성한다고 경쟁적으로 나서고 있다. 하지만 융합 인력은 결코 여러 영역의 지식을 가진 제너럴리스트를 의미하는 게 아니다. 전문 영역에서의 지식의 깊이는 융합의 기본적 출발점이고, 여기에 타 영역에 대한 개방성과 이해력, 다시 말해 수용의 범위가 넓어질 때 비로소 융합이 가능하다.

그런 점에서 가장 개방적이어야 할 것은 바로 교육과 연구, 그리고 시장의 환경이다. 민간의 자율과 창의가 맘껏 발현되도록 하는 것이 제일의 융합 환경이다. 정부는 그런 환경이 조성될 수 있도록 하는 데서 역할을 찾아야 한다. 기술 및 산업의 융합과 이것이 만개할 수 있는 환경의 공진화(coevolution)가 그 사회의 융합의 폭과 깊이를 결정한다. 미래학자들은 향후 20년을 융합의 시대라고 말한다. 50년 주기의 장기적 경기 사이클인 콘드라티예프 파동설로 보면 지금은 제5파에 해당하는 IT가 주도하는 후반부의 융합이다. 그다음에 밀려올 제6파의 사이클은 IT를 넘어 또 다른 산업 융합의 시대가 될 것이다. 융합의 모멘텀이 될 플랫폼만 달라질 뿐 융합은 앞으로도 창조적 파괴를 이끌 원동력이다. 지금 우리는 거대하게 밀려오는 산업 융합의 시대를 주도할 것인가, 아니면 따라가는 데 급급하다가 결국 주저앉고 말 것인가, 그 기로에 서 있다.

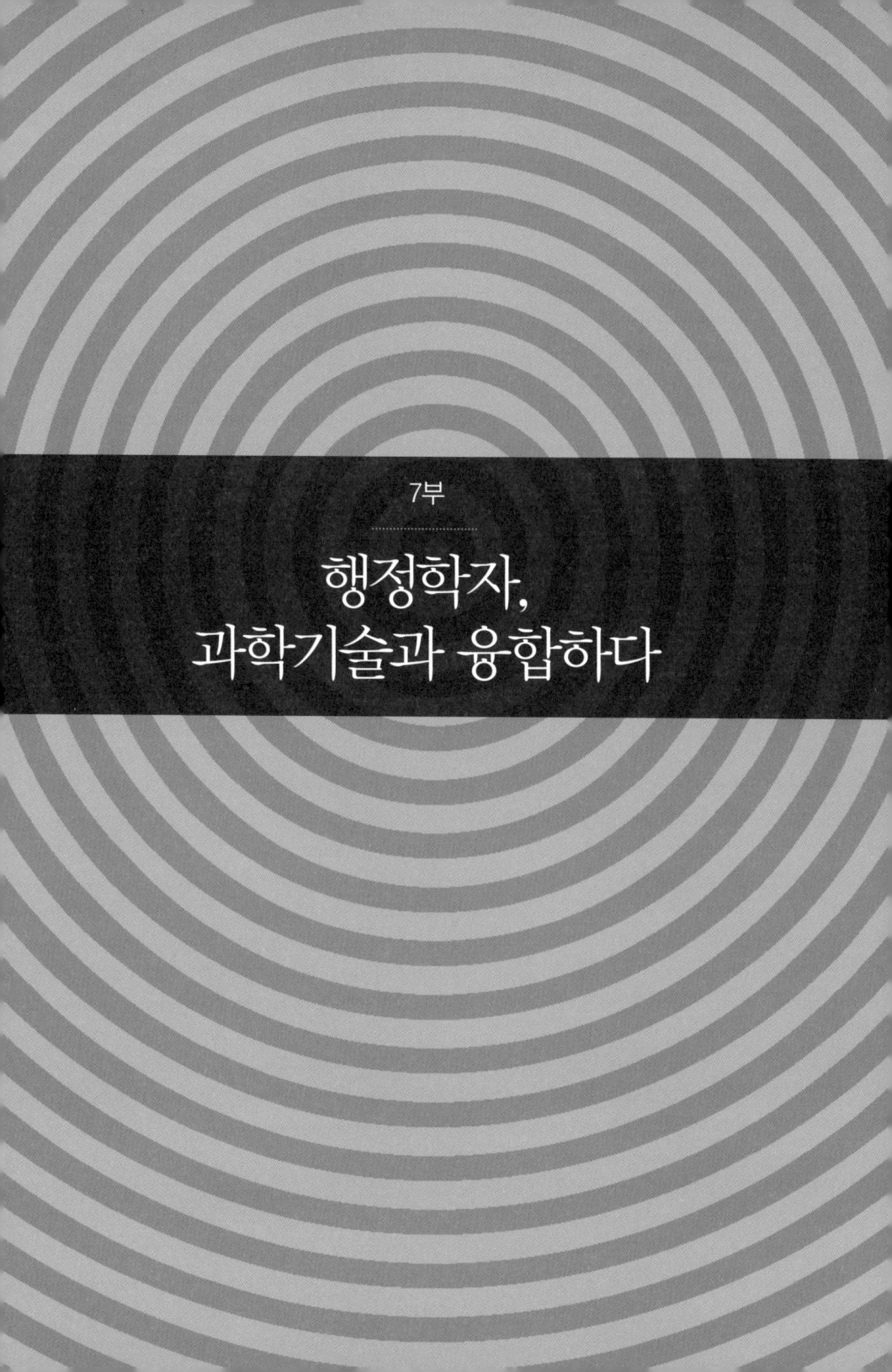

7부

행정학자, 과학기술과 융합하다

김광웅(서울대학교 명예교수, 행정학 전공)

서울대학교 법과대학 행정학과를 졸업했다. 석사과정에서 행정학을, 박사과정에서 정치발전론을 공부했다. 서울대 행정대학원 교수로 임용되어 조직이론, 민주정치의식, 공공리더십 등을 연구하고 가르쳤다. 연구방법론을 가르치면서 과학사와 과학철학을 익혔다. 대학원 시절부터 인문·사회·예술·과학 등 여러 분야의 연구자와 교권하며 융합의 시각을 키웠고 퇴임 후 '미래대학 콜로키엄'을 주도해 융합 차원에서 21세기 지식 체계를 정립하려고 애썼다. 지금 서울대학교 리더십센터에서 여러 분야의 학생들을 교육하는 것도 융합 차원의 이야기다. 21세기 리더십은 팀으로, 융합으로 발현되어야 하기 때문이다. 주요 저서로 『우리는 미래에 무엇을 공부할 것인가?』,『통의동 일기』『국가의 미래』『창조! 리더십』『서울대 리더십 강의』『융합 학문, 어디로 가고 있나』 등이 있다.

1장 리더십 교육에 과학과 예술을 입히다

리더십 연구와 교육에 과학이나 예술을 입혀야 한다는 생각을 오래전부터 했다. 리더가 비전을 제시하려면 과학기술이 이끄는 내일을 알아야 하고 그 내일을 아름답게 꾸밀 줄 알아야 하기 때문이다. 같은 맥락에서 리더에게는 인지 능력(cogno-cognitive power)이 있어야 함은 물론 인감(認感, sensigno-sensitive power)과 인미(認美, designo-design power) 능력이 있어야 한다. 학문적 삶을 기대하는 리더들에게 인지 능력은 필수다. 그러나 거기서 머물면 나 아닌 남을, 그리고 사회를 제대로 이해할 수 없다. 감성 지능이나 상황 파악 능력에 힘입어 나부터 알고 남을 설득해야 진정한 리더다. 또한 세상을 아름답게 꾸미려면 인미 능력이 있어야 한다. 그러나 유감스럽게도 우리나라 지도자들에게 인감 및 인미 능력이 얼마나 있는지는 미지수이다. 아마 부정 쪽에 가까울 것이다. 책만 달달 외워 진학하다

보니 고등교육에 입문한 후에도 지식은 깊이를 더하지 못한다. 대학 교육이 출세를 보장해 주어 지식만 터득해도 좋은 직장에 들어갈 수는 있었겠지만, 이들의 생각과 성향은 틀에 박혀 일정 수준에 머물고 말았다.

서양에서는 융합과 리더십의 표본으로 레오나르도 다 빈치를 꼽는다. 좌뇌의 과학적 분석력과 우뇌의 창조적 능력이 함께 발달해 미술부터 신체 해부, 항공까지 다양한 분야의 업적을 남겼기 때문이다. 보통 학교 공부는 좌뇌를 발달시키는 데 주력한다. 언어나 논리 훈련이 그것이다. 우뇌가 훈련으로 발달하느냐의 여부는 증명해야 할 과제로 남아 있으나 좋은 심성으로 맑고 아름다운 생각을 하고 그것을 실천한다면 우뇌도 발달한다고 생각한다. 원래 우뇌는 조상의 지혜가 축적되거나 먼 곳에서 보낸 텔레파시에 영향을 받기도 한다. 그러나 다니엘 핑크처럼 뇌를 좌우로 구분하기보다는 전뇌적 작용을 강조하는 학자들도 있다. 리더십 훈련에도 예술적 처방을 하는 프로그램이 있다. 협상 팀에게는 공격성이 높아지도록 록을 들려주고, 기획 팀에는 자유로운 선율의 재즈를 들려주는 것이다. 피타고라스와 아인슈타인이 "음악이 곧 수학"이라고 말했듯이 음악은 정서적 기능뿐 아니라 분석력까지 받쳐 준다. 이처럼 리더십 교육에서 과학과 예술은 인문학 못지않게 반드시 필요하다.

과학을 입히게 된 계기

리더십 교육에서 과학을 필수 항목으로 드는 이는 드물다. 그러나 리더의 덕목이자 자질 가운데 제일로 꼽는 것이 비전 제시임을 감안하면 리더십과 과학은 무관하지 않다. 군중에게 희망을 제시하고 그들을 미래로 이끌어 가야 하는 리더는 미래를 밝히 알아야 한다. 그것이 곧 비전 제시로 이어지기 때문이다. 그런데 과학기술에 따라 변화할 미래 사회의 정체도 모르는 채 막연히 주장할 수는 없다. 리처드 뮬러가 미래의 대통령은 반드시 과학을 알아야 한다는 내용의『미래 대통령을 위한 물리학』을 쓴 것도 그런 이유에서다.

리더 중에는 그 자신이 이미 과학도인 사람도 있다. 영국의 대처 총리가 화학을, 독일의 메르켈 총리가 물리학을 전공한 것은 이미 잘 알려진 사실이다. 중국 장쩌민 주석이나 후진타오 주석 역시 과학도이다. 하지만 과학기술에 대한 이해가 부족한 리더라면 천생 참모들의 의견에 의존해야 할 것이다. 그러나 직접 아는 것과 간접으로 아는 것은 차이가 크다는 사실을 기억해야 한다. 다만 과학을 전공한 리더가 상대적으로 미래 비전 제시가 쉽다는 것은 인간과 사회에 대한 이해가 비슷한 수준일 때라는 점을 전제한 것이니 이들 역시 인문학과 사회과학적 소양이 탄탄해야 함은 물론이다.

공부의 영역을 넓히다 보니 자연스럽게 리더십에 과학을 접목하게 되었다. 평생 조직을 공부하면서 학문의 깊이를 더하기 위해 부수적으로 가르친 과목이 방법론이었다. 이를 위해 과학철학과 과학사를 공부하지 않으면 안 되었고, 또 이를 위해 수학과 철학의 언저리를 기웃거리지 않을 수 없었다. 덕분에 과학의 변화 흐름을 자연스럽게 따라갈 수 있었다.

행태주의가 기승을 부리기 시작하던 1960년대에 사회과학을 공부한 탓인지 덕분인지 나는 고급 통계학에 익숙했다. 그래서 한때는 계량분석을 가르치기도 했다. 그러나 그 한계를 잘 알기에 경험주의 인식론에만 머무르지 않고 후기경험주의를 이해하려고 애썼으며, 기능주의 책보다 구조주의와 역사주의 책을 더 많이 읽었다. 낭만주의 인식론에도 눈을 떼지 않았다. 평소에도 행정학 논문보다 과학 학술지를 대하는 날이 더 많았다. 과학의 진수는 모르지만 그 변화의 흐름은 추적하고자 애쓴 셈이다.

세상엔 실재란 없고 개념과 모형을 만들어 그에 의존해 현상을 이해하려고 애쓴다는 이야기를 스티븐 호킹의 『위대한 설계』에서 확인할 수 있었고, 시간과 공간이 실재하는 것이 아니라 바이오 논리에 입각해 의식함으로써 가능하다는 것도 로버트 란자를 읽어 알 수 있었다. 어쩌면 이들의 학문적 주장은 예외 없이 유아론적 연찬의 결과일 수도 있다.

그러나 제대로 가르치기 위해 아직 모르는 것이 너무 많다. 때로 짧은 지식으로 강변하는 경우도 있다. 세상이 어떻게 꾸며져 있는지, 인간은 분자의 집합체인지 아닌지 잘 모른다. 스티븐 호킹은 복잡하고 큰 문제일수록 세 입자의 상호작용에 관한 방정식을 풀 수 없다고 하는데, 단일 정책으로 당해 문제를 풀려는 정부의 노력이 불쌍하게 여겨지기도 한다. 인과론이 확률론으로, 결정론이 비결정론으로 바뀐 것은 프랙탈(fractal) 이론을 접하면서 가능해졌는데, 학교에서는 아직도 인과관계에 몰두하고 있다. 이런 한계를 극복하기 위해 리더 교육은 과학을 기본으로 전학문적으로 접근해야 한다는 당위를 강조하고 싶은 것이다.

예술을 입히게 된 계기

리더는 배우다. 여러 역할을 소화해야 하는 배우처럼 리더도 상황 파악 능력이 발달해야 하고 역할 인지를 제대로 해야 하기 때문만은 아니다. 리더를 배우라 하는 것은 사람 인(人)에 아닐 비(非) 자가 만나 사람이 아니라는 뜻을 나타내는 배(俳) 자 때문이다. 그럼 리더는 사람이 아니라는 것이냐고 반문할 것이다. 그게 아니라 배우나 리더는 나라는 개체이기 이전에 관객이나 동료 등과 하나가 되어 함께 호흡해야 하는 존재이기에 개별 단위로 이해하지 말라는 뜻이다. 배우가 리어 왕이 되었다가 맥베스 연기도 해야 하는 것처럼 리더도 교수로, 국회의원으로, 장관 등으로 다양한 역할을 성실하고 정확하게 수행할 수 있어야 한다. 이런 면에서 리더십 교육에 배우가 갖춰야 할 예술성이 강조되는 것은 우연이 아니다. 리더가 세상을 아름답게 꾸미려면 그 자신부터 심미감이 남달라야 할 것이다.

서울대학교 리더십센터가 창립 3주년 기념으로 뮤지컬 〈대통령이 사라졌다〉를 무대에 올린 것 역시 리더는 배우여야 하고 그 훈련도 예술적이어야 한다는 생각에서 시작된 일이다. 뿐만 아니라 이 과정을 통해 희생과 봉사, 배려와 협동 정신이 몸에 배어 앞으로 어느 분야에서 일하든지 훌륭한 리더가 될 것이라는 확신도 있었다.

2011년 봄에 학내에서 배우와 스태프를 공모해 여름과 가을 내내 훈련을 했다. 기획은 이태 전에 했다. 예술성 교육을 강조하기 위해 센터에 중고 피아노를 하나 사 온 것이 계기였다. 더 결정적인 계기는 서울대학교 연구처가 브레인 퓨전 프로젝트(brain fusion project)를 공모한 것이다. 뮤지컬은 종합예술이기에 여러 분야의 사람들이 모여야 한다. 우선 음악이 있어야 하고, 안무, 무대, 조명, 음향, 편집 등 뒷받침되어야 하는 분야가 한두 가지가 아니다. 거기에 배우와 스태프도 있어야 한다.

기본적으로 대통령의 리더십을 상정했기에 권력에 대한 이해는 필수다. 시놉시스는 내가, 각본은 청와대에서 근무한 경력이 있는 공무원이 썼다. 주인공은 과학도로 설정했다. 이만 하면 융합적인 음악극이 등장할 수밖에 없지 않겠는가? 대통령, 부통령, 대통령의 옛 연인, 여성 비서실장 등의 중심인물이 등장하고, 경호원들과 출입 기자, 포장마차 아줌마를 비롯한 거리의 사람들 등도 출연한다. 인물들은 20여 년 전 민주 항쟁에 가담했던 과거도 회상하고, 서로 연적이 되기도 하며 거짓과 음모가 뒤섞인 삶을 연기한다. 지적 장애아를 출산한 대통령의 옛 애인이 중병으로 죽기 직전 아이의 친자 관계를 밝히기 위해 편지를 보내고, 이로 인해 대통령의 부도덕성이 만천하에 공개되면서 대통령은 탄핵되고 만다. 그러나 연적인 부통령이 거짓을 자백하면서 극은 반전된다. 권력이라는 칼은 골고루 배분하는 데 요긴하게 쓸 수 있지만 칼날에 거짓과 위선이 묻는 순간 오히려 사람들을 괴롭힐 수 있다는 메시지를 강조하고, 결국 권력은 봉사일 때 아름답다는 주제를 전하기 위해 "권력은 봉사이고 서로 용서해 큰 하나가 되는 것"이라는 코러스를 마지막 곡에 넣었다. 11월 공연의 여운이 아직도 남아 있다.

21세기 리더십은 무대 위와 무대 아래의 구분이 없다. 무대 뒤와 앞도 마찬가지다. 물론 주역과 조역의 구분이 있을 수밖에 없지만, 주역은 더블 캐스팅을 해 주인공으로 등장하지 않는 날도 조연으로 등장하도록 배역을 짰다. 더 환한 조명은 무대 뒤에서 고생하는 스태프들에게 비췄다. 총 4회 공연이었는데, 마지막 공연 날은 슬픈 장면에서 모든 배역의 연기자가 눈물을 흘렸다. 그동안 공들여 노력한 데 대한 대견함과 감탄이 어우러진 진한 감동의 장면이었다. 학교는 이 공연을 입학식 때 신입생들에게 보여 주겠다고 했다. 서울대 학생들이 시위만 하는 것이 아니라 이런 특화 활동을 하며 자신의 세계를 구축해 간다는 메시지를 전하고 싶어서일 것이다.

리더십 교육에서 예술적 훈련의 수단은 음악만이 아니다. 민중 화가의 작품을 통해 압제에 저항하는 정신을 기르기도 한다. 대표적인 작품이 고야의 『전쟁의 참화』 제79도 「진리는 죽었다」이다. 의식을 잃고 쓰러진 '진리'가 빛을 발하면서 누워 있고, 그 곁에 무릎에 저울을 두고 한 손으로는 눈을 가린 채 슬프게 울부짖는 '정의'가 있다. 젊은 여성이 진리로 그려졌는데, 이는 갓 태어난 헌법을 상징하는 것으로, 그녀의 때 이른 죽음을 애타게 슬퍼하는 것은 오직 '정의'뿐이라는 의미를 나타내는 것이라 한다.

융합은 인내의 과정

전공 분야도 아닌 뮤지컬을 만들었다고 자랑 삼아 장황하게 소개한 것이 아니다. 그 과정에서 겪었던 융합의 어려움을 토로하기 위해서다. 처음엔 음악적인 부분에서 벽에 부딪쳤다. 음악 스태프가 정치와 권력, 리더십에 대한 지식이 상대적으로 부족하다 보니 효과적으로 주제가 전달되지 않아 가사나 대본이 바뀌고 또 바뀌었다. 곧 연출 파트와도 충돌했다. 이야기를 재미있게 꾸며 가고 싶은 연출가의 입장과 극을 격조 있게 꾸미고 싶은 나의 생각은 마디마다 부딪쳤다. 제일 중점을 두었던 엔딩 장면도 긴 논쟁 끝에 겨우겨우 매듭지을 수 있었다. 문제는 또 생겼다. 공연 장소인 문예관에는 따로 무대가 없었다. 연출자는 무대 없이 진행한다면 관객석을 이동식 스탠드로 만들어야 한다고 주장했다. 그러기엔 예산은 턱없이 부족했다. 협업의 여정은 이렇게 말도 많고 탈도 많다.

흔히 융합하자는 말을 쉽게 한다. 하지만 융합은 말처럼 쉽지 않다. 목표는 같아도 서로 다른 사람들이 모여 일을 한다는 것 자체가 여간 어려운 일이 아니다. 상하 관계라면 한쪽이 일방적으로 윽박지르며 일을 해 나갈 수도 있겠지만, 요즘 세상에 위와 아래가 따로 있지 않을 뿐더러 바람직한 융합의 모습도 아니다.

학문 간의 융합도 마찬가지다. 무조건 노력한다고 되는 것은 아니다. 언젠가부터 인지과학을 거쳐 신경법학, 신경경제학 등 신경 분야에 생소한 이름들이 등장하기 시작했다. 아직 익숙하진 않아도 융합 학문이 퍼지기 시작한 것은 분명하다. 뇌본(腦本) 사회이자 창조 사회에서 뇌의 중요성은 말할 수 없이 절대적이기에 이 분야에서 특히 두드러진 현상일 것이다. 그러나 모든 일은 머리 따로 발 따로 하는 것이 아니라 몸[身] 전체가 하나 되어 이루어지는 것이기에 곧 '신법학(身法學)', '신경제학(身經濟學)' 같은 용어가 등장할지도 모른다. 학문이 유행을 타지 않을 수 없는 것은 시대의 요구에 부응해야 하기 때문이다. 미지의 세계를 계속 개척하다 보면 학문의 이름도, 연구 방법도 달라지게 마련이다. 그 일환으로 사회과학이 기능적 분류에서 벗어나 인지법학, 인지경제학, 신경법학, 신경경제학을 넘어 소통학, 정의학, 갈등학, 균형학, 신뢰학 등으로 재편되어야 한다는 주장을 이미 하였다.

누군가 학문을 외골수처럼 깊게 파야 하느냐 아니면 학문과 학문을 뒤섞어 새로운 경지를 개척해야 하느냐고 묻는다면, 나는 모두 해야 한다고 답할 것이다. 모든 학문의 기초인 형이상학은 쉽게 뒤섞일 수 없을 것이고, 때로 뮤지컬을 만들어야 할 수도 있기 때문이다. 기초를 바탕 삼아 마음껏 뛰노는 것이 훨씬 자연스럽지 않을까 싶다.

내가 융합 전도사 역할을 하게 된 것은 우연이 아니다. 대학원생 때부터 연합을 상징하는 '유포이'라는 단체에서 활동하면서 비록 동류 집단이긴 하지만 법학과 행정학 전공자들과 정기적으로 모임을 가졌다. 하와이 동서문화센터에서 박사과정을 밟을 때는 호놀룰루 서쪽 해변에 있는 다이아몬드 헤드가 단군 신화에 나오는 영산 같다고 해서 '단산학회'라는 이름을 붙인 모임을 만들어 시험 기간을 빼놓고는 주말마다 함께 가서 발표를 하고 토론을 즐겼다. 개량 벼나 감자를 개발하는 이야기, 옥수수의 크기를 줄여 열매를 실하게 하는 실험, 사진을 보고 느낌을 물어 심리 상태를 파악하는 실험, 연극 연출 기법과 스태프 간 호흡을 맞추는 방법 등을 포함해 세계정세에 이르기까지 그야말로 경계가 없는 시간이었다. 한참 뒤의 일이지만 1980년대 말에는 군부에 맞서 학술적 민주 투쟁을 벌이려고 '서울대학교 정의사회연구실천모임'을 조직했는데, 이곳에도 갖가지 전공의 학생들이 모여 인권이나 민주에 관한 전 방위적 토론을 할 수 있었다. 이런 추억을 잊지 못하고 정년 퇴임 후 미래 학문과 대학의 미래를 모색하기 위해 '미래대학 콜로키엄'을 주도해 왔으니 평생 융합적 사고와 실천을 한 셈이다.

글을 마치며 꼭 덧붙이고 싶은 말이 있다. 호기심과 탐구욕에 다양성을 겹쳐 보면 융합의 길을 쉽게 열린다. 그러나 그 길은 울퉁불퉁하고 포장이 깔리려면 시간이 오래 걸릴지도 모른다. 꾸준함과 인내가 필요한 길이다.

참고문헌

- 『새로운 미래가 온다』, 다니엘 핑크, 김명철 역, 한국경제신문사, 2007.
- Physics for Future Presidents: The Science Behind the Headlines, Richard A. Muller, W.W. Norton & Co., 2009. / 『대통령을 위한 물리학』, 장종훈 역, 살림, 2011.
- 『위대한 설계』, 스티븐 호킹, 전대호 역, 까치, 2010.
- "A New Theory of the Universe: Biocentrism builds on Quantum Physics by Putting Life into the Equation", Robert Lanza, The American Scholar, Spring 2007.
- 『예술, 법을 만나다』, 박홍규, 이다 미디어, 2010.
- 『융합학문, 어디로 가고 있나』, 김광웅 편, 서울대학교 출판문화원, 2011.

강계두(광주 경제부시장)

고려대 법대를 졸업하고 서울대 행정대학원을 마쳤다. 행정고시 22회에 합격하여 1979년부터 2008년까지 경제기획원, 기획예산처, 재정경제부 예산실 등에서 근무하였으며, 재직 중에 일본 히토쓰바시 대학원에서 경제학 석사과정을 수료하였다. 대덕연구개발특구지원본부 이사장을 거쳐 2010년 7월부터 광주광역시 경제부시장으로 부임하여 경제적으로 풍요롭고 잘사는 행복한 창조도시 광주를 만들기 위해 노력해 오고 있다. 30여 년간의 중앙 부처 근무 경력과 세계 사이언스파크협회(IASP) 아·태 지역 의장 등의 현장 경험을 바탕으로 2011년 지정된 광주 연구개발특구에도 힘을 쏟고 있다.

과학기술과 지역 발전

과학기술 혁신 체제와 지역 확산 과정

1990년대 초반 미국의 앨 고어 부통령은 초고속정보통신망을 이용한 전자 정부를 시험 운영하고 그 결과를 국가정보화위원회에 보고하는 자리에서 전자 정부의 성패 여부는 하드웨어나 소프트웨어가 아닌 오가웨어(orgaware), 즉 조직 운영 체계에 의해 좌우될 것이라고 주장한 바 있다. 정보화나 과학기술 혁신에 있어서 정부의 행정적인 역할은 핵심적 요소이다. 더구나 최근에는 이질적인 분야 간의 융합이 과학기술 혁신에 결정적인 영향을 미치는 시대로 점차 진입하고 있어, 이를 조율할 수 있는 행정 관리의 중요성은 더욱 커지고 있다.

과학기술 혁신은 중앙정부에 의해 시작되고 그 성과나 기능이 중장기적으로 지방자치단체까지 점진적으로 확산되는 양상을 보인다. 45년 전 서울 홍릉에 위치한 한국과학기술연구원(KIST)에서 수도권을 중심으로 처음 시작된 과학기술의 혁신은 35년 역사를 가진 대덕연구단지를 거쳐, 25년 전부터는 아산, 오송, 오창 등 충청권으로 확산되었고, 더 나아가 영남권, 호남권에 이르기까지 전국적으로 퍼져 나가고 있다.

특히 2000년 이후 10여 년 동안 전국 지방자치단체 산하에 18개의 테크노파크가 설립되어 지방에서도 지역 특성에 따라 독자적으로 산학연 공동연구 기술개발사업과 벤처창업보육사업을 수행할 수 있게 되어 지역혁신 체제를 더욱 공고히 하게 되었다. 그뿐 아니라 2005년에는 과학기술의 사업화를 위해 대덕연구단지를 대덕연구개발특구로 리모델링하였고, 2011년에는 대구와 광주를 연구개발특구로 확대 지정하기에 이르렀다. 과학기술 혁신의 지역적 확산을 통해 국가의 경쟁력 확보와 함께 지역의 균형 발전을 도모할 수 있는 계기를 마련하게 된 것이다.

필자는 20년 전 예산실 과장 시절에 과학기술과 정보화 예산 업무를 담당하였고, 명실상부한 국가과학혁신도시로 자리매김한 대덕연구개발특구 본부 이사장으로 2년여 간 재임하였으며, 현재는 첨단과학기술도시로 도약하고 있는 광주광역시의 경제부시장으로 있다. 공직 생활을 하면서 과학기술 혁신의 과정에 미력하게나마 참여한 경험을 나누고자 한다.

과학기술 발전과 지방자치단체의 역할

지방정부는 지역 발전을 위하여 기본적으로 도로, 철도, 항만, 공항 등 사회간접자본 유치에 주력한다. 또한 이를 기반으로 산업 발전과 과학기술 혁신을 위한 다양한 노력을 하게 된다. 이때 지역의 중점 기능이 연구와 생산 중 어디에 있느냐에 따라 지역 발전 정책의 방향도 달라진다. 즉, 1970년대부터 조성된 창원(기계), 구미(전자) 등 생산 기능 중심 도시는 기존 산업단지에 연구 개발 기능을 보완하여 연구 개발과 생산 기능이 유기적으로 작동되도록 함으로써 생산성을 높여 지역 경제를 발전시킨다. 반면 대전과 같이 오랫동안 출연 연구소 등 과학 연구 기능 중심으로 조성된 도시의 경우는 기존의 연구단지에 기업이나 투자를 유치하여 생산 시설을 보완하면서 일자리를 창출한다. 한편 광주와 같이 발전의 역사는 짧지만 1990년대부터 연구와 생산의 기능이 비교적 균형 있게 조성된 도시는 과학기술 역량의 제고와 아울러 기업 투자 유치를 통해 연구 개발과 생산 기능을 동시에 업그레이드하여 지역 경제를 활성화한다.

종전에는 중앙정부가 과학기술 사업에 대한 주도권을 가지고 기술 기획에서부터 최종 집행까지 거의 모든 과정을 통할하고, 지방자치단체는 수동적으로 이에 순응하여 후속적으로 조치하는 역할만을 수행하였다. 그러나 최근 이러한 관계에 변화가 일부 감지되고 있다. 지방자치단체가 직접 지역 특성에 맞는 과학기술 사업을 기획하여 중앙정부에 건의하고, 관련 전문 기관에 예비 타당성 조사를 의뢰하는 경우도 많아진 것이다. 최근 각종 과학기술 및 경제 산업과 관련된 회의나 행사에 참석할 기회가 많은데, 과학기술과 관련된 정책이나 사업에 있어서 지방자치단체의 역할이 점차 다양해지고 참여 범위나 책무가 커지고 있음을 느낀다.

이러한 지방자치단체의 역할을 보다 세부적으로 열거해 보면 상당히 다양하다. 먼저 전문가의 의견에 근거하여 지역의 특성에 맞는 과학기술 분야에 대한 미래 비전을 수립하여 제시한다. 그리고 해당 분야에 대한 육성 의지를 표명, 이를 위한 세부 계획의 수립과 재원 확보 방안을 강구한다. 뿐만 아니라 지역 경제에 대한 파급효과 분석, 과학계나 언론계 등 이해 당사자에 대한 의견 수렴과 공감대 형성, 중앙정부나 국회 그리고 지방의회의 설득을 통한 재원 마련, 과학기술의 사업화를 위한 기업과 민간 투자 유치, 국내외 연구소 유치, 지방자치단체의 브랜드 제공과 후원을 통한 공신력과 신뢰성 제고, LED 등 관련 제품이나 서비스에 대한 국내외 시장 확보 및 판로 개척 지원, 과학기술 관련 각종 국제회의나 전시회의 유치나 지원, 조세 감면이나 보조금 및 출연금 등 각종 지원 제도의 마련 및 집행, 연구개발특구나 문화산업투자진흥지구 지정과 같은 제도 신설 및 건의, 관련 분야의 우수한 인재 양성과 연구 인력의 유치, 기관이나 분야 간 갈등 조정이나 각종 현안 해결, 정책과 사업에 대한 적극적 홍보 등 지방자치단체의 역할은 이루 헤아리기 어렵다. 특히 광역시 중 재정 자립도가 가장 낮고 산업화에 뒤쳐져 있는 광주광역시에서 가장 노력을 기울이고 있는 부분은 역시 국가 예산을 확보하고 국내외 투자와 기업을 유치하는 일이다.

지방자치단체 역할의 구체적인 사례 – 광주광역시

일반적으로 사람들은 '광주'라고 하면 5·18민주화운동이나 문화 예술의 고장을 떠올리면서 과학기술과 광주를 연결하는 것을 낯설어 하는 경우가 많다. 그러나 지방자치단체의 적극적인 노력으로 과학기술 혁신에 성공한 대표적인 사례가 바로 광주의 광산업 기술이다. 1990년대 말 광산업이라고 하면 세간에서 탄광 산업인 줄로 알 정도로 알려져 있지 않았고 아무도 성공하리라고 생각하지 않았다. 그러나 2000년 광주시가 광산

광주 융합 기술 아카데미

업을 지역특화산업으로 지정하고 지역 내의 모든 산학연관(産學硏官) 각 기관이 지혜와 전문 지식을 동원하여 산업자원부 등 중앙 부처에 대해 적극 건의하고 설득하며 10년간 각고의 노력을 들인 결과, 광산업은 2000년 천억 원대이던 매출액이 2011년 3조 원대로 30배 성장하였고 그동안 주력 산업이었던 자동차 산업, 가전 산업과 더불어 지역의 3대 산업으로 그 위상이 우뚝 서기에 이르렀다.

또한 광주시는 2011년 5월 16일 교육과학기술부가 발표한 국제과학비즈니스벨트 조성안에 따라 광주과학기술원 캠퍼스 예산 6천억 원을 유치하는 데 성공하였다. 비록 기초과학연구원 호남권 유치에는 실패하였으나 지방자치단체장을 비롯한 모든 산학연관 관계자가 꿈과 열정을 가지고 국제과학비즈니스벨트에 혼신의 힘을 쏟은 결과이다. 2010년 12월 9일 새벽에 국제과학비즈벨트법이 통과된 이후 2011년 최종 조성안이 발표될 때까지 호남권 유치를 위한 각종 정치적 노력과 과학기술계와 언론계 설득, 유치를 위한 논리 개발, 부지 확보를 위한 수십 차례의 국방부 방문과 설득, 중앙 부처와 청와대 관계자에게 설명과 자료 제공, 007작전에 비견할 만한 기동력 있는 활동 등이 열매를 맺게 된 것이다. 맨 처음 유치 계획을 시도했을 때만 해도 모두가 맨땅에 헤딩하는 무모한 짓이라고 했지만 끝까지 포기하지 않고 노력하여 결실을 맺게 되었다.

2011년 12월 한국산업융합촉진법 발효에 대비하여 광주광역시는 향후 신성장동력 산업인 융합산업 기술의 육성 기반을 구축하기 위하여 그해 9월 지방자치단체로는 처음으로 국가산업융합협회와 협력 관계를 맺었고 그에 앞서 광주융합기술아카데미를 4월에 설립하여 2011년 연말까지 ① 국제과학비즈니스벨트 ② 로봇 융합 기술 ③ 과학기술과 문화 예술의 만남 ④ 우주 기술과 융합산업 ⑤ 광주3D융합산업 육성 방안 ⑥ 융합산업 핵심인 스마트그리드 등을 주제로 6회에 걸쳐 강좌 및 토론을 개최하였다. 매회 수도권, 대전권, 영남권 등에서 분야별로 전국적인 최고 전문가가 발표자로 참여하여 내실 있는 성과를 얻게 되었다.

지방자치단체와 기술 사업화 – 과학기술단지를 중심으로

그동안 과학기술 투자는 많으면 많을수록 좋은 것이었고 국가경쟁력과 직결되는 것으로 간주되었으나 최근에는 진정한 국가경쟁력 관점에서 과학기술 예산의 효율성 문제가 제기되고 있다. 즉 꽃도 피면서 열매도 달리는 나무, 즉 수월성도 있을 뿐 아니라 비즈니스도 되는 과학기술이 더 각광을 받게 된 것이다. 꽃이 열매로 이어질 수 있도록 연구 개발을 생산과 비즈니스에 접목시키는, 벌과 나비 같은 역할을 수행하는 대표적인 곳이 기술 사업화 지원 기관이며 주로 과학기술단지(STP) 내에 자리한다.

과학기술단지란 미국의 실리콘 밸리처럼 산학연민관(產學硏民官) 곧 산업계·학계·연구소·민간·관공서가 일정 지역 안에 모여서 상호 간 긴밀한 네트워킹을 형성하고 상시적으로 혁신을 만들어 내는 체계나 지리적 공간을 말한다. 대표적인 곳이 우리나라의 연구개발특구이다. 지난 35년간 25여 개 출연 연구 기관이 모여 수십 조 원의 연구비를 투자한 대덕연구개발단지는 2005년에 기술 사업화를 위한 대덕연구개발특구로 리모델링되었고 이어 대구와 광주에도 연구개발특구가 확대 지정되었다. 대덕연구개발특구에서 기술 사업화가 본격적으로 성공하고 있으며, 대표적으로 전자종이, 위그선, 스크린골프, 뇌파 인식 기술, 토털 디자인, 그리고 각종 헬스 및 환경 케어 기술 등이 사업화에 성공했다. 이들은 향후 우리나라의 성장을 이끌 원동력이 될 것이다.

기술 사업화는 과정상 사업 발굴, 창업, 도약, 성장, 성숙의 5단계로 이루어지며 또한 기술 및 경제적 타당성, 자금 지원, 마케팅 등이 성공을 위한 요건이다. 그중 모든 과정에서 가장 중요한 요건은 자금 지원이라고 할 수 있다. 지방자치단체가 지원하는 자금에는 벤처기업육성자금, 구조고도화자금 등이 있고, 중소기업청에는 개발기술사업화자금, 창업기업지원자금, 신성장기반자금 등 다양하다. 연구개발특구에는 기술 사업화를 위한 특구전용펀드(1기 대전 800억 원, 2기 대전·대구·광주 1,250억 원)의 경우 해

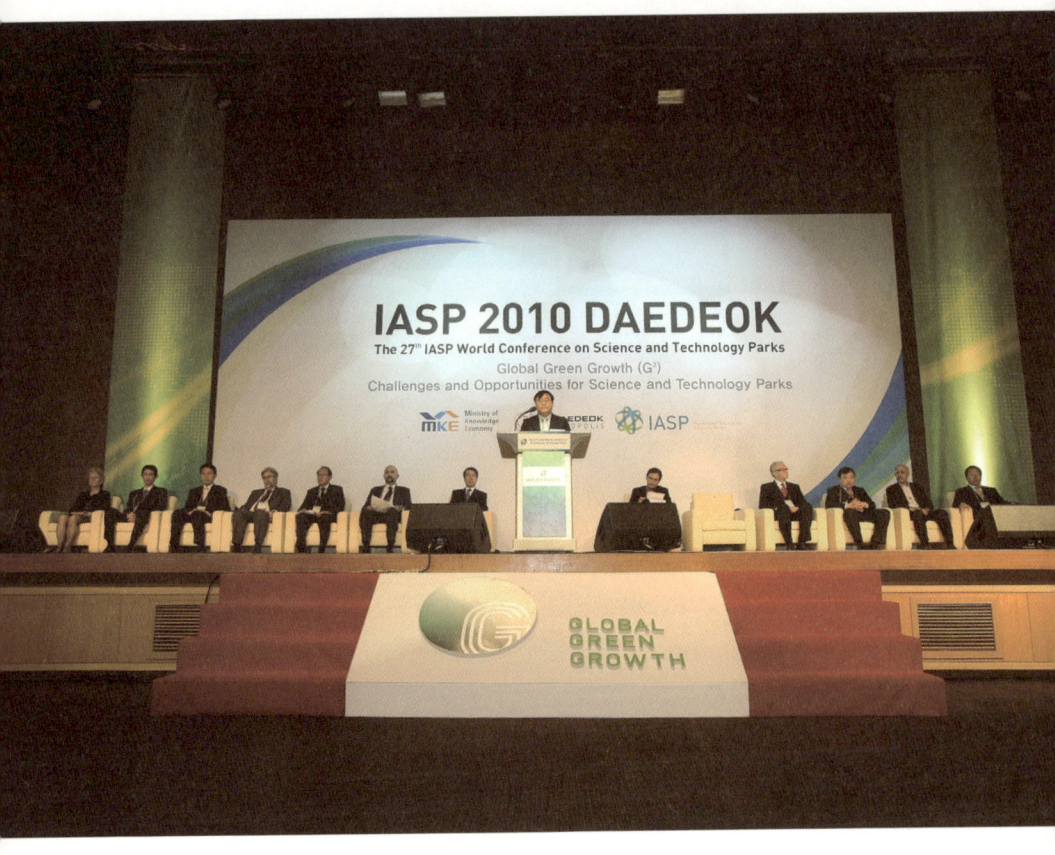

2010년 세계사이언스파크총회(IASP)

당 지방자치단체 내 기업이 자금의 70퍼센트를 사용하고 있으며, 특구 본부의 기술사업화자금(2011년 대전 300억 원, 대구·광주 각각 50억 원)도 해당 지역 내 기업이 50~70퍼센트를 사용하고 있어 지역 경제에 공헌하는 바가 크다.

기술 사업화의 성공을 위해 가장 중요한 요소는 바로 기술 사업화의 모든 과정에서 특구 내 산학연민관 간의 긴밀한 협력과 소통이 이루어지는 것이다. 본부 이사장에 재임 당시 기존의 기술 사업화 조직을 보다 활성화하였을 뿐 아니라 '이화회'라고 하는 과학기술 관련 기관장 모임을 새롭게 구성·운영하여 특구 내 네트워크를 강화함으로써 기술 사업화에 시너지 효과를 낼 수 있었다. 특히 지방자치단체장도 이화회에 매월 참석하는 등 지방자치단체의 관심과 지원을 통해 과학기술과 지역 발전을 위한 보다 활발한 협력과 토론의 장이 될 수 있었다.

또한 기술 사업의 글로벌화를 위해서는 국제회의의 개최가 반드시 필요하다. 2010년 5월에 전 세계 과학기술단지의 모임인 세계사이언스파크 총회(IASP)를 대전에서 개최하여, 역대 최대 규모인 57개국 1,200명의 사이언스파크 전문가들이 참가하여 '글로벌 녹색 성장(Global Green Growth)'을 주제로 각종 회의와 세미나 등을 통해 열띤 토론을 벌임으로써 대전이 국제적인 첨단과학기술도시로서의 위상을 다지는 데 큰 도움이 되었다.

염재호(고려대학교 행정학과 교수)

고려대학교 법대 행정학과를 졸업하고 스탠퍼드 대학에서 정치학 박사 학위를 받았다. 1990년부터 고려대학교 행정학과에서 학생들을 가르치고 있다. 일본 히토쓰바시 대학 산업경영연구소에서 통산성의 첨단산업 정책을 연구하고 이후 일본 쓰쿠바 대학, 호주 그리피스 대학, 영국 브라이턴 대학, 중국 베이징 대학 등에서 외국인 객원교수로 연구했다. 국가과학기술자문회의 전문위원, 한국과학재단 이사, 한국정책학회 회장, 현대일본학회 회장을 역임했다. 현재 국가과학기술위원회 위원, 국가 R&D 전략기획단 단원, 한국연구재단 한일기초과학교류위원회 인문사회분과위원장, 서울시 산학연협력포럼 회장 등으로 활동하고 있다. 또한 국제학술지 'Asian Research Policy'의 편집장으로 활약하고 있다. 주요 저서로는 『딜레마 이론』, 『現代韓國の市民社會·利益團體』 등이 있고, 「産業政策の日韓比較-半導体技術開発政策の新制度論的分析」 등 다수의 과학기술 정책 관련 논문 및 연구서가 있다.

과학기술 정책
-과학적 연구 개발과 비합리적 정책

미국 스탠퍼드 대학에서 유학하던 1980년대는 일본이 철강, 자동차에 이어 가전 및 반도체에서도 미국 시장을 휩쓸기 시작하던 시기였다. 하버드 대학의 에즈라 보겔(Ezra Vogel) 교수가 『세계 일등 국가 일본(Japan As No. 1)』이라는 책을 출판할 정도로 일본의 눈부신 경제성장을 가능하게 한 정부의 역할과 사회문화적 특성이 주목을 받기 시작했다. 때맞추어 프린스턴 대학의 폴 케네디(Paul Kennedy) 교수도 『제국의 흥망성쇠(Rise and Decline of Nations)』라는 책을 발표해서 20세기 중심 국가였던 미국의 쇠락을 예고했다.

21세기에 들어서면서 세계 경제는 일본이 주도하는 시대가 열리는 것 같았다. 일본 경제성장의 주요한 원인으로 일본 정부의 역할이 흥미롭게 다가왔다. 한국에서는 별로 관심을 갖지 않았던 일본을 미국에서 처음 발

『세계 일등 국가 일본(Japan As No.1)』

견한 셈이 되었다. 미국 정부의 역할보다는 일본 정부의 역할이 아직 경제 개발의 과업을 달성해야 하는 우리 사회에 더 중요하게 느껴졌다. 한국과 유사한 사회적 특성을 지닌 일본에서 정부와 기업이 어떻게 유기적으로 협조하면서 경제성장을 이루었는지 궁금했다. 이런 학문적 호기심 때문에 스탠퍼드 대학에서 일본어를 배우기 시작했고, 일본의 산업 정책에 대한 박사 학위 논문을 쓰려고 일본으로 갈 준비를 했다.

일본의 정책 중에서 특히 관심을 끈 것은 첨단산업 정책이었다. 당시 일본은 정부의 효과적인 산업 정책을 통해 철강, 자동차와 같은 전통적 산업뿐 아니라 반도체와 같은 첨단산업에서도 국제 사회에서 두각을 나타내기 시작했다. IBM이 전 세계를 주도하던 컴퓨터 시장에 도전하여 1976

년부터 1980년까지 일본 통산성이 5대 반도체 관련 회사의 연구원들을 모아서 연구 개발을 추진한 초고집적반도체 프로젝트(VLSI Project)는 세계의 주목을 받았다. 이 프로젝트를 통해 당시 최고 기술이었던 64K DRAM 기술 개발에 성공했고, 미국 실리콘 밸리에서 인텔 등의 미국 반도체 회사와 경쟁하며 시장점유율을 높이기 시작했다.

전후 폐허와 같았던 일본에서 어떻게 30여 년 만에 국제경쟁력을 갖춘 첨단산업이 발전할 수 있었을까? 일본 정부는 기업들을 어떻게 유도해서 효과적인 첨단산업 발전을 이루었을까? 이런 의문 때문에 첨단산업 정책을 연구하게 되었고, 첨단산업에 대한 이해를 높이는 과정에서 과학기술 정책 전반으로 관심이 확대되었다. 세계적 과학기술 정책 대학원 프로그램인 네덜란드 'MERIT 프로그램'을 만든 룩 소에테(Luc Soete) 교수가 스탠퍼드에 교환교수로 와서 과학, 기술, 가치 프로그램에 개설한 강의를 수강하게 된 것을 계기로 기술경제학과 과학기술 정책에 대한 연구를 더욱 발전시켜 나갔다. 지도 교수였던 대니얼 오키모토(Daniel Okimoto) 교수가 일본 반도체산업 정책으로 명성이 높았고, 정치학과에서도 첨단산업 관련 산업 정책이나 통상 정책에 대한 세미나가 활발히 열리고 있어서 많은 자극이 되었다. 또한 반도체와 컴퓨터 산업의 메카인 실리콘 밸리 안에 위치한 스탠퍼드 대학에는 첨단 기술을 연구하는 이공계 유학생이 많아서 이들과의 토론을 통해 과학기술 지식을 많이 얻을 수 있었다.

스탠퍼드에서 박사과정과 종합시험을 모두 마치고 박사 후보생 자격으로 일본으로 건너갔다. 객원연구원으로 자리를 잡은 일본 히토쓰바시 대학 산업경영연구소의 연구 환경은 뛰어났다. 연구소 스태프들이 연구 지원을 잘해 주었고, 연구소 자료실에 이노베이션과 첨단산업에 관한 엄청난 자료가 갖춰져 있었다. 게다가 당시 첨단산업과 네트워트 연구로 이름이 높았던 이마이 겐이치(今井賢一) 교수를 비롯하여, 최근 지식경영으로 유명한 노나카 이쿠지로(野中郁次郎) 교수, 현재 이노베이션센터 소장을 맡고 있는 요네쿠라 세이치로(米倉誠一郎) 교수 등 일본에서 이노베이션 연구와 첨단산업 정책 연구를 주도하던 전문가들과 같은 층의 연구실을 배정받아 매일 얼굴을 마주치며 연구를 할 수 있었다. 연구소 교수 대우를 받으면서 점심시간마다 도시락도 함께 먹으며 가족처럼 친밀한 사이가 되었다. 이마이 교수를 비롯한 다섯 명의 교수와 함께 외국인으로서는 유일하게 객원연구원 자격으로 세미나에 참여하고, 공동 연구를 활발히 하면서 일본 첨단산업의 발전과 이노베이션의 특성을 이해할 수 있었다.

히토쓰바시 대학에서의 연구는 일본 통산성의 컴퓨터 및 반도체 관련 산업 정책 연구였다. 일본의 첨단산업 정책은 과학기술이 스스로 발전하는 것이 아니라 정부의 효과적인 정책적 개입에 의해 가능하다는 사실을 잘 보여 주었다. 전통적으로 새로운 과학과 기술은 뛰어난 개인의 능력과 도전적인 기업가 정신(entrepreneurship)에 의해 나타나는 것으로 인식되었다. 조지프 슘페터(Joseph Schumpeter)의 기술혁신이론에 따르면 기술혁신은 기업가 정신을 가진 사람의 도전적인 투자를 통해 이뤄진다. 기술혁신을 이뤄 내면 일정한 기간 동안 독점적인 이윤이 발생하고 이러한 이윤을 기대하며 기업가 정신을 가진 사람들이 기술혁신을 위해 다시 적극적인 투자와 모험을 감행하게 된다. 이러한 경쟁적 과정을 통해 사회에서 기술혁신은 지속적으로 나타나고 이것이 축적되어 기술 발전이 이루어지게 된다는 것이다.

그런데 기술혁신이 활발하게 나타나기에는 여러 가지 문제점이 있다. 우선 개발된 기술이 다른 사람에 의해 쉽게 모방되면 시장에서 독점적 이익을 얻기 어렵다. 또한 기술 개발의 불확실성이 높기 때문에 기술 개방에 대한 투자효과성(ROI, return on investment)은 매우 낮을 수밖에 없다. 그러면 기업가들은 기술혁신에 대한 모험적 투자를 꺼리게 된다. 하지만 정부의 입장에서 보면 기술혁신이 나타나면 이로 인해 얻을 수 있는 경제적 부가가치가 높고, 다른 산업에 대한 파급효과가 크기 때문에 국가경쟁력 차원에서 기술혁신은 매우 절실하다. 따라서 과학기술 개발을 시장 기능에 맡겨 놓기보다는 정부가 적극적으로 육성하고 지원하는 과학기술 정책의 필요성이 강조되는 것이다.

20세기 후반, 반도체와 컴퓨터, 그리고 정보통신의 비약적인 발전에 따라 인류는 새로운 시대에 접어들게 되었다. 과학기술의 발달로 사회는 급격한 변화를 맞게 되었고, 기술혁신을 통한 산업의 재구조화가 활발하게 나타났다. 이런 과정에서 기술혁신이 개인의 창조적 능력에 의한 것이라기보다는 사회적 수요에 의해 이루어지는 것이라는 이론적 논의가 등장하게 되었다. 소위 '기술의 사회형성론(social shaping of technology)'이 주목을 받기 시작했다. 과학이 기술을 낳고 기술이 사회 변화를 이루어 낸다는 과학기술의 선형적 발전론에 대한 신념이 붕괴되기 시작한 것이다. 오히려 사회적으로 필요성이 높으면 거기에 기술 개발 투자가 몰리게 되고, 곧 기술의 발전이 나타나게 된다는 이론이 설득력을 얻게 되었다. 또한 기술이 과학적 이론의 바탕과는 별개로 개별적으로 발전할 수 있고, 기술혁신은 제품의 혁신뿐 아니라 공정의 혁신을 통해서도 이루어진다. 공정의 혁신으로 이루어진 기술혁신도 축적되면 제품의 혁신으로 연결되기도 한다. 이러한 과학기술 발전에 대한 다양한 접근과 새로운 현상이 주목을 받으면서 과학기술 정책에 대한 정책적 관심이 높아졌다. 기존에는 과학기술자의 천재적 능력의 결과로만 이해하던 과학기술의 발전이 정책적 관심의 대상이 된 것이다.

과학기술에 대한 일본 정부의 적극적인 시장 개입은 매우 효과적인 것으로 평가되었다. 일본에서는 컴퓨터와 반도체 산업에서의 기술경쟁력 확보가 정부의 적극적인 정책의 결과라는 의견이 일반적이었다. 그러면 왜 기술 개발에서 어떤 나라의 정책적 개입은 효과적이고 어떤 나라는 효과적이지 못한 것인가. 이런 의문이 들어 현상을 연구하다 보니 나라마다 정책 제도에 차이가 있다는 사실을 발견하게 되었다. 따라서 정책은 모든 나라에서 나타나는 보편적이고 일반적인 현상이고, 정책 과정에 참여하는 다양한 이해 당사자들의 이익 투입 행위에 대한 결과라고 생각하던 다원주의적 접근은 비판을 받게 되었다. 오히려 각국의 사회문화적 특성에 따른 정책 및 행정의 독특한 특성이 주목을 받게 되었다. 이러한 접근으로 사회과학에서는 개인보다 사회적 구조가 정책 결과에 영향을 미친다는 신제도주의(new institutionalism) 연구가 각광을 받게 되었고, 과학기술 정책에서는 국가혁신체제(NIS, national innovation system)에 대한 논의가 연구자들의 관심을 끌었다. 국가가 어떤 사회적 체제일 때 과학기술 혁신에 효과적인가에 대한 논의도 활발하게 이루어졌다. 가령 사회 인프라와 관련해 인력, 연구자 간 네트워크, 기술 개발에 따른 인센티브 시스템, 정부와 기업의 관계 등 다양한 사회적, 구조적 요인의 중요성이 부각되기 시작한 것이다. 이런 과정에서 과학기술 개발에 대한 시스템적 관점에서는 정부의 적극적인 개입과 투자가 중요한 요인으로 등장하기 시작했다.

특정 산업이나 개별 기업을 지원하기 위한 산업 정책은 우루과이라운드와 WTO 체제를 거치면서 불공정한 지원이라는 이유에서 제약을 받게 되었지만, 과학기술에 대한 정부의 정책적 지원은 인류의 보편적 발전을 고양하는 것으로 보아 제약이 심하지 않았다. 한편 지적재산권과 과학기술의 발전은 부가가치가 높고 사회적, 경제적 파급효과가 크기 때문에 각국은 매우 적극적으로 과학기술을 지원했다. 수출과 국제경쟁력으로 국가 경제를 꾸려 가는 우리 정부도 과학기술 정책을 통해 지속적인 투자를 아끼지 않았다. 매년 10퍼센트 가까이 정부 예산이 증대되었고, 민간 기업에서도 R&D 투자가 지속적으로 일어나 2010년에는 GDP 대비 R&D 투자 비중이 3.57퍼센트로, 세계 3위 수준으로 올라섰다.

이런 과학기술 정책은 기존의 정책과 여러 가지 측면에서 차별화되면서 정책 연구에 새로운 장을 열었다. 그러나 과학기술 정책의 필요성이 당연한 것으로 여겨지는 반면에 과학기술 정책을 어떻게 결정하고 집행할 것인가에 대한 방법론은 다른 정책에 비해 그리 쉽게 얻어지지 않는다. 예산은 지속적으로 늘어나고 연구 개발에 대한 투자는 확대되지만 기술혁신이 기대만큼 단기간에 나타나는 것은 아니기 때문에 정책 결정자의 고민은 클 수밖에 없다. 게다가 다른 정책과는 달리 과학기술 정책은 결과가 가시적으로 잘 보이지 않기 때문에 얼마나 효과적이었는지 평가하기가 어렵다. 이는 과학기술의 일반적인 특성과 밀접한 관련이 있다.

첫째, 과학기술은 다른 정책과 달리 정책 대상이 매우 광범위하고, 정책 대상의 특성 차이로 인해 정책의 효과도 매우 다르게 나타난다. 과학기술에는 기초과학, 응용과학, 원천기술, 응용기술, 개발기술 등 다양한 차원의 정책 대상이 존재하기 때문에 어디에 연구 개발을 위한 투자를 하는 것이 바람직한지 정책의 우선순위를 파악하기 어렵다.

둘째, 과학기술은 투자한 만큼 단기간에 연구 결과가 나오지 않는 경우가 많다. 단기적으로는 실패한 연구가 장기적으로 성공을 이끄는 바탕이 되기도 한다. 벤처기업과 마찬가지로 연구 개발의 시도가 모두 성공한다는 보장도 없다. 따라서 개발자의 성공에 대한 확신과 연구계획서만 보고 정책 지원을 한다는 것이 정책 결정자에게 쉬운 일이 아니다.

셋째, 과학기술은 많은 연구비를 요구하지만 연구비가 지원된다고 해서 연구 개발이 이루어지는 것은 아니다. 창의적 아이디어, 기존 연구에 대한 전문성, 연구 인력, 연구 네트워크 등의 연구 인프라, 그리고 연구에 대한 인센티브 시스템 등 다양한 요소가 복잡하게 연결되어 연구 개발로 이어진다. 더 나아가서 한 분야의 연구는 다른 분야의 연구 결과에 영향을 받기도 하고 다른 나라 연구자들의 연구 동향에 영향을 받기도 한다.

따라서 과학기술 정책은 도로 건설이나 신도시 개발과 같이 가시적이고 객관화된 정책으로 추진하기 어렵다. 복지 정책과 같이 예산을 투입한 만큼 효과가 나타나는 것도 아니다. 게다가 정책 결정자는 연구에 대해 전문성이 없기 때문에 마치 장님이 코끼리 만지듯이 막연하게 정책 결정을 하기 쉽다. 다른 나라의 정책을 따라가기도 하고, 영향력 있는 연구자의 설득에 영향을 받기도 한다. 어떤 분야에 대한 연구 개발이 지금 다른 나라에서 이루어지고 있다고 하면 우리도 그 분야에 덩달아 지원을 하곤 한다. 또 과학자들이 향후 몇 년 안에 어떤 기술이 개발될 가능성이 높은데, 그 경제적 효과가 상당하다고 예측하면 그 분야에 지원을 하는 등 개별 연구 프로젝트에 대한 막연한 개연성으로 연구 지원을 한다. 이것은 비단 우리나라에 국한된 현상은 아니다. 따라서 많은 나라에서 정부는 간접적인 과학기술 인프라나 기초 연구에 주력하기 때문에 단기적 효과를 중시하지 않는다. 하지만 우리나라처럼 과학기술 정책을 산업이나 경제적 효과의 관점에서 접근하여 단기적 효과를 강조한다면, 매우 정교한 정책 기획이 필요하다.

과학기술자는 자신이 연구하는 분야가 가장 중요하다고 생각하기 때문에 그들이 정책 결정자가 되어 연구 개발에 대한 투자 포트폴리오를 작성하게 되면, 자신의 연구 분야에 대한 중요성을 강조하면서 이익 투입의 정치적 행위를 하게 된다. 이는 대통령 과학기술자문회의 전문위원으로 정책 자문을 할 때 경험한 바다. 기초과학을 하는 사람은 기초과학이 튼튼하지 않으면 장기적인 발전이 불가능하다고 열변을 토하고, 응용기술을 연구하는 사람은 우리나라처럼 투자 규모가 작은 나라에서 기초과학을 육성하는 것은 비효율적이라고 강조한다. 이런 상황에서 정책 결정자는 어느 말이 맞는 것인지 합리적이고 객관적인 판단을 하기 어렵다. 따라서 과학기술 정책의 연구 개발에 대한 투자는 점증주의적 접근이나 정치적 판단에 의해 결정되기 쉽다. 과학기술 정책이라고 하면 가장 합리적이고 객관적인 과정을 통해 이루어질 것으로 기대하지만, 과학기술 정책이야말로 객관화하기 어려운 비합리적 특성을 갖고 있어서 종종 정치화되곤 한다.

국가경쟁력과 경제적 파급효과의 측면에서 볼 때, 가장 미래지향적 정책인 과학기술 정책의 중요성은 아무리 강조해도 지나치지 않는다. 하지만 과학기술의 특성으로 인해 단순한 지원 정책만으로는 한계가 있다. 기초과학을 육성할지, 응용기술을 지원할지 정책 대상을 판단하기 어렵다. 대학을 지원해야 하는지, 기업을 지원해야 하는지, 정부 출연 연구소를 지원해야 하는지 정책 주체에 대한 효과도 예측하기 어렵다. 또 정책 수단은 어떤 것이 가장 효율적인지도 알기 어렵다. 결국 다양한 측면에서 정책을 기획하고 집행하고 평가해야 한다. 단순히 정책 지원이 필요하다고 해서 예산 지원만 해서는 정책의 효과를 보장할 수 없기 때문에 과학기술 정책은 정책 연구에 있어 가장 복잡하고 기술적인 특성이 고려되어야 한다. 따라서 과학기술을 연구하는 연구자끼리 곧장 정책을 결정해서도 안 되고, 관료들에게만 정책 결정의 모든 권한을 위임해서도 안 된다. 과학기술에 대한 전문적인 이해와 행정 관료 시스템과 정책 과정에 대한 전문적 이해가 통합적으로 나타나야 바람직한 과학기술 정책을 기획할 수 있다.

그렇게 때문에 다른 어느 정책보다도 과학기술 정책은 입체적인 정책 기획을 필요로 한다. 과학기술 정책은 국가의 여러 정책 중에서도 가장 고도화되어야 한다. 과학기술 정책이 단순히 연구 개발 지원 정책에 그치고 말면 정책이 정치화되고 비합리적인 과정을 통해 이루어지기 쉽기 때문이다. 과학기술 정책은 그 사회의 과학기술 발전 정도와 국가 혁신 체제의 특성에 맞추어 입체적이고 유기적으로 만들어져야 한다. 더 나아가 최근 활발히 논의되고 있는 적정기술과 사회적 기술, 연구 개발 과정의 윤리 문제 등 다양한 사회적 이슈가 정책 기획 과정에서 고려되어야 한다. 이를 위해서 과학기술 정책은 과학기술적 전문성과 인문사회적 이해가 통합된 바탕에서 만들어져야 장기적으로 국가 과학기술 발전에 도움을 주는 효과적인 정책이 될 수 있다. 즉 국가 혁신 체제의 관점에서 종합적인 정책 기획, 전문가 참여와 협의에 의한 정책 구성, 그리고 이를 효과적으로 집행하기 위한 정교한 기획과 평가가 이루어져야 한다. 이를 위해서는 행정과 정책 기획 능력을 갖춘 인문사회계와 과학기술 연구 개발의 능력을 갖춘 이공계 각각의 전문성을 뛰어넘는 통합적 사고와 다층적 전문성을 갖춘 다학제적 접근이 필요하다.

찾아보기-사람 이름

김지섭 75

네이선 클라인Nathan Kline 111
노먼 레빗Norman Levitt 11
노먼 홀란드Norman Holland 87
니시자와 준이치西澤潤一 183, 184
니콜라우스 코페르니쿠스Nicolaus Copernicus 146, 158
닉 보스트롬Nick Bostrom 119

대니얼 카너먼Daniel Kahneman 241, 242, 244
더글러스 호프스태터Douglas Hofstadter 7, 9
데이비드 우즈David D. Woods 131
데이비드 찰머스David Charlmers 112
딕 히긴스Dick Higgins 73

랄프 에머슨Ralph Emerson 199
레이 커즈와일Ray Kurzweil 114
로빈 머피Robin R. Murphy 131
루이스 멈퍼드Lewis Mumford 199
루트비히 폰 미제스Ludwig von Mises 37
르 코르뷔지에Le Corbusier 202, 203

마이클 더투조스Michael Dertouzos 12, 13
마이클 샌델Michael Sandel 120
마이클 홀퀴스트Michael Holquist 87
마크 주커버그Mark Zuckerberg 228
마틴 가드너Martin Gardner 7, 11

맨프레드 클라인즈Manfred Clynes 111
미셸 푸코Michel Foucault 201, 202
미스 판 데어 로에Mies van der Rohe 93

발터 베냐민Walter Benjamin 96
백남준 75
버넌 스미스Vernon Smith 240, 242, 244
베르너 하이젠베르크Werner Karl Heisenberg 168
브라이언 가이신Brion Gysin 73
브라이언 올디스Brian Aldiss 43

석가모니 165
세종 226
스티브 잡스Steve Jobs 23, 25, 75, 224, 225

아모스 트버스키Amos Tversky 241, 242
아이작 아시모프Issac Asimov 43, 127, 128, 129, 130, 131
알렉산더 폰 훔볼트Alexander von Humboldt 58, 59
애덤 스미스Adam Smith 237, 245
앤디 클라크Andy Clark 113
앨런 소칼Alan Sokal 11, 12
앨프레드 마셜Alfred Marshall 237
에드워드 글레이저Edward Glaeser 199
에라토스테네스Eratosthenes 42, 43
에른스트 마이어Ernst Mayr 155
에른스트 호프만Ernst Theodor Amadeus Hoffmann 71
에즈라 보겔Ezra Vogel 301
올리버 그라우Oliver Grau 73
요시카와 히로유키吉川弘之 184
위르겐 하버마스Jurgen Habermas 120

311

윌리엄 워즈워스William Wordsworth 46
윌리엄 쿠퍼William Cowper 198
이탈로 칼비노Italo Calvino 207

제임스 스콧James Scott 201
제임스 카메론James Cameron 225
조나 레러Jonah Lehrer 88
조엘 가로Joel Garreau 114
조지 오웰George Orwell 34
존 오듀본John Audubon 56
줄리앙 사부레스쿠Jullian Savulescu 120
쥘 베른Jules Verne 33, 43

찰스 다윈Charles Darwin 53, 56, 57, 58, 147
찰스 퍼시 스노Charles Percy Snow 22, 180

케빈 워릭Kevin Warwick 119
크레이그 필즈Craig Fields 183

토머스 쿤Thomas Kuhn 10

폴 그로스Paul Gross 11
페르낭 브로델Fernand Braudel 200
프랜시스 베이컨Francis Bacon 158
프랜시스 후쿠야마Francis Fukuyama 120
프리드리히 키틀러Friedrich Kittler 73
프리드리히 하이에크Friedrich A. Hayek 37
플루타르코스Plutarchos 49, 50, 52

한나 아렌트Hannah Arendt 120
한스 큉Hans Kung 142, 143, 144

허버트 사이먼Herbert A. Simon 239
허버트 스펜서Herbert Spencer 49
헨리 플로킨Henry Plotkin 40

찾아보기-일반 용어

가상현실 108, 213, 214, 215
감옥 도시 202
개성체 105, 106, 107, 108
거울 뉴런 82
『고등 미신』 11
공간의 다차원성 102
과학전쟁 10, 11
『괴델, 에셔, 바흐』 7
『국가처럼 보기』 201
기술인문융합창작소 17, 234, 235

『나는 왜 사이보그가 되었는가?』 119
녹색 성장 251
『뇌를 훔친 소설가』 86

『다윈 기계들과 지식의 성격』 40
『도덕감정론』 245
『도시의 승리』 199
돌봄 로봇 133, 135
『둥지의 철학』 28

로보톨로지 78
로봇공학 3원칙 127, 128
로봇공학 4원칙 130, 132
로봇 윤리 125, 127, 130, 131, 132, 136

매개 문제 137
머신 포이트리 73
모든 것들의 이론 27
『모래귀신』 71
무한소 미립자 102, 103, 104, 105

『문학과 뇌』 87
『물질문명과 자본주의』 200
미디어 아트 73, 75
『미완의 혁명』 13

박테리오봇 77
『보이지 않는 도시들』 207
『빛나는 도시』 202

사이버 춘향전 74
사이보그 111, 112
「사이보그와 우주」 111
사회주의 계산 논쟁 37
상호 조명 84, 85
생태적 현대화 253
『세계 일등 국가 일본』 301
『셰익스피어, 뇌를 말하다』 88
신경가소성 83, 84
신경문학비평 87
『신기관』 158
『신은 존재하는가?』 142
실험경제학 240, 243, 244

아르파넷(ARPAnet) 116
〈아바타〉 225, 226
업로딩 기술 114, 117
N-커브의 딜레마 253
『역사 속의 도시』 199
연기(緣起) 168
옥시전 프로젝트 12, 13
유비쿼터스 도시(U-City) 204, 205
유식불교 166
이미지학 73
이상한 고리 9

『인류의 조상과 성과 관련된 선택』 147

『전자 입국 일본의 자서전』 180
『종의 기원』 57, 147
『지적 사기』 11, 12
진화생물학 160, 161

최소 비용 계획 255, 256, 257
〈충돌과 흐름〉 75

『코스모스』 59
코페르니쿠스의 전환 146

테크네 인문학 71, 72, 74, 76
테크네 인문학 선언 75
테크플러스 포럼 232, 233
『특이점이 온다』 114

『파라셀서스』 36
『프루스트는 뇌과학자였다』 88

행동경제학 237, 243
향상의 정상화 122
현재화 163
형식적 수학 모형 39
확장된 마음 112, 113, 119
환경생태학 169
휴머노이드 로봇 108